国家自然科学基金项目(41371145)
教育部人文社会科学研究规划基金项目(09YJA790044)
福建省自然科学基金项目(2012J01162)
福建省科技厅计划项目(2013R01)
国家地理学基地科研训练及科研能力提高项目(J1210067)
资　　助

The Impacts of Triple Opening-up and Improvement in
Transportation Facilities on the
Agglomeration of Manufacturing Industry:

Based on the Analysis of Fujian Province

三重开放、交通设施完善与
制造业集聚

——基于福建省的分析

韦素琼　陈松林　陈进栋　陈　嘉　曾丽云　等◎著

科学出版社

北　京

内 容 简 介

本书立足于制造业空间格局变化的热点问题，抓住影响制造业区域集聚最重要的因素——开放条件与交通条件，在前人研究基础上对此问题进一步深化，以海峡西岸经济区主体省份福建省为例，构建"三重开放"与交通时间缩减对制造业空间布局影响的研究框架。本书主要内容包括：在首次提出的逐次逐层叠加的"三重开放"对制造业空间集聚影响的理论分析框架下，利用统计资料和问卷访谈资料，从多层次视角深入研究开放条件（对外开放、区际开放以及对台渐进开放）对福建省制造业空间格局变化的影响，并通过典型案例区对比分析具有区域特色的制造业空间集聚机理；在全面计算多种交通运输方式区域综合交通网络可达性格局的基础上，利用投入产出表分析福建省交通运输业与不同类型制造业间的前向关联效应、后向关联效应和波及效应，运用多元回归模型从制造业产业特性和区域特性角度探讨福建省综合交通可达性和制造业集聚与扩散的关系，探索交通时间距离缩减对制造业空间布局的影响。

本书可供管理学、经济学、城市与区域研究、地理学等领域的研究人员、学生以及相关管理人员阅读参考。

图书在版编目（CIP）数据

三重开放、交通设施完善与制造业集聚——基于福建省的分析 / 韦素琼等著 . —北京：科学出版社，2014. 2

　　ISBN 978-7-03-039166-7

Ⅰ. 三… Ⅱ. 韦… Ⅲ. 制造工业–产业发展–研究–福建省 Ⅳ. F426.4

中国版本图书馆 CIP 数据核字（2013）第 274206 号

责任编辑：张　震　吕彩霞 / 责任校对：陈玉凤

责任印制：赵德静 / 封面设计：无极书装

科学出版社 出版

北京东黄城根北街 16 号

邮政编码：100717

http://www.sciencep.com

中国科学院印刷厂印刷

科学出版社发行　各地新华书店经销

*

2014 年 2 月第　一　版　　开本：B5（720×1000）

2014 年 2 月第一次印刷　　印张：15 3/4 插页：2

字数：320 000

定价：**86.00 元**

（如有印装质量问题，我社负责调换）

前　言

制造业在区域内部空间分布的不均匀一直是学术研究关注的重要问题，研究的重心在于分析决定制造业区域非均匀分布的因素。在影响制造业区域集聚的众多因素中，开放条件与交通条件是两个重要因素。值得注意的是，大多数的研究都关注了对外开放或国际开放对制造业区域集聚的作用，较少关注区域之间开放尤其是区域之间渐进开放的影响。本书在对外开放与区际开放同时兼顾的框架下，将此问题作进一步科学延伸，以海峡西岸经济区主体省份福建省为典型案例区域，探讨对台渐进开放及国家政策导向下福建省制造业集聚发展路径与耦合机制，深入研究三重开放逐步逐层叠加条件下的开放与制造业空间集聚关系，在一定程度上可以丰富制造业地理学的研究内容与体系，完善开放与制造业空间集聚理论。另一方面，在对交通与制造业关系的研究中，大多数经济学家主要关注交通经济成本，较少关注交通时间成本的影响，并且较少对交通因子进行专项的深入研究。本研究把各种交通运输方式的综合可达性作为影响制造业空间集聚的重要因素之一，从交通时间成本的角度展开深入讨论，进一步丰富与完善交通与制造业空间集聚的研究内容与体系。

全书共分3篇9章，各篇内容为：

第1篇绪论包含2章内容，为研究的基础。在开放、交通条件与制造业区域集聚文献述评基础上，针对中国的转型经济所特有的区域开放路径，构建三重开放、交通设施完善与制造业区域集聚的综合分析框架和理论模型。并比较闽台产业发展的历史及现状，提出闽台产业对接可能出现的产业类型及模式。

第2篇包含3章内容。首先，从改革开放前、对外开放、区际开放以及对台逐步开放四个主导时期切入，纵向考察福建制造业结构变化与空间集聚发展轨迹，研究不同开放尺度下福建制造业的区域集聚效应，揭示其时间变化特征和空间分异规律，并运用所构造的评价模型对这种时空变化给予解析。其次，深入剖析三重开放与制造业区域集聚的耦合机理。第三是实证分析和典型案例区研究。通过中观层面的典型案例区调研和微观层面的企业访谈，对案例地区制造业发展与集聚的影响因子进行科学分析，归纳制造业培育的模式与路径。

第3篇包含3章内容。首先，以时间为序列，探讨福建省空间运输联系的基本特征及其时空演变趋势。采用客货运量、客货运周转量、铁路密度、内河航道密度、公路以及等级公路密度等指标简要分析福建省公路、铁路、港口和机场的发展现状以及在全国中所处的位置。利用加权平均旅行时间指标分别测算公路（公路区内联系与区外联系）、铁路、水运和航空四种交通方式的可达性，加权求取福建省综合交通可达性分布格局，探讨其分布特征。其次，纵向分析福建省不同经济发展阶段制造业重构与空间集聚发展轨迹。分别从县域空间布局层面和行业层面切入，定量研究不同区域背景不同产业类型的制造业空间分布格局及特征，并从制度创新、生产要素流动和劳动地域分工等方面探讨其产业空间集聚的形成机理。再次，福建省交通运输业与制造业发展的关联效应。生产性服务业与制造业具有互动性质，交通运输业又属于生产性服务业的重要部门。为此利用2002年和2007年投入产出表分析了福建省交通运输业与各类型制造业的前向关联效应、后向关联效应和波及效应。最后，福建省制造业集聚的形成机制研究。制造业空间格局的形成受到多方面因素的影响，综合考虑传统贸易理论、新贸易理论和新经济地理框架下的制造业集聚的形成机制，从（资源投入）要素禀赋条件、外部性、规模经济和制度政策4个方面选取指标，从制造业产业特性和区域特性探讨福建省交通基础设施和制造业集聚与扩散的关系。

本书是笔者主持的国家自然科学基金项目（41371145）、教育部人文社科研究规划基金项目（09YJA790044）、福建省自然科学基金项目（2012J01162）、福建省科技厅计划项目（2013R01），以及参与的福建师范大学国家地理学基地科研训练及科研能力提高项目（J1210067）的部分成果，是笔者带领其硕士研究生所组成的团队历经4年通力合作和辛勤工作的成果。各章研究工作和初稿写作主要由以下人员完成：第1、2、9章由韦素琼、陈艳华、游小珺完成；第3章由韦素琼、陈嘉、耿静嬛完成；第4、5章由曾丽云、韦素琼、蔡春萍、耿静嬛完成；第6、7、8章由陈进栋、韦素琼、陈松林完成。全书通稿由韦素琼完成，陈嘉、蔡春萍协助做了大量工作。

在课题研究和本书写作过程，南京师范大学地理科学学院张小林教授对研究思路提出了宝贵意见；中国科学院地理科学与资源研究所资源经济与世界资源研究室董锁成首席研究员、广州大学陈健飞教授和千庆兰教授、广东省科学院广东省生态环境与土壤研究所程炯研究员、暨南大学深圳旅游学院副院长章牧教授都对本书初稿进行了评审并提供了宝贵建议。资料收集与调研过程得到福建师范大学闽台本科交换生游小珺、林宇和福建省社会科学院台湾研究所张洁副研究员，以及相关政府部门和企业负责人的大力支持。书中涉及的 100 多份企业问卷调查由蔡春萍与曾丽云完成；成书过程中得到诸多前辈的指点和同行的帮助，也参考了许多同行的研究资料。在此，一并致以诚挚的谢意。

限于笔者的水平、时间和经费限制，本书还存在许多缺憾、不足和错误，敬请读者指正。

韦素琼

2014 年 1 月

目　　录

前言

第1篇　绪　　论

第2篇　"三重开放"与福建制造业空间集聚

第3篇 交通体系完善与福建制造业空间集聚

第 1 篇
绪　　论

第1章 引　言

1.1　研究背景与意义

1.1.1　实践意义和应用价值

制造业是国家经济获得国际竞争优势的基石，发达的制造业和先进的制造业技术已成为衡量一个国家或地区综合实力的重要标志。在发达国家，制造业产值在 GDP 中的比重大多在 20%～30%。据美国有关统计，制造业对 GDP 的直接贡献始终大于 20%，并带动其他产业增长的 30% 及拉动全国科技进步的 40%。近年来，电子通信、航空航天、医药等新兴制造业是拉动美国经济增长的主要动力。日本政府也认为日本的高速经济增长是以制造业为核心进行的，而制造业的成功是建立在其强大的国际竞争力基础上的（汪和平和钱省三，2005）。根据中国社会科学院的《中国企业竞争力报告（2006）》，2004 年中国工业制成品的国际市场占有率已达到 8.25%，在名次上超过了日本，仅次于欧盟和美国。但从制造业的产业国际竞争力看，美国、日本、德国、法国、英国等发达国家的产业国际竞争力都超过了中国。据赵彦云的《2001～2007 中国制造业产业竞争力发展研究报告》显示，2007 年福建省制造业产业区域综合竞争力指数为 68，在上海（77）、江苏（77）、山东（77）、浙江（75）、广东（75）、天津（70）之后，居全国第 7 位。

福建省地处东南沿海，位于全球最活跃的东亚经济走廊的中心地带，具有与港澳台地区，尤其是与台湾的地缘和亲缘优势。然而，由于相对封闭的自然条件及台海局势的影响，福建省经济发展落后于相邻的"长三角"和"珠三角"，成为两大三角洲经济高地间的"洼地"。改革开放的先发优势与这种地缘和亲缘优势相结合，通过合资合作，引进先进技术、装备和工艺，使福建省制造业企业的技术创新和产品研发能力迅速提高。2004 年建设"海峡西岸经济区"战略构想的提出，以及建设"海峡西岸先进制造业基地"目标的设立，开拓了福建省制造业的发展道路。随着 2008 年 12 月 15 日海峡两岸三通的开启，以及 2009 年 5 月 4 日国务院通过的《关于支持福建省加快建设海峡西岸经济区的若干意见》，海峡西岸经济区（简称海西区）受到广泛关注，有望成为继长三角、珠三角、环渤海区域之后中国区域经济又一令人充满期待的增长极。制造业的发展是海西区崛起的关键。建设成为"东部沿海地区先进制造业的重要基地"是国务院通过的《关于加快建设海西经济区的若干意见》中的 4 个战略定位之一，也是 2010 年 1 月 30 日福建省第十一届人民代表大会第三次会议通过的《福建省建设海峡西岸经济区纲要（修编）》中明确提出的任务。即建设海峡西岸先进制造业基地，构建现代化的基础设施支撑体系，围绕发展大港口、大通道和大物流，加快建设以大型海港和空港为依托，以快速铁路、高速公路和国省道普通公路为骨架的综合交通运输通道和综合交通枢纽。

因此，海峡西岸经济区未来的制造业增长点的培育以及地理空间集聚变化，与海峡两岸经济合作进程及福建综合交通系统的改善密切相关。一方面，福建省与全国一样经历了转型经济所特有的"先国际化后区际化"（二重开放）的区域开放路径（钟昌标，2002；Bai et al.，2004；王春艳和鲍伶俐，2010），即中国国内区域间开放的发展滞后于对外开放。二重开放与中国制造业区域集聚之间呈现出一种先上升后下降的倒型非线性关系（王春艳和鲍伶俐，2010）。然而作为以福建为主的海峡西岸经济区，在二重开放的基础上，叠加着对中国台湾开放的逐步推进（三重开放），通过研究商品流动机制、资本流动机制和劳动力流动机制对海西区制造业区域集聚动态变化趋势的影响，揭示海西区在转型初期未有国内市场情形下的制造业集聚情况，与之后国内市场逐步重建和对中国台湾逐步开放叠加下所引起的制造业集聚发展路径与格局的变化。另一方面，随着海西区的建设上升到国家经济发展战略层面，基础设施建设的大量投入与交通体系的日渐完善，使现代交通运输业的发展加速瓦解小生产的生产方式，促进大工业的经济体系全面形成，这将带来更大范围的产业分工和集聚。

在这种两岸经贸交流逐渐常态化以及闽台"一日生活圈"（目前平均每天 4 个航班，未来有望每半小时一班）已经形成的背景下，以"海峡经济圈"的形成为研究框架，深入研究对台渐进开放与交通设施日益完善对海峡西岸经济区制造业空间集聚变化的影响机理，不仅有助于提升海西区综合竞争力，参与国际上技术构成较高的产业分工，而且对于完善开放与制造业区域集聚理论具有重要的意义。

1.1.2　理论意义和学术价值

制造业是工业发展到高级阶段的产业类型，在地区经济发展中占有重要地位。从世界范围来看，虽然一些发达国家已经完成了从工业经济向知识经济的过渡，但制造业仍是其国民经济发展的主体。包括中国在内的许多发展中国家目前仍然处于工业化阶段，制造业无论是从所创造的产值，还是税收和吸纳的就业人口来看均是区域经济发展的决定性力量，是影响区域经济和地区竞争优势的重要因素。

制造业在区域内部空间分布的不均匀一直是学术研究关注的重要问题，研究的重心在于决定制造业区域非均匀分布的因素分析。开放条件与交通条件都是影响制造业区域集聚的重要因素。值得注意的是，大多数的研究都主要关注了对外开放或国际开放对制造业区域集聚的作用，较少关注区域之间开放尤其是地区之间渐进开放的影响。本项目在对外开放与区际开放同时兼顾的框架下，将此问题作进一步科学延伸，以福建省为典型案例区域，探讨对台渐进开放以及国家政策导向下福建制造业集聚发展路径与耦合机制，深入研究三重开放逐步逐层叠加条件下的开放与制造业空间集聚的关系，在一定程度上可以丰富制造业地理学的研究内容与体系，完善开放与制造业空间集聚理论。另一方面，在对交通与制造业关系的研究中，大多数经济学家主要关注交通经济成本，较少关注交通时间成本的影响，并且大多仅把交通设施是作为诸多影响因素之一进行分析，较少对交通因子进行专项的深入研究。本研究以各种交通运输方式的综合可达性为影响制造业空间集聚的重要因素之一，从交通时间成本的角度展开深入讨论，以期进一步丰富和完善交通与制造业空间集聚的研究内容与体系。

1.2　开放与制造业集聚的国内外研究进展

1.2.1　开放与制造业区域集聚的理论模型

开放与制造业区域集聚是近年来经济地理学研究的一个热点问题，这个问题的理论基础是把贸易理论与区位理论整合在一起的新经济地理学。在新经济地理学之前，无论是以冯·杜能、韦伯、克里斯塔勒、勒什等学者为代表的古典区位理论，还是以艾萨德、Koopmans 等学者为代表的新古典区位理论，都是以孤立的区位为研究视角，尚未触及到区域间的贸易开放问题；而以亚当·斯密、李嘉图、赫克歇尔和俄林等学者为代表的贸易理论，则不涉及空间与区位论题，将彼此发生贸易的国家视为无空间的经济集合。因而，长期以来区位理论与贸易理论一直处于分割状态。导致这一结果的主要原因在于上述传统理论遵循的是规模报酬不变和完全竞争的假设前提，这种分析方法所具有的同质性空间无法同时支撑贸易均衡和区位均衡。因此，要想建立一个用于解释产业集聚、地区专业化和贸易的一般均衡模型框架，就必须采用规模报酬递增和不完全竞争的假定条件。20

世纪70年代，垄断竞争模型（Dixit-Stiglitz，D-S）的建立，消除了经济学家们在处理市场结构问题上遇到的障碍。在此基础上，20世纪90年代以克鲁格曼（Krugman）、藤田（Fujita）和Venables为代表的新经济地理学（Krugman，1980；Krugman，1991；Krugman and Venables，1995；Venables，1996；李小建等，2006），在垄断竞争、规模报酬递增和运输费用的分析框架下，将制造业集聚的动因归结于前后向关联和上下游关联。在成功解释了两个相似地区的制造业结构差异问题之后，以墨西哥加盟NAFTA（北美自由贸易区）之后制造业中心空间变迁为典型案例（Krugman and Elizondo，1996），将对外开放和贸易政策因素作为重要的外生变量引入到新经济地理学的核心——外围模型中，将新经济地理学原有的核心——外围两地区模型拓展为三地区模型，来考察对外开放与一国内部制造业区域集聚的关系。新经济地理学将区位理论与贸易理论有机整合，成为迄今为止研究开放与制造业区域集聚的主流经济学理论。

虽然克鲁格曼等人的新经济地理学涉及区域间贸易开放，但由于其主旨是将空间因素融入主流经济学框架下，单纯考察贸易流动和要素流动与产业集聚的关系，并最终将国际贸易理论与经济地理学融为一体，而非分析区域经济本身，因而未对具有地学内涵的"区域"进行本质分析。中国处于经济转型过程中，在许多方面都创造了独特的模式，其中在区域经济开放进程上，也呈现出与众不同的特点。不同于一般市场经济的区域开放模式（区域经济的开放同时诉诸国内区际市场和国际市场），中国的区域经济开放采取了由国际化切入的战略路径，对外贸易与引进外资超常发展而内部市场重建进展缓慢，在20世纪90年代中后期尤其是加入WTO之后，才开始强调对内开放，而海峡两岸之间的开放更是一波三折。因此，克鲁格曼等人的新经济地理学在解释区域三重开放与制造业空间集聚关系的问题上存在不完善之处。

1.2.2   国外开放与制造业区域集聚的实证研究

许多学者利用新经济地理学理论模型的推论对不同国家进行了实证检验。众多学者都肯定了对外贸易以及开放程度对制造业集聚变化会产生影响，但对如何影响持有不同观点。①认为贸易成本很高时降低国内交通运输成本将导致制造业集聚，而当国际贸易成本降低时，国内制造业生产趋于分散。Behrens等（2003）在新经济地理学框架下建立了一个两国四地区模型，来考察国内运输成本和对外贸易成本对国内制造业地理分布的影响，得出了上述结论。Amiti（1997）对英国等五个欧盟成员国在1976~1989年的制造业专业化水平和集聚程度进行了考察，认为英国的制造业专业化水平和集聚程度下降主要是源于其曾对自身不具有比较优势的行业进行贸易保护。Brulhart 和 Koenig（2006）对五个中欧和东欧国家加入欧盟后的内部工资空间结构和就业结构进行了考察，得出对外贸易开放对这五个国家内部的制造业空间分布产生了显著影响的结论。②认为贸易成本与制造业空间集聚的关系还与区域经济发达程度相关，经济发达地区对外开放会导致制造业均匀布局，而经济欠发达地区将导致制造业趋于集聚。例如，Alonso-Villar（1999；2001）发现发展中国家所拥有的制造业集聚巨型城市数目要远远多于发达国家，对于制造业相对不发达的国家，对外开放会导致其制造业的集聚，而对于制造业相对较发达的国家，对外开放则会导致其制造业的分散。同样的，Behrens（2004）认为对外开放对制造业区域分布的影响在很大程度上取决于贸易结构和国内基础设施的状况。对于基础设施较差的国家而言，对外开放会加剧制造业的不均匀分布；对于基础设施较好并且区际贸易较发达的国家而言，对外开放会导致国内制造业较为均匀分布的格局。Ana M. Fernandes（2010）通过对印度的研究，认为贸易自由化将减少大企业集中，但对中小企业影响不显著，FDI 导致大企业集中而小企业分散。③Paluzie（2001）及 Crozet 和 Soubeyran（2004）通过对罗马尼亚在加入欧盟前后的制造业集聚变迁的实证分析，得出与 Krugman 和 Venerables 的模型完全对立的结论：当国际运输成本较高时，国内制造业的平均分布是唯一稳定的均衡；当国际运输成本较低时，国内市场就演变成为核心——外围的生产格局。同样的，Monfort 和 Nicolini（2000）认为当劳动力可以跨地区流动，但无法跨国流动，且产品的国内运输成本与国际运输成本存在差异时，对外开放一体化程度的提高将会导致生产厂商集聚到国内某一特定地区。④20 世纪 90 年代以 Gereffi 和 Humphrey 为代表的全球价值链理论，探讨了全球化对产业集聚发展的影响。其中 Gereffi 和 Korzeniewicz（1994）指出区域间的资源禀赋差异会促进产业的国际分工或者产业集聚，探讨了全球价值链下经济活动空间集聚或分散的程度与其是否具有地方根植性有关，同时指出价值链不同主体间的权力关系决定了资源在价值链上的分配和流动方式。英国 Sussex 大学发展研究所（Institute of Development Studies）认为组成价值链的各种经济活动即可以包括在一个企业内，也可以分散到各个企业之间；可以集聚于某个特定的地理范围之内，也可以散布于全国各地（陈柳钦，2009）。基于全球价值链理论，Dicken 和 Henderson（1999）等学者提出了全球生产网络，有利于指导并解释子网内的产业动态集聚及区域经济发展。Ernst 和 Kim（2002）将全球生产网络应用于产业集聚研究，认为地方产业集聚的发展动力在于集聚是否能与全球生产网络有效联结。

　　回顾国外开放与制造业集聚关系的研究，值得注意的是，迄今为止的此类研究主要关注了对外开放对制造业区域集聚的作用，忽略了区域之间的开放或区际开放的影响,尤其是受政治因素影响的半开放状态对制造业空间集聚的作用。

1.2.3   国内开放与制造业区域集聚的实证研究

国内对产业集聚的研究早期处于理论的介绍和引进阶段,近年来实证研究逐步增加。国内学者在前人研究的基础上从不同角度对产业地理集中与集聚进行了理论探讨。目前的研究主要集中在对产业地理集中的程度和产业集聚的方式、形成原因、定义和新特点进行概括,以及对产业集聚的区域效应进行归纳总结(马延吉,2005)。其中不少学者结合中国发展特点对产业集聚的对外开放影响因素进行分析,大部分学者均认为对外开放促进了中国制造业的区域集聚。例如黄玖立和李坤望(2005)对1985年和1995年中国产业布局影响因素的研究表明,对外贸易中的地理优势在产业分布中发挥重要作用,东部地区成为制造业集聚中心主要是得益于对外贸易的地理优势和各种政策优惠。金煌等(2006)认为对外开放促进了工业集聚,对外开放与地理和历史的因素有关,中国沿海地区具有工业集聚的地理优势。冼国明和文东伟(2006)认为制造业中各行业的FDI在沿海地区的集聚是推动制造业向沿海地区集聚的重要力量,集聚程度随着对外开放程度的加深而增强。张宇和蒋殿春(2008)认为FDI与中国产业集聚之间存在显著的正相关关系。刘卫东等(2010)则从定量的角度分析了出口对中国省份及行业发展的影响。

一国的对外开放与其内部区域间的区际开放是有着不同的内涵和性质,特别是对于中国这样一个处于经济转型期的国家来说,其经济发展进程中独创的模式显示出其与众不同的特点。部分中国学者从国内地方保护主义、地方分权化等角度研究区际开放对制造业空间集聚的影响。例如贺灿飞(贺灿飞,2009;He et al., 2008;He and Wang, 2010)分析了1980~2003年中国制造业的空间格局变化,认为比较优势、规模经济和经济全球化是决定中国制造业空间分布的重要因素,并认为处于转型过程中的中国可能不完全符合主流经济学的解释,市场化、全球化和分权化将显著影响中国产业的地理格局形成。白重恩等(2004)的研究特别关注了地方保护主义与产业地区集中度的关系。范剑勇(2004)从地区专业化和市场一体化角度考察产业集中率的变化。路江涌和陶志刚(2007)认为地方保护主义在很大程度上限制了中国制造业的区域集聚,同时,溢出效应、运输成本和自然禀赋也是影响行业集聚的重要因素。杨宝良(2005)分析了在我国渐进式改革市场一体化的背景下,中央行政性分权以及地方政府自主权扩大所产生的影响。梁琦(2004)以空间经济学为理论分析框架,系统实证分析了中国制造业产业集聚现象,从基本因素、市场因素和知识溢出三个层面考察了产业集聚的影响因素。钟昌标（2003）认为我国区域产业分工是推动区际产业合作的根本动力之一，并提出了区域产业整合与分工的政策。王春艳和鲍伶俐（2010）基于空间交易成本理论，提出通过纵向一体化发展大企业和企业集团，可以提高我国产业整体竞争力，同时，降低空间交易成本，能促进我国地方产业空间集聚。张萃（张萃，2009；张萃和赵伟，2009）则基于理论与实证的角度分析二重开放（对外开放与区际开放）对中国制造业集聚的影响，研究表明对外开放主要通过制度转型机制和基础设施机制对中国制造业区域集聚发生作用，技术溢出机制尚未显现，且在不同作用机制下，对外开放对不同地区制造业集聚的作用存在明显差异，这种差异随着对外开放度的提高呈现出发散态势。

上述研究文献表明，对外开放主要通过制度转型机制（对外贸易与外商直接投资机制）和基础设施机制对中国制造业区域集聚发生作用（集聚于东部沿海地区）。区际开放则通过商品、资本和劳动力流动机制进一步强化制造业集聚格局。但是迄今为止鲜见对台渐进开放与制造业区域集聚之关系的研究，随着对台渐进开放的介入，原先"三重开放"影响下的制造业空间布局模式将发生哪些变化，此外，不同开放模式逐步逐层叠加之后对制造业空间集聚影响的微观机理如何，这些都值得进一步探究。

1.2.4　三重开放的内涵与研究问题的提出

三重开放是指对外开放、区际开放以及对台渐进开放。对处于经济转型期的中国来说，区域经济开放是一种先国际后区际化的路径模式（张萃，2009；张萃和赵伟，2009），与一般市场经济国家存在巨大差异，这意味着那些以统一的国内市场为暗含前提条件考察对外开放与制造业集聚的理论模型并不适用于中国现实。区域的对外开放，汇聚成了国家总体经济的国际化浪潮，构成了该国经济国际化的基础。我国自1980年之后的地区渐进式开放政策深刻地影响外商直接投资及与其相关的外向型经济的地区差异格局，领先得到这种政策的地区获得制度上的优势，极大地促进了其潜在区位优势的发挥，产业向沿海地区集聚特征显著，尽管目前这种优惠政策和劳动力成本等传统因素的吸引力在下降。我国内部各区域之间的经济开放或区际开放大约始于20世纪90年代，促成了区域内部区际市场或全国性市场的形成。而全国性市场的形成则是一个经济在全国范围内实现通过市场力量配置资源的前提条件。简而言之，区域层次的二重开放，既是一国经济融入全球经济的基础，也是该经济市场化的基础。对于一个由众多地区构成的大国来说，区际开放的意义尤其重大。区际开放导致的商品流动、资本流动和劳动力流动改变了原有的对外开放所带来的产业高度集聚的状态。虽然对台渐进开放始于 1983 年，但到 90 年代中后期才出现大规模台商投资，研究空间区位选择受地域文化因素影响的对台渐进的第三重开放对制造业区域集聚发生作用的机理，显然应放在区际开放和对外开放同时兼顾的框架下进行。通过对现有理论模型的拓展，构建出一个符合海西区现实的三重开放与制造业区域集聚的理论分析框架，深入研究三重逐步逐层开放对制造业区域集聚的影响与机理，了解对台渐进开放对原有二重开放作用机理的影响，这是本书所涉及的问题。

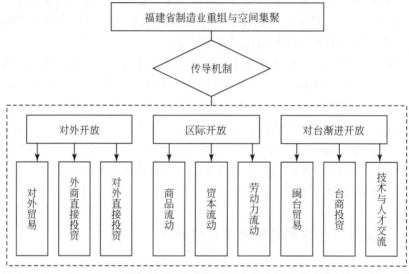

图 1-1　三重开放对福建省制造业空间格局的影响机制

1.3　国内外运输成本与制造业集聚研究进展

1.3.1　国外运输成本与制造业集聚研究进展

新古典理论经济学的研究一直都认为空间因素是均质和外生的，认为运输成本已经暗含于生产者的成本中（伊特韦尔等，1992）。实际中，运输成本至关重要，无法通过暗含的方式加以回避，忽视运输成本的经济学分析是“在一个没有空间维度的空中楼阁中”进行的（Isard，1949）。早期空间经济研究由于运输成本的存在异于主流经济学，在古典的区位理论中，对产业区位问题作了较为广泛的探讨。例如，杜能的农业区位论认为运输成本的差异使农作物分布在不同地带，农业活动围绕中心区域呈环状分布（杜能，1985）。韦伯的工业区位论中，工业生产活动的空间位置主要取决于成本因素，在完全竞争市场上，企业产品以运输成本最小的区位来获得最大利润（Weber, 1929）。克里斯塔勒的中心地理论（克里斯塔勒, 1998）以及廖什的市场区位论（Lösch, 1959）等区位理论也都把运输成本看作重要的区位因素。总之，传统的产业集聚理论，包括古典区位理论（韦伯工业区位论等）、新古典区位理论（如马歇尔的产业区原理）、国际贸易与分工理论、地域生产综合体理论和增长极理论，都是以工业化为时代背景，强调厂商之间建立基于垂直一体化的物质联系，以节约运输成本、获得外部规模经济作为集聚的主要目的。

技术进步和产业组织的变革深刻地改变了资源和生产要素集聚的传统形式，随着交通运输与通信技术的不断进步，经济全球化的逐步发展，经济形态由工业时代向信息时代演进，产业集聚的机理、模式以及内部的活动方式都发生了根本的变革，产业集聚再次受到人们的关注。新经济地理学最核心的问题就是研究经济活动的分散和集聚与距离（运输成本）等因素的关系。由于新经济地理学的兴起，交通运输因素在空间经济区位和布局中的作用开始受到了经济学应有的重视。克鲁格曼（Krugman, 1991; 1993; 1980）在迪克斯特与斯蒂格利茨垄断竞争模型的基础上，认为企业的规模报酬递增、生产要素流动和运输成本通过市场传导的相互作用导致了产业集聚的形成。他通过严密的数学论证，以制造业为例证实了集聚产生的"中心—外围"区域经济增长格局的客观存在。指出当制造业所占比重、运输成本以及规模经济满足一定条件时，空间经济具有自我强化趋势，从而演化成包含工业中心带与农业外围带的中心—外围结构。其中，模型认为，运输成本与经济的集中程度呈现单调递减关系，即运输成本越高，经济集中程度越低。Venables（1996）、Fujita 等（1999）、Ottaviano（2001）、Tabuchi 和 Thisse（2002）等人通过建立不同模型进行研究，研究结果都支持了克鲁格曼的中心—外围的均衡结构，但 Ottaviano 研究发现，运输成本与空间经济集中并不完全是单调递减关系，Picard 和 Zeng（2005）、Krugman 和 Venables（1995）、Tabuchi 和 Thissse（2002）更进一步，认为运输成本与产业地理集聚之间存在着一种倒 U 型的关系：从分散到集聚而后再分散。Lanaspa 等（2001）在核心—外围模型的基础上引入政府部门，认为运输成本和制造业集聚之间不单纯是核心—外围模型中的单调关系，而是由政府规模决定。

在实证研究中，对运输成本在制造业集聚中的作用有两种观点。一种认为运输成本对制造业集聚的影响显著。如 Combes 和 Lafourcade（2002）与 Rosenthal 和 Strange（2001）分别以法国和美国为例，通过定量研究得出运输成本是制造业空间集中的主要动力。Banister 和 Berechman（2001）认为交通基础设施建设对经济增长具有正向推动作用。同样认为运输成本对制造业集聚有着重要作用的还有 Akita 和 Miyata（2005）与 Crafts 和 Mulatu（2005）。而另一种观点认为运输成本对制造业集聚的影响并不十分显著。如 Rosenthal 和 Strange（2001）考察了影响美国 4 位数制造业行业集聚的决定因素，利用 Ellison 和 Glaeser 指数对相关影响因素进行回归分析发现，运输成本在国家层面对制造业集聚发生作用，但在次一级层面的作用并不显著。

从研究视角上看，众多学者还分别从区域产业以及企业两个层面展开研究。从区域产业的层面分析交通成本与产业集聚关系的有：Paluzie（2001）与 Crozet 和 Soubeyran（2004）对罗马尼亚制造业集聚变迁进行实证，得出当国际运输成本较高时，国内制造业的平均分布是唯一稳定的均衡，当国际运输成本较低时，国内市场就演变成为核心—外围的生产格局。Brulhart 和 Koenig（2006）通过建立三地区模型，认为对外运输成本的降低将会使制造业集聚在其中一个不确定的地区。运输成本的界定（Ottaviano，2001）、城市内交通运输成本（Henderson，1974）和地理接近的重要性（Ciccone and Hall，1996）等也是区域交通成本与产业集聚关系关注的焦点。另一些学者则从企业这个更微观的层面进行研究，如 Kilkenny（1998）强调，当运输成本下降时，运输成本相对较高的企业可能会选择集中，而运输成本相对较低的企业为了利用外围地区劳动力优势会向外围地区扩展。Wallsten（2001）认为小厂商近距离集聚会获得知识外溢或其他投入回报。

1.3.2 国内运输成本与制造业集聚研究进展

国内对产业集聚的研究早期处于理论的介绍和引进阶段，近年来实证研究逐步增加，在前人研究的基础上分别从不同角度对产业地理集中与集聚进行了理论探讨，其中一些学者结合经济全球化和中国发展特点对产业集聚与交通设施的关系进行定性描述。例如，田明和樊杰（2003）认为更加快捷的通讯系统与交通运输和更为开放的全球市场削弱了地理位置在区域竞争和区域经济增长中的作用，但是地理位置的重要性并未削弱，产业空间集聚现象时刻都在发生。梁琦（2004）以新的证据解释中国产业集聚的基本因素：外部性、运输成本和规模经济。殷醒民（2008）认为区域之间的专业化倾向随着运输成本的大幅度下降和交通运输网络的进一步完善被强化。

更多的学者采用回归分析进行定量的研究，认为交通设施对制造业集聚有着显著的影响，运输条件的改善会促使行业在区域上集中。吕卫国和陈雯（2009）利用泊松回归模型研究发现，由于城市外围交通改善、土地有偿使用、城市开发区建设、政府"退二进三"的规划管理等因素的作用，南京制造业呈现明显的郊区化扩散和集聚。徐圆（2008）使用 2003 年截面数据计算中国 29 个省份基尼系数与产业集聚程度，通过回归发现铁路里程和公路里程都对产业集聚有着显著

的正向影响，便利的运输条件和较低的交易成本有利于工业区域集中。金煜等
（2006）为了研究导致中国地区工业集聚的因素，采用 1987～2001 年中国省级面
板数据进行分析，认为低纬度地区的气候条件优势和沿海对外交流的便利性使得
产业集聚更容易发生。同时，交通基础设施的完善和地方教育水平的提高能够显著
地推动地区工业集聚。路江涌和陶志刚（2007）、文玫（2004）、刘芬（2007）、贺
灿飞等（2008；2005）、黄洁（2009）等也都采用了面板数据模型对交通基础设施
与产业集聚的关系进行了探讨，认为交通设施的改善会促使制造业在空间上集聚。
但殷江滨（2009）通过计量分析发现不同年份间影响因素存在着较大差异，交通
运输条件和人力资本对于产业布局的影响不大。贺灿飞和朱晟君（2008）通过对
江苏和安徽制造业地理集聚的对比研究发现，江苏省基础设施的逐步完善、快速
城市化进程和经济发展促成了产业的空间分散。

此外，还有一些学者采用不同方法进行研究，其研究结果同样支持运输条件
的改善会促使制造业在区域上集聚（贺灿飞等，2005；贺灿飞等，2008；黄洁，
2009）。如范剑勇和杨丙见（2002）用克鲁格曼的中心—外围区域模型分析发现
美国中西部地区制造业的发展与该地区人口数量，特别是内部运输系统效率提
高、城市人口快速增长等相关联。林理升（2006）使用 Fujita 和 Thisse 的模型进
行研究，认为劳动力流动和运输成本是影响中国制造业集聚的关键性因素。刘春
霞等（2006）采用 M 函数研究了 2001 年北京市制造业地理集聚，发现 25 个制
造业行业在不同的距离范围内呈不同程度的集中分布，随着距离的增加集中度大
体呈下降趋势。

1.3.3　研究评述

在国外的理论研究中，对克鲁格曼的中心—外围的均衡结构以及运输成本和
制造业集聚之间的关系已进行了大量的讨论。大多学者都支持克鲁格曼的中心—
外围的均衡结构，而运输成本和制造业集聚之间的关系由最初支持单调递减关系
转变成支持倒 U 型关系。在实证研究方面，许多学者在对制造业集聚的决定因素
讨论中，都承认了运输成本对制造业集聚的影响，但就其影响程度而言存在不同
的观点。在研究层面上，大多是从区域产业的层面分析交通成本与产业集聚的关
系，而从企业这个更微观的层面进行研究的较少。国内关于产业集聚的研究大多
是从产业集聚的影响因素和产业集聚效应进行实证和理论研究，确认要素禀赋、
外部性、规模经济等因素在产业集聚形成中的作用。在研究内容上，大多数经济
学家主要关注交通经济成本，较少关注交通时间成本的影响。由于考虑到运输成
本量化的困难，许多学者都把交通设施作为诸多影响因素之一进行分析，较少对

交通因子进行专项的深入研究。

1.4   研究内容与方法

1.4.1   主要研究内容

本书研究的主要内容大体分为三个部分。第一部分是研究的基础，在开放、交通条件与制造业区域集聚文献述评基础上，构建一个三重开放、交通设施完善与制造业区域集聚的综合分析框架和理论模型；第二部分为三重开放与制造业空间集聚关系的研究，从对外开放、区际开放以及对台逐步开放三个主导时期切入，纵向考察不同开放尺度下制造业空间集聚发展轨迹，并运用评价模型对这种区域集聚的时空差异给予解析，重点剖析三重开放与制造业区域集聚的耦合机理。同时，通过中观层面的典型案例区调研和微观层面的企业访谈，比较不同区域制造业集聚的微观机理；第三部分为交通体系完善与制造业空间集聚关系的研究，首先以县（市）为研究单元，测算区域不同交通方式的综合交通网络可达性空间格局。其次从行业集聚和区域集聚的角度测度福建省不同类型制造业的集聚水平。然后利用投入产出表分别分析交通运输业和不同类型制造业的前向关联效应、后向关联效应以及波及效应，并将交通运输业分为五个部门展开深入讨论。最后，利用横截面数据模型从制造业的产业特性和区域特性角度探讨福建省交通基础设施和制造业集聚与扩散的关系。

1.4.2   研究技术路线

研究技术路线见图 1-2。

1.4.3   主要研究方法

1）理论分析与实证研究相结合。在总览国内外关于开放条件、交通基础设施与制造业区域集聚的现有研究文献的基础上，对相关研究进行系统梳理，归纳出制造业区域集聚的影响机制，构建相应的机理系统，并对其进行实证。

2）空间分析方法、统计方法与计量方法相结合。例如，在 ArcGIS 环境下，进行可达性的计算，分析福建省交通网络的可达性空间格局及其演化。运用K-均值聚类法分析福建省制造业集聚空间结构。运用统计分析方法，分析制造业与交通的发展状况。用投入产出法分析交通运输业与制造业发展的关联效应。制造业

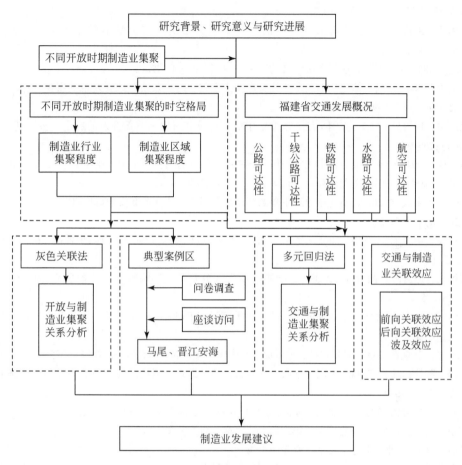

图 1-2 研究的技术路线

空间集聚的影响因素的分析中，采用计量经济模型从产业特性和区域特性进行探讨。

3）区域对比和行业对比相结合。将福建省交通与制造业发展情况与全国发展水平进行比较，以确定福建交通与制造业发展水平在全国中的地位。对不同类型交通方式、不同地区交通可达性水平进行对比，研究交通可达性格局。对不同类型制造业的集聚程度、不同尺度制造业集聚（县级尺度和市级尺度）情况、不同区域的制造业发展状况进行比较研究，研究制造业集聚的产业差异与地区差异。

参 考 文 献

白重恩，杜颖娟，陶志刚，等 . 2004. 地方保护主义及产业地区集中度的决定因素和变动趋势. 经济研究, (4): 29-40.

陈柳钦. 2009. 有关全球价值链理论的研究综述. 重庆工商大学学报 (社会科学版), 26 (06): 55-65.

杜能. 1986. 孤立国同农业与国民经济的关系. 北京: 商务印书馆.

范剑勇. 2004. 市场一体化、地区专业化与产业集聚趋势——兼谈对地区差距的影响. 中国社会科学, (6): 39-51.

范剑勇, 杨丙见. 2002. 美国早期制造业集中的转变及其对中国西部开发的启示. 经济研究, (8): 66-95.

葛立成. 2004. 产业集聚与城市化的地域模式——以浙江省为例. 中国工业经济, (1): 56-62.

贺灿飞. 2009. 中国制造业地理集中与集聚. 北京: 科学出版社.

贺灿飞, 朱晟君. 2008. 制造业地理集聚的区域差异研究——江苏和安徽对比研究. 地理科学, 28 (6): 715-721.

贺灿飞, 梁进社, 张华. 2005. 北京市外资制造企业的区位分析. 地理学报, 60 (1): 122-130.

贺灿飞, 谢秀珍, 潘峰华. 2008. 中国制造业省区分布及其影响因素. 地理研究, 27 (3): 623-635.

黄洁. 2009. 垂直解体与低运输成本下的产业集聚间分工研究——来自长三角的微观实证. 杭州: 浙江大学.

黄玖立, 李坤望. 2005. 对外贸易、地方保护和中国产业布局. 第5届中国经济学年会论文集.

金煌, 陈钊, 陆铭. 2006. 中国的地区工业集聚: 经济地理、新经济地理与经济政策. 经济研究, (4): 79-89.

金祥荣, 朱希伟. 2002. 专业化产业区的起源与演化. 经济研究, (8): 74-82.

李小建, 等. 2006. 经济地理学 (第二版). 北京: 高等教育出版社.

梁琦. 2004. 产业集聚论. 北京: 商务印书馆.

林理升. 2006. 运输成本、劳动力流动与制造业区域分布——世界经济一体化背景下的中国空间二元经济结构研究. 上海: 上海大学.

刘春霞, 朱青, 李月臣. 2006. 基于距离的北京制造业空间集聚. 地理学报, 61 (12): 1247-1258.

刘芬. 2007. 中国制造业集聚问题研究. 武汉: 中国地质大学 (武汉) 硕士学位论文.

刘卫东, 刘红光, 唐志鹏, 等. 2010. 出口对中国区域经济增长和产业结构转型的影响分析. 地理学报, 65 (4): 407-415.

路江涌, 陶志刚. 2007. 我国制造业区域集聚程度决定因素的研究. 经济学, 6 (3): 801-816.

吕卫国, 陈雯. 2009. 制造业企业区位选择与南京城市空间重构. 地理学报, 64 (2): 142-152.

马延吉. 2005. 区域产业集聚研究进展. 地理科学, 25 (2): 226-323.

唐根年, 徐维祥, 罗民超. 2003. 浙江区域块状经济地理空间分布特征及其产业优布局研究. 经济地理, (4): 457-461.

沃尔特·克里斯塔勒. 1998. 德国南部中心地原理. 北京: 商务印书馆.

田明，樊杰. 2003. 新产业区的形成机制及其与传统空间组织理论的关系. 地理科学进展，22（2）：186-194.

汪和平，钱省三. 2005. 我国制造业技术创新思路探讨. 科学学研究，23（z1）：240-243.

王春艳，鲍伶俐. 2010. 空间性交易成本：产业组织空间形态的演变. 学术交流，6：70-73.

文玫. 2004. 中国工业在区域上的重新定位和聚集. 经济研究，（2）：84-94.

冼国明，文东伟. 2006. FDI、地区专业化与产业集聚. 管理世界，（12）：18-31.

徐圆. 2008. 中国工业区位基尼系数与产业集聚程度分析. 金陵科技学院学报，22（1）：163-164.

杨宝良. 2005. 我国渐进式改革中的产业地理集聚与国际贸易. 上海：复旦大学出版社.

伊特韦尔，米尔盖特，纽曼. 1992. 新帕尔格雷夫经济学大辞典（第 4 卷）. 北京：经济科学出版社.

殷江滨. 2009. 改革开放以来广东省制造业空间结构演变的实证研究. 广州：华南师范大学.

殷醒民. 2008. 产业集聚、运输方式与长江三角洲内部市场的扩展. 珠江经济，（1）：78-88.

张萃. 2009. "二重开放"与中国制造业区域集聚：理论与实证. 杭州：浙江大学.

张萃，赵伟. 2009. 对外开放与中国制造业区域集聚：机理分析与实证检验. 国际贸易问题，（9）：89-96.

张宇，蒋殿春. 2008. FDI、产业集聚与产业技术进步. 财经研究，（1）：72-82.

钟昌标. 2002. 国内区际分工和贸易与国际竞争力. 中国社会科学，（1）：94-100，207.

钟昌标. 2003. 中国区域产业整合与分工的政策研究. 数量经济技术经济研究，6：59-63.

Akita T，Miyata S. 2005. Theories of new economic geography and geographical concentration of manufacturing industries in Japan//The 45th European Congress of the Regional Science Association Paper.

Alonso Villar O. 1997. Spatial distribution of production and international trade：a note. Regional Science and Urban Economics，29（3）：371-380.

Alonso-Villar O. 2001. Large metropolises in the Third World：an explanation. Urban Studies，38（8）：1359-1371.

Amiti M. 1999. Specialization patterns in Europe. Weltwirtschaftliches Archiv，135（4）：573-593.

Bai C E，Du Y，Tao Z，et al. 2004. Local protectionism and regional specialization：evidence from China's industries. Journal of International Economics，63（2）：397-417.

Banister D，Berechman Y. 2001. Transport investment and the promotion of economic growth. Journal of transport geography，9（3）：209-218.

Behrens K，Gaige C，Ottaviano G I P，et al. 2003. Interregional and international trade：Seventy years after ohlin. http：//www. core. ucl. ac. be/staff/thissePapers/bgot24. pdf.

Behrens K. 2004. International integration and regional inequalities：How important is national infrastructure？ http：//www. core. ucl. ac. be/services/psfiles/dp04/dp2004. 66.

Brulhart M，Koenig P. 2006. New economic geography meets Comecon：Regional wages and industry location in central Europe. Economics of Transition，14（2）：245-267.

Brülhart M，Crozet M，Koenig P. 2004. Enlargement and the EU periphery：the impact of changing market potential. The World Economy, 27 (6): 853-875.

Ciccone A, Hall R E. 1996. Productivity and the Density of Economic Activity. American Economic Review, 86 (1): 54-70.

Combes P P, Lafourcade M. 2002. Transport Cost Decline and Regional Inequalities: Evidence from France. CEPR Discussion Papers.

Crafts N, Mulatu A. 2005. What explains the location of industry in Britain, 1871-1931? Journal of Economic Geography, 5 (4): 499-518.

Crozet M, Soubeyran P. 2004. EU enlargement and the internal geography of countries. Journal of Comparative Economics, 32 (2): 265-279.

Dicken P, Henderson J. 1999. Making the connections: global production networks in Britain, East Asia and Eastern Europe. A research proposal to the Economic and Social Research Council (July).

Ernst D, Kim L. 2002. Global production networks, knowledge diffusion, and local capability formation. Research Policy, 31 (8): 1417-1429.

Fernandes A M, Sharma G. 2012. Together we stand? agglomeration in Indian manufacturing. http://editorialexpress. com/conference/MWITFall2010/program/MWITFall2010. html [2012-05-01]

Fujita M, Krugman P R, Venables A J. 1999. The spatial economy: cities, regions and international trade. Cambridge, MA: MIT Press.

Gereffi G, Korzeniewicz M. 1994. Commodity chains and global capitalism. London: Praeger.

He C, Wang J. 2010. Geographical agglomeration and co-agglomeration of foreign and domestic enterprises: a case study of Chinese manufacturing industries. Post-Communist Economies, 22 (3):323-343.

He C, Wei Y D, Xie X. 2008. Globalization, institutional change, and industrial location: Economic transition and industrial concentration in China. Regional Studies, 42 (7): 923-945.

Henderson J V. 1974. The sizes and types of cities. The American Economic Review, 64 (4): 640-656.

Isard W. 1949. The general theory of location and space-economy. The Quarterly Journal of Economics, 63 (4): 476-506.

Kilkenny M. 1998. Transport costs and rural development. Journal of Regional Science, 38 (2): 293-312.

Krugman P, Elizondo R L. 1996. Trade policy and the third world metropolis. Journal of Development Economics, 49 (1): 137-150.

Krugman P, Venables A J. 1995. Globalization and the Inequality of Nations. The Quarterly Journal of Economics, 110 (4): 857-880.

Krugman P. 1980. Scale economies, product differentiation, and the pattern of trade. The American Economic Review, 70 (5): 950-959.

Krugman P. 1991. Increasing returns and economic geography. The Journal of Political Economy, 99 (3):483-499.

Krugman P. 1993. First nature, second nature, and metropolitan location. Journal of Regional Science, 33 (2): 129-144.

Lanaspa L F, Pueyo F, Sanz F. 2001. The public sector and core-periphery models. Urban Studies, 38 (10): 1639-1649.

Lösch A, Woglom W H. 1959. The economics of location. New Haven: Yale University Press.

Monfort P, Nicolini R. 2000. Regional convergence and international integration. Journal of Urban Economics, 48 (2): 286-306.

Ottaviano G I P. 2001. Monopolistic competition, trade, and endogenous spatial fluctuations. Regional Science and Urban Economics, 31 (1): 51-77.

Paluzie E. 2001. Trade policy and regional inequalities. Papers in Regional Science, 80 (1): 67-85.

Picard P M, Zeng D Z. 2005. Agricultural sector and industrial agglomeration. Journal of Development Economics, 77 (1): 75-106.

Rosenthal S S, Strange W C. 2001. The determinants of agglomeration. Journal of Urban Economics, 50 (2): 191-229.

Tabuchi T, Thisse J F. 2002. Taste heterogeneity, labor mobility and economic geography. Journal of Development Economics, 69 (1): 155-177.

Venables A J. 1996. Equilibrium locations of vertically linked industries. International Economic Review, 37 (2): 341-59.

Wallsten S J. 2001. An empirical test of geographic knowledge spillovers using geographic information systems and firm-level data. Regional Science and Urban Economics, 31 (5): 571-599.

Weber A. 1929. Theory of the location of industries. Chicago: University of Chicago Press.

第2章 闽台制造业发展基础和发展历程比较

2.1 研究区范围

福建位于我国东南沿海，隔台湾海峡与台湾省相望，地理位置介于 $23°30'N \sim 28°22'N$、$115°50'E \sim 120°40'E$，南北长约550km，东西宽约540km，总面积 $1.24×10^5 km^2$，约占全国土地总面积的 $12.6‰$（图2-1）。福建省共有9个设区市，26个市辖区，14个县级市和45个县（表2-1，不含金门）。福建省东北部与浙江省相邻，与温州、丽水、衢州三市相连，南部与广东省相邻，与梅州、潮州、汕头三市相接，西北部的武夷山脉与江西省交接，与鹰潭、抚州、赣州毗邻。福建省是海峡西岸经济区的主体省份，海峡西岸经济区的范围除了包含福建

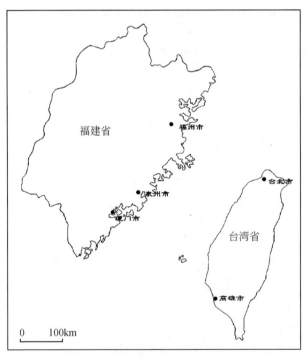

图2-1 闽台位置关系示意图

省的福州、厦门、泉州、漳州、龙岩、莆田、三明、南平、宁德 9 个设区市之外，还涵盖了浙江省的温州、丽水、衢州 3 个设区市、江西省的上饶、鹰潭、抚州、赣州 4 个设区市，以及广东省的梅州、潮州、汕头、揭阳 4 个设区市，共计 20 个设区市。

台湾位居祖国大陆架东南海上，由台湾本岛和澎湖群岛钓鱼岛、赤尾屿等 86 个岛屿组成，位于 124°34′E ~ 119°11′E，21°45′N ~ 25°56′N，四面环海，东临太平洋，西隔台湾海峡与福建省相望，南濒巴士海峡与菲律宾相望，东北接冲绳群岛。台湾总面积 $3.60 \times 10^4 \mathrm{km}^2$，其中台湾本岛的土地面积占 99.65%，澎湖列岛面积占 0.35%（廖善刚，2001）。2013 年台湾行政区划分为：台北市、新北市、台中市、台南市、高雄市 5 个"直辖市"，宜兰、桃园、新竹、苗栗、彰化、南投、云林、嘉义、屏东、台东、花莲、澎湖 12 个县和基隆市、新竹市、嘉义市 3 个省辖市。

表 2-1　福建省行政区划（2010 年）

地级行政单位名称	合计	县	县级市	市辖区	县级行政单位名称
福州市	13	6	2	5	鼓楼区、仓山区、台江区、马尾区、晋安区、福清市、长乐市、闽侯县、连江县、罗源县、闽清县、永泰县、平潭县
厦门市	6	—	—	6	思明区、海沧区、湖里区、集美区、同安区、翔安区
莆田市	5	1	—	4	城厢区、涵江区、荔城区、秀屿区、仙游县
三明市	12	9	1	2	三元区、梅列区、永安市、明溪县、清流县、宁化县、大田县、尤溪县、沙县、将乐县、泰宁县、建宁县
泉州市	12	5	3	4	鲤城区、丰泽区、洛江区、泉港区、石狮市、晋江市、南安市、惠安县、安溪县、永春县、德化县、金门县
漳州市	11	8	1	2	芗城区、龙文区、龙海市、云霄县、诏安县、漳浦县、长泰县、东山县、南靖县、平和县、华安县
南平市	10	5	4	1	延平区、邵武市、武夷山市、建瓯市、建阳市、顺昌县、浦城县、光泽县、松溪县、政和县
龙岩市	7	5	1	1	新罗区、漳平市、长汀县、永定县、上杭县、武平县、连城县

地级行政单位名称	合计	县	县级市	市辖区	县级行政单位名称
宁德市	9	6	2	1	蕉城区、福安市、福鼎市、霞浦县、古田县、屏南县、寿宁县、周宁县、柘荣县
合计	85	45	14	26	—

注：未含金门

2.2　闽台制造业发展的自然与社会经济基础比较

2.2.1　闽台自然地理环境特征的相似性

闽台具有相似的自然地理环境（韦素琼和陈建飞，2006）。福建省东部面海，北部和西部分别由天姥山山脉和武夷山山脉与其他省份相隔，因而福建省省界是沿着北、西、南三面的分水脊线划定，而台湾四面环海，它们各自为一个独立的自然综合区。气候条件上，福建为中亚热带和南亚热带海洋性季风气候，台湾为南亚热带和热带海洋性季风气候，气候温和，雨量充沛，农作物全年均可生长。地形上，闽台都具有海陆兼备，港湾众多，岛屿星罗棋布且山地丘陵占主导的特征。福建的闽西大山带和闽中大山带以及台湾的中央山脉大致均呈南北走向纵贯省境，地势总体上均向台湾海峡倾斜，除山带中沿河流呈串珠状分布的山间盆地和河谷盆地外，为数不多的平原也大多分布于台湾海峡两岸的滨海地带，这里是闽台人口和经济发展的精华地带。从岸线与港口资源上看，福建的海岸线总长3324km，占全国的18.2%，且福建的岸线曲折率高达1：5.7，为全国之冠；而台湾本身四面环海，其港口资源和岸线资源亦相当丰富。水文条件上，闽台水系均以山溪型外流河为主体，受地形影响河流流程较短、落差大、河水湍急、多险滩瀑布，蕴藏着丰富的水利资源。森林资源条件方面，闽台植被种类复杂多样，多为以阔叶林及针阔混交林为主的植被群落。由于山区面积较广，森林资源较为丰富，福建是全国重点林区之一，森林覆盖率居全国第二（62.96%）。台湾森林面积约占土地总面积的56.04%（据2006~2008年台湾第2次土地资源调查结果），台北的太平山、台中的八仙山和嘉义的阿里山是三大主要林区，木材储量多达3.26亿立方米。

比较而言，闽台自然地理条件相似，地上资源的相似处居多。但由于成矿条件和含矿量不同，两地矿产资源的态势有着明显的不同。与福建相比，台湾的矿产资源种类不多且储量不丰，据20世纪90年代中期的统计，除煤矿外，其他矿产如石油、天然气、铁、铜、金等，皆无太大开采价值。目前，台湾岛发现的矿产资源有 110 种左右，具实际开发价值的大约有 20 种。其中部分有价值的矿藏经长期开采，储量大幅减少，有的已经枯竭。目前 95% 以上的矿产资源，尤其是铁、煤、石油等重要矿产资源必须依赖进口。因此台湾省是中国矿产资源和储量最少的省份之一。而福建已发现的矿种有 118 种，占全国已发现矿种 70.2%，石英砂储量和质量都冠于全国，但其余矿种在全国范围内优势并不突出。福建虽然非金属矿产资源优势明显，而有重大经济价值的能源和金属矿产相对匮乏。

受益于两地优越的生态环境与丰富的自然资源，闽台资源优势明显，这为闽台区域的农副产品加工业、食品加工制造业奠定了良好基础。得天独厚的森林资源，为两地木材加工业提供原料。福建矿产相对集中，但具有开采价值的数量较少，因此，制造业中矿产加工类行业较集中，但发展规模受限，可以通过发展临港工业及两岸互通有无进行弥补（表 2-2）。

表 2-2 福建省和台湾省自然资源条件对比

资源	福建省	台湾省
矿产资源	已发现的矿种有 118 种，占全国已发现矿种的 70.2%，已探明储量并列入储量表的矿产 106 种（含亚矿种），其中优势矿产为：铀、钨、铝、叶蜡石、白云岩、蛇纹岩、石灰岩、萤石、石英砂、花岗岩、黏土等	主要矿产 110 种，探明储量矿产 20 种左右。主要矿产为煤、石油、天然气、金、银、铜、硫黄、大理石、白云岩、蛇纹石、滑石、软玉、石棉
岸线和港口资源	海岸线长 3324km，有 125 个港湾，其中沙埕、三都澳、罗源、湄洲湾、厦门、东山 6 个深水港湾，主要港口有厦门、福州、泉州、赛岐、涵江，并有其他次级港口	海岸线 1566km，有高雄、基隆、花莲、台中、苏澳等国际港口，及台东、绿岛、兰屿、东港、安平、马公等众多中小型港口
森林资源	森林面积 908.07 万 hm^2，其中竹林面积 88.52 万 hm^2，居全国首位，约占全国竹林面积的 1/5；有以阔叶林及针阔叶混交林为主的植物种类繁多的植被群落	森林面积 209.08 万 hm^2，覆盖率达 56.04%，其中阔叶林占 31.9%，针叶林占 12.21%，针阔混交林占 18.6%，竹林仅占 7.2%
气候资源	中亚热带与南亚热带海洋性季风气候，年均温 18.7℃，≥10℃ 活动积温 4500 ~ 7500℃，年降水 1600mm；农作物全年均可生长，一年可 2 ~ 3 熟	南亚热带与热带海洋性季风气候，年均温 22℃，≥10℃ 活动积温 7690 ~ 9060 ℃，年降水 2200mm；农作物全年均可生长，一年可 2 ~ 3 熟
地形条件	山地和丘陵占 90%，有漳州、福州、泉州、兴化 4 平原；2009 年末，全省耕地面积为 134.18 万 hm^2，人均耕地面积仅有 0.001hm^2，是全国人均耕地最少的省份之一	山地和丘陵占 2/3，有台南、屏东、台北、台中、台东、花莲 6 平原，2011 年耕地 80.8 万 hm^2，人均耕地 0.035hm^2。

续表

资源	福建省	台湾省
水资源	水资源总量 1168.7 亿 m³，占全国水资源总量的 4.2%，全省水能理论蕴藏量为 1168 万 kW，年可发电量 916 亿 kW·h。其中可开发装机容量 705 万 kW，年可发电量 320 亿 kW·h，居华东首位。海水养殖面积 4.5 万 hm²，淡水养殖面积 5.1 万 hm²	河川径流量 690 亿 m³，水利资源 100 万 kW，可装 500 多万 kW。海水养殖面积 4.0 万 hm²，淡水养殖面积 1.9 万 hm²

资料来源：福建省计委国土办编.2005.福建国土资源.福州：福建地图出版社；福建省统计信息咨询中心编.2003.福建与台湾.福州：福建地图出版社；台湾省文献委员会编.1999.台湾省通志（经济志）.台北：众文图书公司印行；2006～2008 年台湾第 2 次土地资源调查结果；姜善鑫，施添福，陈国章等.2001.揭开"福尔摩沙"的面纱——台湾的人文地理.台中图书馆；郭大玄.2006.台湾地理——自然、社会与空间的图像.五南图书出版股份有限公司

2.2.2   闽台经济发展阶段的递差性

闽台两地经济在历史上曾是相互支援和相互依存的关系。但自二战以来，由于闽台具有不同的社会经济基础，它们在悬殊的经济起点上，在极不可比的历史条件和环境中，实行了不同的社会制度、经济制度和经济发展战略，导致其社会经济的发展过程产生了较大差异。福建在新中国成立初期几近空白的基础上艰难起步，在近 30 年沿海前线环境中，经过 3 年经济的迅速恢复，"一五"时期以支前为特点的交通和能源基础设施建设，"二五"期间的"大跃进"和随后 3 年调整，在波折中建立起全省主要能源、交通及原材料基地。后经"文化大革命"时期长达 10 年的经济停滞，和改革开放 10 年以"特殊政策、灵活措施"为基本方针的经济迅速发展与调整、振兴，在曲折中逐步从封闭向开放、外向的经济转化。而在同一时期，台湾在日本 50 多年经营的基础上，借助由大陆移向台湾的大量人、财、物资源和美国军援，在 20 世纪 50 年代土地改革和民用工业进口替代中步出困境，并摆脱了封闭的农业经济体系，经过 60 年代的初级产品出口扩张及开放经济的形成，70 年代以基础设施、重化工业发展为主的第二次进口替代，步入 80 年代以高科技策略工业为主导、以产业升级为主要特征的经济转换期。

福建早期的内向型经济与台湾的外向型经济形成了鲜明的对比，不仅使两地在经济形态上出现明显差异，而且在经济发展水平上也有所不同。据韦素琼和陈健飞（2006）分析，台湾于 1952～1989 年基本完成工业化发展过程，并于 1990

年后步入后工业化社会。福建经历了 1952～1978 年的曲折发展，于 1978 年进入工业化初期阶段，并于 20 世纪 90 年代中期进入工业化的中期阶段，走上经济发展的快速增长轨道。从闽台 1978～2011 年的人口数量与密度、经济发展规模、人均 GDP、城市化水平等重要社会经济指标对闽台社会经济发展状况加以进一步比较。

从人口数量看[（图 2-2（a）及表 2-3）]，在 1978～2011 年，福建总人口从 2453 万人增加到 3720 万人，台湾总人口从 1952 年的 813 万人增至 2011 年的 2329 万人，均呈持续稳定增长之势。就人口密度而言[（图 2-2（b）及表 2-3）]，台湾的人口密度居高不下，始终是福建的 2 倍多。与福建相似的是，台湾在 1978～2011 这 33 年间每平方公里平均增长了 167 人左右，福建在这期间人口密度则增长了近 100 人。

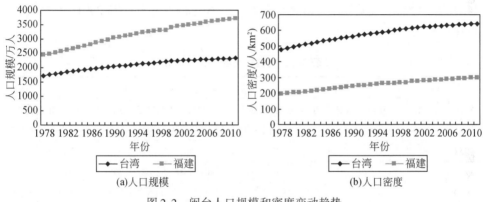

图 2-2　闽台人口规模和密度变动趋势

从经济发展规模看[（图 2-3（a）及表 2-3）]，2011 年福建的 GDP 规模为 281 840 百万美元，是台湾 GDP 规模（466 881 百万美元）的 60.36%，即后者是前者的 1.66 倍。目前福建经济规模相当于台湾 20 世纪 90 年代末的水平（1997 年台湾的 GDP 为 288 024.84 百万美元）。就人均 GDP 而言[图 2-3（b）及表 2-3]，2011 年福建的人均 GDP 为 7604 美元，是台湾人均 GDP（20 139 美元）的 37.76%，相当于台湾 90 年代初的水平（1989 年为 7587.7 美元，1990 年为 8061.5 美元）。通过这两项指标的比较可以看出福建经济的快速发展与台湾经济的稳步发展形成鲜明对比，尽管两地经济发展处于不同时期的不同轨道，但是两条曲线已表现出趋近的走势，也就是说两地经济的发展差距日益缩小。

从城市化进程来看（表 2-3），闽台两地的发展速度与发展水平都存在较大差距。在 1978～2011 年，台湾非农业人口占总人口的比重从 66.4% 提高到 83.6%，增加了 17.2 个百分点；而福建则从 13.7% 上升至 58.09%，增加了

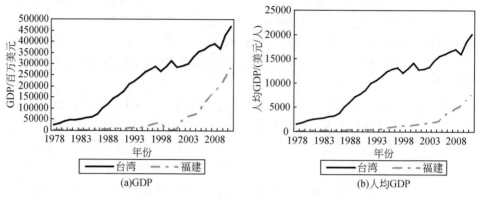

图 2-3　闽台 GDP 和人均 GDP 变动趋势

44.4 个百分点。可见福建城市化水平低于台湾（2005 年福建与 2001 年台湾的城市化率相差 1.69 倍）。

表 2-3　闽台社会经济条件比较

年份	福建省					台湾省				
	人口数量/万人	人口密度/(人/km²)	GDP/百万美元	人均 GDP/美元	城市化水平/%	人口数量/万人	人口密度/(人/km²)	GDP/百万美元	人均 GDP/美元	城市化水平/%
1952	—	—	—	—	—	812.8	226.03	—	206.0	—
1955	—	—	—	—	—	907.8	252.43	749.5	212.4	66.91
1960	—	—	—	—	—	1 079.2	300.11	1 562.7	159.1	55.06
1965	—	—	—	—	—	1 262.8	351.17	2 815.7	222.6	64.11
1969	—	—	—	—	—	1 433.5	398.62	4 921	342.9	59.01
1970	—	—	—	—	—	1 467.6	408.11	5 670	385.7	44.51
1971	—	—	—	—	—	1 499.5	416.74	6 592	439.4	58.42
1972	—	—	—	—	—	1 528.9	424.91	7 904	517.1	59.3
1973	—	—	—	—	—	1 556.5	432.58	10 814	689.2	60.8
1974	—	—	—	—	—	1 585.2	440.57	14 482	912.1	61.9
1975	—	—	—	—	—	1 615	448.83	15 538	955.4	64.2
1976	—	—	—	—	—	1 650.8	458.79	18 648	1 120.2	65.1
1977	—	—	—	—	—	1 681.3	467.16	21 844	1 289.5	65.9
1978	2 453	202	2 097	109.2	14	1 713.6	476.13	27 583	1 562.4	66.4
1979	2 488	205	2 554	192.3	14	1 747.9	485.51	33 236	1 901.1	67.1
1980	2 518	208	2 841	227.5	15	1 780.5	494.58	41 464	2 322.9	69.7

年份	福建省					台湾省				
	人口数量/万人	人口密度/(人/km²)	GDP/百万美元	人均GDP/美元	城市化水平/%	人口数量/万人	人口密度/(人/km²)	GDP/百万美元	人均GDP/美元	城市化水平/%
1981	2 557	211	3 199	243.3	15	1 813.6	503.76	46 942	2 644.2	72
1982	2 604	216	3 863	240.5	15	1 845.8	512.72	48 568	2 630.3	73
1983	2 640	220	4 106	246.0	15	1 873.3	520.36	52 213	2 802.7	77
1984	2 677	224	4 413	253.7	16	1 901.3	528.12	59 590	3 144.2	78
1985	2 713	228	4 721	250.7	16	1 925.8	534.95	62 155	3 276.4	76
1986	2 749	233	5 161	234.5	17	1 945.5	540.4	80 428	3 973.2	78
1987	2 800	237	5 702	268.6	17	1 967.3	546.46	112 889	5 268.2	79
1988	2 845	242	6 999	362.6	17	1 990.4	552.88	124 137	6 342.1	81
1989	2 889	246	9 417	422.6	17	2 010.7	558.54	148 263	7 587.7	82
1990	3 000	251	8 827	368.8	21	2 035.3	565.36	155 736	8 061.5	79
1991	3 039	254	8 756	383.7	17	2 055.7	571.02	182 685	8 937.9	80
1992	3 067	257	11 478	463.2	17	2 075.2	576.46	204 666	10 420.9	80
1993	3 099	260	13 832	630.7	18	2 094.4	581.78	220 598	10 802.3	81
1994	3 127	263	13 610	621.2	19	2 112.6	586.83	243 278	11 546.6	81
1995	3 165	267	20 509	812.8	19	2 130.4	591.78	257 350	12 344.1	82
1996	3 211	269	26 400	970.4	19	2 147.1	596.43	279 306	12 787.9	83
1997	3 237	271	32 023	1 116.8	19	2 168.3	602.21	255 171	13 133.7	83
1998	3 261	272	36 851	1 231.9	20	2 187.1	607.42	265 202	11 991.8	83
1999	3 316	271	4 036	1 325.9	20	2 209.0	610.00	295 858	13 315.0	83
2000	3 410	281	4 360	1 425.6	42	2 228.0	616.00	292 919	14 188.0	84
2001	3 440	283	4 817	1 518.2	43	2 241.0	619.00	272 637	12 876.0	84
2002	3 466	286	52 241	1 630.1	46	2 252.0	622.00	294 803	13 163.0	—
2003	3 488	286	63 248	1 813.0	46	2 261.0	625.00	297 856	13 327.0	—
2004	3 511	287	70 606	2 011.0	48	2 258.0	627.00	322 179	14 271.0	—
2005	3 535	289	80 351	2 273.0	49	2 265.0	629.00	346 389	15 291.0	—
2006	3 585	289	121 721	3 387.4	50	2 287.7	632.11	365 584	15 980.4	—
2007	3 612	291	148 439	4 105.9	51	2 295.0	634.13	380 076	16 555.3	—
2008	3 639	293	173 709	4 775.7	53	2 300.5	635.65	390 384	16 946.0	—
2009	3 666	296	196 396	5 366.6	55	2 312.0	638.82	370 161	16 010.4	—

续表

年份	福建省					台湾省				
	人口数量/万人	人口密度/(人/km²)	GDP/百万美元	人均GDP/美元	城市化水平/%	人口数量/万人	人口密度/(人/km²)	GDP/百万美元	人均GDP/美元	城市化水平/%
2010	3 693	298	236 531	6 424.0	57	2 316.21	639.99	430 451	18 603.0	—
2011	3 720	300	281 841	7 604.0	58	2 329.36	643.62	466 881	20 139.0	—

注：关于福建省城市化水平的计算，2000年以前为非农业人口占总人口的比重计算，2000年之后根据城乡人口的比重计算，而1982年（21.2）、1990年（21.36）、2000年（42）及2010年（57.1）根据人口普查的数据计算，没有采用统一的标准

数据来源：历年的《福建统计年鉴》；经济日报社，历年《台湾经济年鉴》；郭金龙，张许颖.1998.结构变动对经济增长方式转变的作用分析.数量技术经济研究，（9）：38-40；"行政院经济建设委员会都市及住宅发展处".2012.都市及区域发展统计汇编

2.2.3　闽台三次产业变化的异同性

一般地，第一产业是指对自然资源进行采掘（采集）并进行粗加工的产业，主要包含农业（农、林、牧、渔）与采掘业（以矿业为主含林木等采运业）。由于采掘同农业生产的巨大差异，大陆将采掘业归并入第二产业，第一产业只包含农、林、牧、渔业；而台湾的第一产业则包含农业与采掘业，大陆的第一产业与台湾的农业相当。文中已经对有关数据按全国统一标准进行了调整。第二产业是对农产品与矿产品进行加工生产的产业，因是对资源的再加工，故被称为第二产业，它主要包含制造业、建筑业（台湾称为营造业）与水电气生产供应业（台湾称公用事业）。大陆第二产业包含了工业（采掘业、制造业、水电气生产供应业）和建筑业，相当于台湾的工业。第三产业是指各种工商服务、社会服务与个人服务业，它是非物质生产部门。主要包含商业贸易、金融投资、运输仓储及通信、媒介、咨询、旅游、餐饮、政府服务等各种服务业。有关第三产业定义两岸基本相同。

2.2.3.1　闽台三次产业产值结构变动横向对比

如图2-4所示，20世纪50年代，福建的三次产业结构同当时的农业社会相适应，呈现出"一二三"的排序特征。1950~1960年第一产业比重呈明显下降状态，第二、三产业比重不断攀升。至1960年，福建第二产业第一次超越第一产业成为主导产业（三次产值比例为31：41：28），并比台湾提前两年进入工业化初期阶段。但其后因自然灾害、经济政策失误以及十年内乱的浩劫，闽台经济发展与产业结构差距又继续扩大。直至1978年，福建第二产业再一次超越第一

产业成为主导产业（三次产业比例为 36：43：21），重新步入工业化初期阶段，这是第二次出现"二三一"的结构特征。此后福建经济进入快速发展轨道，表现为第一产业比值迅速下降、第三产业比值稳步上升、第二产业比值在高位上继续上行，尤其是在 1997 年第一产业第一次低于 20%。至 2011 年，三次产业的产值比例达9：52：39，仍然呈现"二三一"的产业结构发展模式，意味着在 20 世纪 90 年代中期以来福建工业化发展进入中期阶段。

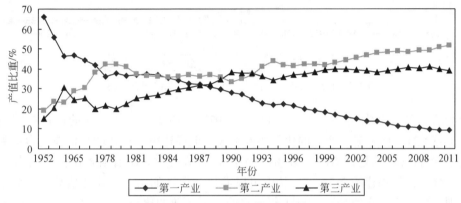

图 2-4　1951～2011 年福建三次产业产值结构变动示意图

1962 年以前，台湾的三次产业结构一直为"三一二"型（图 2-5）。1952 年台湾的人均 GDP 为 206 美元，三次产业比例为 32：20：48。当时台湾第三产业的发育程度已很高，第二产业水平仍十分低下。1962 年，台湾的第二产业有了很快发展，其产值比重第一次超过第一产业（三大产业比例为 25：28：47），产业结构转变为"三二一"型，意味着台湾经济开始进入工业化初期阶段。此后，从 20 世纪 70 年代初至 1987 年是台湾工业化的主要时段，期间第二产业比值达到台湾历史最高水平，但即使在这一阶段，除 1978 年、1979 年、1986 年和 1987 年等少数几年第二产业比值略微超出第三产业外，第三产业的比值均高于第二产业。同时自 50 年代初以来，台湾的第三产业比值一直保持在 42% 以上，这同发展阶段较为接近的国家与地区相比，明显偏高（大约高出 20%）。这主要是由于日据台湾的半个世纪，其"农业台湾，消费台湾"的政策导致生活和生产服务的异常需要致使第三产业畸形发展。在 1987 年后，第三产业比值迅速上升，1989 年第三产业比值超过了 50% 且超越了第二产业，成为经济发展的主导产业（三大产业比例为 5：44：51）。至 2000 年达到了 62.8%，其中新兴第三产业尤其是金融和保险业占 GDP 的比重超过了 20%，意味着台湾已经进入后工业化社会。

从发展相似阶段（1952 年的台湾与 1978 年的福建）的横向比较看，1952 年

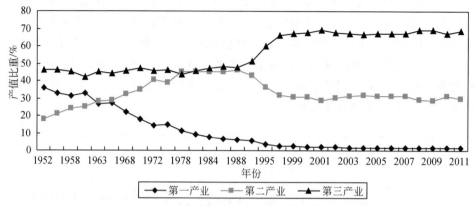

图 2-5　1951～2011 年台湾三次产业产值结构变动示意图

台湾的三次产业结构为 32：20：48，而 1978 年福建的三次产业的产值构成为 36：43：21。两地第一产业的比值相差不大，但福建第二产业的比值要比台湾高出 23 个百分点，是台湾的 2.16 倍。而台湾的第三产业比值则要比福建高出 27 个百分点，是福建的 2.25 倍。从中可以看出，台湾的第三产业比值畸高，而福建则是第二产业产值畸高。2011 年福建的第一产业的比值为 9.18%，与 1980 年的台湾相同，但福建的第二产业比值仍比台湾高出 27.16 个百分点，相当于台湾的 1.75 倍，而台湾的第三产业比值则比福建高出 29.59 个百分点，为福建的 1.75 倍左右。可见，经过 30 多年的发展变化，福建同台湾的产业结构的差异性有了明显缩小，但福建第二产业比值偏高、台湾第三产业比值偏高的特征仍然存在。

2.2.3.2　闽台三次产业产值结构变动纵向比较

从纵向比较角度并结合图 2-4 及图 2-5，可以发现闽台三次产业结构演变各自经历了不同的发展阶段。

福建的产业结构演变经历了改革开放前与改革开放后两个阶段：①改革开放前又可分为 20 世纪 50 年代与 1960～1978 年两个阶段。50 年代福建的三次产业结构按照工业化的规律进行升级调整，第一产业比值下降，第二、三产业比值上升。1960～1963 年因"大跃进"使经济进入三年调整期，三次产业结构出现大倒退，第一产业大幅回升，而第二、三产业比值回降。其后，尽管第一产业比值有曲折而小幅的下降，第二产业有所上升，但第三产业比值几乎一直下降，1978 年降至 21.4%，至 1979 年达 19.4% 的历史最低点。②改革开放后，传统的计划经济体制被打破，福建产业结构的演变也重新按照产业结构转变的普遍规律进行。第一产业比值迅速下降、第三产业比值稳步上升。这一时期又可分为 1979～1992 年和 1993～2011 年两个阶段，这两个阶段的差异主要在于第三产业与第二产业比值的变动上。在前阶段，第三产业比值迅速上升，从 1979 年的 17.9% 升至 1992 年的 37.9%，升幅达 20 个百分点。而此间，第二产业比值曾一度下降，基本是稳中趋降，1979 年第二产业比值为 42.6%，1992 年降至 37%。1993 年邓小平同志南行后中国东南沿海的经济发展再掀高潮。1993～2011 年，福建的第二产业比值开始连破高位，1993 年为 40.9%，创历史新高，此后仍一路走高，并在 2001 年首次超过 45%，2011 年达 51.65%。与此同时，第三产业比值却基本稳定在 38% 左右，上升势头受阻。这期间以 1988 年为拐点出现了三次产业的产值结构从"二一三"到"二三一"的结构转变。

台湾产业结构演进经历了 3 个阶段：①20 世纪 50 年代，主要表现为第二产业比值较快上升，而第一产业比值温和下降，第三产业比值则表现为稳中有降。从 1952～1960 年，第二产业比值由 17.9% 升至 24.9%，上升 7 个百分点，第一产业比值则由 35.9% 降至 32.8%，下降 3.1 个百分点，第三产业则下降了 3.8 个百分点。这一阶段台湾的三次产业产值结构表现为"三一二"的结构。②1960～1987 年，结构演变特征主要表现为第二产业与第一产业的相互消长，期间第二产业迅速上升，第一产业迅速下降，而第三产业比值相对稳定，一直在 44.6%～48.0% 之间波动。第二产业比值从 1960 年的 24.9% 上升至 1987 年的 46.7%，上升了 21.8 个百分点，增幅为 73.6%。第一产业则从 32.8% 降至 5.3%，减少了 27.5 个百分点，下降了 83.8%。尤其明显地从图 2-5 可以看到，1963 年是台湾工业化的标志年，该年台湾第二产业比值首次超过第一产业，三次产业结构表现为"三二一"的结构，表明台湾已经正式进入工业化阶段。但"三二一"的结构特征并不稳固。1972 年以后，台湾第二产业产值逼近第三产业，开始进入工业化中期阶段。③1987～2011 年，主要特征表现为第三产业与第一、二产业的相互消长。这一阶段第二产业与第一产业稳步下降，第三产业稳步上升。1987～2011 年，台湾第一产业比值由 5.3% 降至 1.75%，下降了大约 3.6 个百分点。第二产业由 46.7% 降至 29.5%，减少了 17.2 个百分点。第三产业则从 48% 升至 68.8%，上升了 20.8 个百分点。三次产业的"三二一"结构得以稳定与强化，表明台湾已进入后工业化阶段。

2.2.3.3　闽台三次产业就业结构变动对比

随着经济的不断发展，三次产业的劳动力转移现象日益普遍，就业结构的变化基本上可以反映经济的发展和产业结构的变动趋势。一般而言，产业结构的演变伴随着就业结构的相应变动过程。随着经济的发展，第一产业的就业人口比重不断下降；第二产业的就业人口比重先升后降，最终趋于平稳；第三产业的就业人口比重呈现不断上升的趋势。1952～2011 年，闽台产业就业结构演变过程，尤其是台湾完整的产业就业结构变化过程较好地印证了这一规律。

过去的五十年，尤其是改革开放以来，福建三次产业的劳动力结构变化很大。如图 2-6 所示，就第一产业而言，其劳动力结构由 1952 年的 82% 下降至 2011 年的 26.3%，降幅为 55.7 个百分点，下降态势异常明显，表明随着工业化和城市化的推进，大量农业剩余劳动力转移到第二、三产业就业。总体上第二、三产业呈持续上升趋势但增幅不大，前者由 1978 年的 13% 上升到 2011 年的 37.8%，后者则从 11% 升至 35.9%。值得注意的是：从 1993 年开始第三产业的从业人员比重开始超过第二产业，这与前文所划分的改革开放后福建 1978~1992 年和 1993~2011 年的两个产业结构演变阶段相呼应。

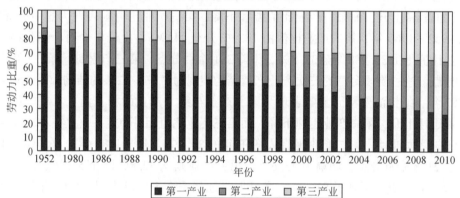

图 2-6　福建三次产业就业结构变动示意图

数据来源：福建各年份劳动力统计数据来源于相应年份的《福建统计年鉴》

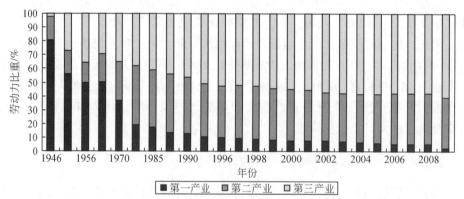

图 2-7　台湾三次产业就业结构变动示意图

数据来源：台湾各年份劳动力统计数据来源于相应年份的《台湾经济年鉴》

相比较而言，台湾第一产业劳动力就业比率呈不断下降的趋势（图 2-7），从 1952 年占整个劳动力就业量的 56% 下降到 2009 年的 2.3%。第二产业就业比率一路快速增长，在 1976 年首次超过其他两个产业（就业比例为 29：36：35），但从 1988 年的 42% 开始平稳回落至 2009 年的 35.9%。第三产业就业比率始终呈平稳增长趋势，直到 1988 年就业比重首次达到 43.8%（就业结构为 14：42：44），此后一直凌驾于第一产业和第二产业之上。这同样与前文中所划分的台湾 1952~1987 年和 1987~2009 年产业结构演变阶段相呼应。

2.2.3.4　闽台三次产业结构变动评价

1）就业结构和产业结构偏离度分析评价

产业结构的演变是在经济发展过程中实现的，在其演变过程中不仅就业结构，而且产值结构也在变动，并且二者往往呈现非常复杂的变动关系。因此需要把产值结构和就业结构的变动联系起来加以分析。所谓结构的偏离程度，也就是产业结构中的产值结构和就业结构两者变动是否处在同步变化和对称状态，其计算公式为（徐罡，1999；李江，2003；刘建君，2005）

$$E = \sum_{i=1}^{n} (Y_i - X_i) \tag{2-1}$$

式中，E 表示偏离度；Y_i 为各产业劳动力所占比重；X_i 表示各产业产值所占的比重。偏离度越高，说明两者越是处在不同步变化和不对称状态；反之，越接近于对称状态。从发达国家产业结构演进的长期历史过程来看，在工业化初期阶段，一般偏离度较高；随着工业化进程和经济发展走向成熟，偏离度呈现逐步缩小的趋势，从而结构变动趋向于转为比较平稳的状态。当然，在产业结构的演进过程中，不存在绝对的平衡和对称。因为只要各产业之间的技术进步率不同，在比较劳动生产率上存在差异，就会出现一定程度的偏离现象。但总体上随着经济发展和工业化的推进，偏离度随之减弱，考察偏离度，在一定程度上可以反映出产业结构成长的阶段和成熟程度。

考察闽台就业-产值结构偏离度的总体变化（表 2-4），可以发现 1978 年以来福建产业结构偏离度一直是台湾的 2 倍左右。如 1978 年和 2009 年两地的数据分别为 78.80：31.24 和 39.57：18.00。就福建而言，1978~2009 年间的产业结构偏离度总体下降趋势明显，由 1978 年的 78.80% 下降到 2009 年 39.57%，降幅达 39.23 个百分点。但值得注意的是：在这个过程中，1990~2002 年间结构偏离度发生了暂时的波动上升，这与改革开放以来产业结构的运行逐步摆脱计划经济的束缚，转为以市场机制调节为主的渐变过程不无关系。而台湾在 1952~2009 年的产业结构偏离度除部分年份有所波动外，基本呈现下降的趋势，大致在 50%~20% 的范围内波动，这表明随着工业化进程的稳步推进，台湾产业结构的总体运行质量和成熟度在不断地提高。

表 2-4　福建和台湾 1952～2011 年间产业结构偏离度　　（单位:%）

年份	第一产业		第二产业		第三产业		合计（绝对值）	
	福建	台湾	福建	台湾	福建	台湾	福建	台湾
1952	—	23.78	—	-2.69	—	-21.09	—	47.56
1955	—	24.92	—	-5.23	—	-19.69	—	49.84
1960	—	21.46	—	-5.87	—	-15.59	—	42.92
1965	—	23.37	—	-8.21	—	-15.16	—	46.74
1970	—	21.53	—	-8.83	—	-12.70	—	43.06
1975	—	17.3	—	-6.18	—	-12.38	—	34.60
1978	38.90	15.62	-29.50	-4.92	-10.40	9.44	78.80	31.24
1980	35.80	12.32	-27.50	-2.75	-7.30	-8.57	70.60	23.64
1985	26.30	11.22	-19.00	-4.28	-7.30	-6.94	52.60	22.44
1990	25.80	8.73	-17.00	-1.26	-8.80	-7.47	51.60	17.46
1995	27.81	7.45	-18.15	2.75	-9.66	-9.20	55.62	19.40
2000	30.70	5.91	-18.70	4.86	-11.00	-10.55	60.40	21.32
2001	30.70	6.05	-19.80	4.91	-10.90	-10.48	61.40	21.44
2002	30.80	6.14	-20.10	4.21	-10.70	-9.86	61.60	20.21
2003	28.70	5.20	-19.60	4.6	-9.10	-9.80	57.40	19.60
2004	26.30	5.30	-19.10	9.42	-8.10	-14.73	53.40	29.45
2005	25.20	4.30	-17.70	11.03	-7.50	-15.33	50.40	30.66
2006	23.78	3.89	-15.52	5.27	-8.26	-9.16	47.56	18.32
2007	21.86	3.81	-13.30	5.42	-8.56	-9.22	43.73	18.45
2008	20.40	3.60	-13.54	7.75	-6.86	-11.35	40.80	22.70
2009	19.83	0.57	-13.28	6.98	-6.46	-10.45	39.57	18.00
2010	19.15		-14.45		-4.70		38.29	
2011	17.12		-13.85		-3.27		34.24	

　　具体而言，分别从三次产业结构的偏离度来看，1978～2011 年的福建与 1952～2009 年的台湾第一产业均表现出正向偏离度不断减小，降幅分别为 21.78% 和 23.21%，所不同的是两者的偏离度相差从 1.64 倍至 34.78 倍。表明到目前为止与已经进入后工业化社会的台湾相比，处于工业化中期的福建农业仍存在过剩农业劳动力的事实和亟待解决的农村剩余劳动力转移的问题。在第二产业结构方面，1978～2011 年，福建表现为偏离值不断上升的负向偏离度，台湾则是以 1970 年和 2005 年为转折点呈现先下降后上升再下降的从负向偏离值转向

正向偏离值的过程。这说明在工业化进程中，福建第二产业处于就业比重始终小于产值比重且不断加大就业吸纳容量的过程中，而台湾则经历了从就业比重小于产值比重到产值比重小于就业比重的完整过程，虽然台湾就业吸纳量在不同时期有所波动，但一定程度上还是能够说明台湾的第二产业就业吸纳度随着时间的推移日益加大且远远超出福建。同期，两地的第三产业则总体呈现上升的负向偏离度，说明两地的第三产业均逐步成为吸引劳动力的主要部门。

2）比较劳动生产率分析评价

相对于国民收入，比较劳动力生产率是测度产业结构效益的另一种方法。比较劳动生产率可以衡量产业结构效益，并考察三大产业结构变化的原因。在市场经济条件下，劳动力配置应该向比较劳动生产率高的部门倾斜，最终导致平均化趋势（徐罡，1999；李江，2003；刘建君，2005）。比较劳动生产率公式为

产业比较劳动生产率 = 产业国民收入的相对比重 / 产业劳动力就业相对比重

即

$$\frac{k_i}{k} = \frac{Y_i/Y}{L_i/L} \quad i = 1,\ 2,\ 3,\ \cdots \tag{2-2}$$

式中，k_i 表示第 i 产业的劳动生产率；k 为全部产业的劳动生产率；Y_i 表示第 i 产业产值；Y 为总产值；L_i 表示第 i 产业的就业人数；L 为总就业人数。

库兹涅茨根据 40 个发展程度不同的国家 1948~1954 年的三大产业比较劳动生产率的分析发现：人均国民收入水平越低，第一产业的比较劳动生产率与第二、三产业比较劳动生产率差距越大；随着人均国民收入水平的提高，三大产业间的比较劳动生产率差距缩小，第一产业比较劳动生产率提高。第一产业比较劳动生产率的提高，一方面使第一产业劳动力比重下降；另一方面，第一产业劳动力比重下降速度落后于第一产业国民收入在全部国民收入中所占比重下降的速度。因此，第一产业比较劳动生产率尽管在提高，但却比第二、三产业比较劳动生产率低。随着经济发展，这种差距逐渐缩小，差距越小，第一产业就业比重越低。

闽台三次产业的比较劳动生产率如表 2-5 所示。首先，通过比较劳动生产率可以看出闽台各产业中劳动力的使用效率。就福建而言，第一产业最低，从1978~2011 年比较劳动生产率平均值为 0.38。第三产业次之，其比较劳动生产率平均值为 1.34。第二产业最高，其值为 1.79。而这与处于同一工业化发展阶段的台湾（1952~1990）以及台湾整个经济发展历程中（1952~2009 年）的三次产业劳动力的使用效率有较大差异。台湾前一时期的第一、二、三产业的比较劳动生产率平均值分别为 0.45、1.19、1.40，后一时期的相应值为 0.38、1.00和 1.29，即两个时期的台湾第三产业取代了第二产业的最高比较生产率的地位，第一产业仍然处于最低的位置。从这个角度我们发现两点：①与处于同一工业化发展阶段的台湾相比（1952~1990），福建（1978~2011）第一产业的比较劳动

生产率偏低，而第二、三产业的比较劳动生产率则偏高。表明目前福建有大量的劳动力从事低水平的农业生产来支持其他产业的发展，资源的配置极不合理，这就使得产业结构的整体效益水平偏低。②福建的第二产业劳动力的使用效率始终高于第三产业，而台湾则相反。说明直到目前的工业化中期阶段，福建农村剩余劳动力的转移流向仍以第二产业为主，而台湾从工业化初期到后工业化阶段的农业劳动力的转移流向主要是第三产业。同时，与台湾相比，三次产业比较劳动生产率的差距在福建较大。以上情况与国际上有关地区的对比情况是一致的，即越是发达的地区，三次产业之间的比较劳动生产率差距越小，越是落后的地区，第二产业的比较劳动生产率越高，三次产业之间的差距越大。比较劳动生产率在三次产业之间的差距越小，表明该地区的产业结构越合理，结构效益越好。由此可判断，台湾产业结构效益相对较好。

表 2-5　1952～2011 年福建和台湾三次产业比较劳动生产率

年份	第一产业		第二产业		第三产业		第一产业/第二、三产业产值结构	
	福建	台湾	福建	台湾	福建	台湾	福建	台湾
1952	—	0.58	—	1.16	—	1.78	1.93	0.37
1955	—	0.54	—	1.29	—	1.70	—	—
1960	—	0.57	—	1.28	—	1.54	—	—
1965	—	0.50	—	1.37	—	1.49	0.88	—
1970	—	0.42	—	1.32	—	1.36	0.79	—
1975	—	0.42	—	1.14	—	1.35	0.72	—
1978	0.48	0.38	3.27	1.16	1.95	1.26	0.56	—
1980	0.51	0.38	2.96	1.06	1.52	1.23	0.58	—
1985	0.58	0.34	2.00	1.10	1.38	1.17	0.51	0.06
1990	0.56	0.33	1.81	1.03	1.42	1.16	0.39	0.04
1995	0.44	0.32	1.76	0.93	1.37	1.18	0.29	0.03
2000	0.35	0.26	1.75	0.87	1.38	1.19	0.21	0.02
2001	0.33	0.24	1.79	0.86	1.38	1.19	0.19	0.02
2002	0.32	0.23	1.77	0.88	1.37	1.17	0.17	0.02
2003	0.32	0.26	1.70	0.87	1.30	1.17	0.16	0.02
2004	0.35	0.24	1.66	0.73	1.27	1.25	0.16	0.02
2005	0.34	0.28	1.57	0.69	1.24	1.26	0.14	0.02
2006	0.32	0.29	1.47	0.86	1.26	1.16	0.13	0.02

续表

年份	第一产业		第二产业		第三产业		第一产业/第二、三产业产值结构	
	福建	台湾	福建	台湾	福建	台湾	福建	台湾
2007	0.33	0.28	1.38	0.85	1.27	1.16	0.12	0.02
2008	0.34	0.31	1.38	0.79	1.21	1.20	0.12	0.02
2009	0.33	0.75	1.37	0.81	1.19	1.18	0.11	0.02
2010	0.33	—	1.39	—	1.13	—	0.10	0.02
2011	0.35		1.37		1.09		0.10	0.02

其次，从变动趋势上可以发现：第一产业方面，1978～2011 年，福建的比较劳动生产率的变化具有明显的阶段性，1978～1990 年在高位波动，1990 年之后开始一路下滑，表明 1990 年以后福建农业 GDP 比重下降开始快于就业比重，就业向第二、三产业转移滞后于 GDP 结构的转换。按照库兹涅茨的理论，这是发展中国家在工业化阶段的一种必然现象，同时也是由于整个 20 世纪 80 年代和90 年代初福建的改革取得了很大成效，第一产业劳动生产率提高很快。90 年代以后，第一产业中的过剩劳动力开始向第二、三产业转移，引起第二、三产业比重大幅度上升，其上升速度超过了第一产业劳动力的转移速度。而台湾比较劳动生产率则在整个工业化过程中始终保持整体不断下降的态势，这与福建 1978 年后的整体下降的变动趋势是基本相同的。第二产业方面，1952～2009 年台湾的比较劳动生产率变化具有明显的阶段性，1952～1970 年第二产业比较劳动生产率呈现上升趋势，1970 年比 1952 年上升了 0.16 个百分点。这种现象在一定程度上反映了 70 年代以前，台湾第二产业主体处于由劳动资金密集型向资金技术密集型转换的过程中，第二产业结构调整取得了一定的成效，生产力水平日益提高，同时第二产业劳动力流向第三产业。1970 年以后台湾第二产业比较劳动生产率开始下降，表明第二产业 GDP 比重下降快于就业比重，就业向第三产业转移开始滞后于 GDP 结构的转换。而福建第二产业比较生产率却始终保持下降趋势，这是因为 1978 年以来，第二产业在吸收第一产业转移的劳动力和解决就业方面起到主导作用；另一方面由于第二产业内部存在大量传统行业，技术创新和工业结构的转化还处在起步阶段，生产力水平提高较缓慢，对劳动生产率的提高贡献不大。因此，第二产业内部存在一定的劳动力过饱和状况，劳动效率下降。此外，第三产业方面，闽台两地呈现出完全相同的降低趋势，表明两地第三产业就业相对比重持续增大，同时也进一步印证了产业就业结构升级演变的规律，即随着工业化进程的不断推进，第一、二产业的劳动力最终将流向第

三产业。

最后，从第一产业的比较劳动生产率与第二、三产业比较劳动生产率的比值来看，福建从 1952 年的 1.93 下降到 1978 年的 0.56，再降至 2011 年的 0.10，1952～2011 年降幅达 1.83。台湾的比值从 1952 年的 0.37 下降到 1990 年的 0.04，然后逐渐稳定在 0.02，1952～2011 年降幅为 0.35。两地之间的差距明显。

2.2.4 闽台经济发展动能测算比较

2.2.4.1 数据来源与研究方法

采用《福建统计年鉴》（福建省统计局，1998～2010）、《台湾经济年鉴》（台湾经济日报，1977～2010）和台湾行政主管部门《国情统计通报》中公布的福建（1978～2009）和台湾（1960～2009）的 GDP、三次产业增加值和工业各行业增加值进行发展动能的测算。所有数据均按照中国人民银行公布的当年平均汇率，统一换算为"百万美元"计。

物理学中用动能来描述物体运动时具有的能量，它与物体的质量和速度相关。与运动的物体类似，区域经济也处在发展和运动之中。借鉴南京航空航天大学经济与管理学院方志耕教授于 2007 年 9 月在计量经济地理研讨会上提出的关于产业经济发展动能及其测度模型研究的报告（2007），本文引入物理学动能的概念，用区域经济和产业发展动能作为指标，对闽台产业结构展开分析和比较。

类比物体动能测算，区域（或产业）经济发展动能的公式为

$$E_t = M_t \cdot V_t^2 \qquad t = 0, 1, \cdots, n \qquad (2\text{-}3)$$

式中，M_t 为经济运动的"质量"，常取某一年份地区生产总值 GDP（或产业增加值）；V_t 为经济（或产业）的发展速度，可取第 t 年相对于第 $t-1$ 年 GDP 的增长倍数。

$$V_t = \frac{M_t}{M_{t-1}} \qquad (2\text{-}4)$$

与物体动能概念和公式相比，在区域经济发展动能测算体系中，区域（或产业）经济运动的"质量"不是一成不变，而是时刻发展和变化的，且其发展变化的速度取决于区域（或产业）经济运动发展的"速度"。从整体上说，对区域经济和产业发展动能的研究，是对区域经济和产业发展规模的描述，能对研究区的产业发展总体状况进行解释、判断和分析，进一步为研究区现阶段乃至未来的经济发展决策提供理论参考。

2.2.4.2 闽台经济发展动能测算与比较

经济和产业发展动能反映的是其运动和发展所具有的能动力量。利用公式(2-3)，本文对闽台工业化初期至 2009 年的经济发展动能进行计算。

由图 2-8 中可以看出，台湾进入工业化时期至 2009 年，经济发展动能总体呈现波动上升的趋势。以 500 亿美元为 1 个能量级，台湾工业化初期至今的经济发展动能可划分为 9 个等级。工业化初期和中期，台湾的经济发展动能低于 500亿美元，属于第 1 能级；工业化后期末和后工业化阶段前期，经济发展动能能级跃升最为活跃，平均 3~5 年提升 1 个能级，并于 2008 年达到最高峰，处于第 9能级，随后再下降到第 7 能级。

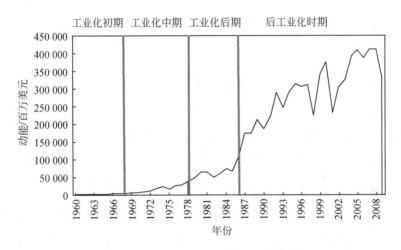

图 2-8　台湾 1960~2009 年经济发展动能

资料来源：台湾经济日报，1977~2010

从图 2-9 中可以看出，进入工业化时期以来的 30 年中，福建的经济发展动能平稳较快增长，这与改革开放以来福建经济整体大幅度发展的局面相吻合。虽然从经济总量看，福建现阶段发展比台湾落后将近 20 年，但相比两地经济发展动能，福建具有起点高、发展快的特点。进入工业化时期时，台湾的经济发展动能仅为 2276.26 百万美元，而福建则达到 6965.84 百万美元，是台湾的 3 倍。从发展的规模上看，福建 2009 年经济发展动能为 236 895.44 百万美元，约为同期台湾产业发展动能（332 803.22 百万美元）的 71.20%，但已相当于台湾 1991年（即后工业化时期）的水平。从能级上看，台湾经济第一次能级跃迁发生在工业化中期末，而福建早在工业化中期初就发生第一次能级跃迁，且随后能级的跃升速度逐步加快。当前时期，台湾经济发展动能比福建高约 2 个能级。

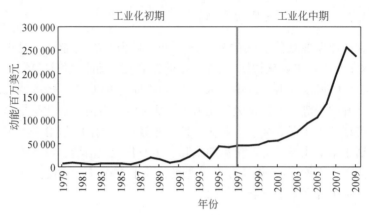

图2-9   福建1979～2009年经济发展动能

资料来源：福建省统计局，1998～2010

2.2.4.3   闽台三次产业发展动能测算与比较

按照库兹涅兹法则（Syrquin and Chenery，1989），三次产业在国民收入中的比重会随着时间的推移而不断变化。其中，第一产业比重处在不断下降之中，第二产业和第三产业均大体不变或略有上升。

在工业化进程中，闽台三次产业对国民经济发展贡献度的变化出现了相似的特点。闽台农业在国民经济中的地位均逐渐下降，且长期停留在第1能级，短期内没有能级跃迁的迹象。第二、三产业共同构成闽台经济发展的主要力量，所占比重略有上升（图2-10～图2-13）。闽台三次产业发展动能及其比重的变化均与库兹捏兹法则的原理相吻合。

与福建不同的是，台湾在工业化末期着手进行产业结构调整，金融、贸易、航运等第三产业在国际化和自由化的政策下迅速发展，目前已与第二产业拉开了3个能级的差距，成为台湾经济的主导。而福建目前的产业结构仍以第二产业为主导，整体处于工业化发展的经济起飞阶段。借鉴台湾的发展历程，可以预测在工业化进程结束之前，第二产业仍旧是福建发展的重点所在。

同时，闽台在产业结构优化升级的速度上存在一定的差异。福建第一产业发展动能比重从工业化初期的41.12%，下降到2009年7.84%，整体下降33.28%。而台湾第一产业在工业化初期的比重为34.46%，工业化中期末年为6.36%，2009年为1.50%。福建第一产业发展动能无论是下降的幅度还是速度，均大于台湾。现阶段福建虽然处于工业化的中期，但第二产业发展动能已达到台湾后工业化初期的水平，其增长幅度也大于台湾工业化中期增长幅度，成为推动福建经济发展的主要贡献力量。福建第三产业的发展动能已达到台湾工业化后期

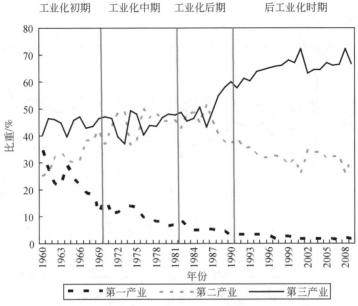

图 2-10　台湾 1960～2009 年三次产业发展动能比重

资料来源：台湾经济日报，1977～2010

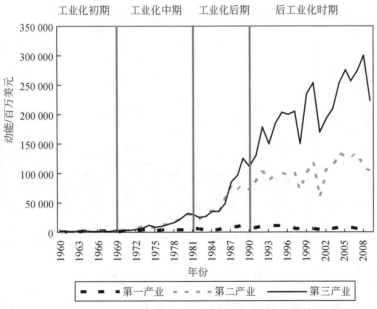

图 2-11　台湾 1960～2009 年三次产业发展动能

资料来源：台湾经济年鉴，1977～2010

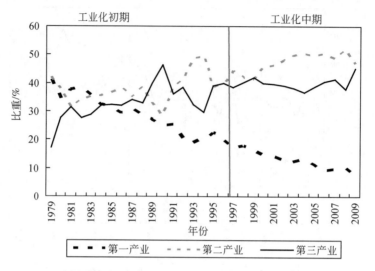

图 2-12 福建 1979～2009 年三次产业发展动能比重

资料来源：福建省统计局，1998～2010

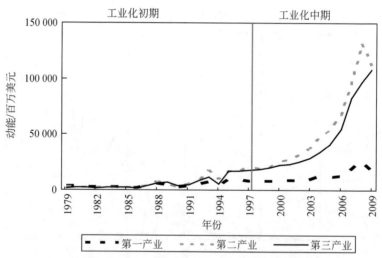

图 2-13 福建 1979～2009 年三次产业发展动能

资料来源：福建省统计局，1998～2010

的水平，处于第 3 能级，比台湾落后约 3 个能级，但后续发展前景良好。由此可见，福建产业结构调整的进程稳步推进，且优化升级的速度超过台湾。

2.2.4.4 闽台重点行业发展动能测算与比较

2009 年《国务院关于支持福建省加快建设海峡西岸经济区的若干意见》（国务院办公厅，2009）对海峡西岸经济区的战略定位之一就是要将东部沿海地区作为先进制造业的重要基地。福建省作为海峡西岸经济区的主体，更应将制造业作为当前及今后相当长一段时间的发展重点。同时，福建省发改委在《福建省"十二五"规划总体思路》（2011）中指出，福建现仍处于工业化时期，"十二五"规划进行期间"加快先进制造业发展仍然是主要任务"。以先进制造业为主体是促进福建产业结构优化升级的主要内容。

回顾福建 10 年来的发展历程，三大工业主导产业（石化产业、电子信息产业和机械装备制造业）颇具影响力。从福建工业化中期三大主导产业的经济发展动能来看（图 2-14），福建的机械装备制造业①直到 2003 年才开始打破此前波动平衡的局面出现较稳定的增长；而电子信息产业在工业化中期前段，特别是 2002 年，出现较明显的增长，但后续发展动力不足，在制造业中的比重自 2007 年开始出现缩减；相比其他两大主导产业，福建石化产业近 10 年特别是 2004 年以来的发展动能涨幅明显，并和机械装备工业一起为制造业的发展做出主要贡献。

台湾于工业化初期大力扶持纺织业，并采取出口导向战略推进纺织产品的出口。到 20 世纪 70 年代，台湾的经济发展则以食品等轻工业为重点（赵春雨等，2007）。其后推行"重化工业"革命（徐剑锋，2001），重点发展石化、钢铁、机械等基础工业及重工业，使机械装备制造业和石化产业发展动能及其比重在工业化中后期大幅度增长，极大带动台湾经济的腾飞（图 2-15）。20 世纪 90 年代以来，台湾轻工业受到东南亚地区廉价劳动力市场的冲击，加上工业用地价格攀升、劳动力成本随人民生活水平提高而增加等原因，台湾劳动密集型产业逐步向外转移，以轻工业为主的其他制造业动能比重大幅度缩减。同时，面对原油等物

---

① 由于闽台统计资料对各行业的名称存在差异，此处闽台制造业各行业参照《国民经济行业分类与代码（GB/T 4754-2002）》统一划分为四类。其中，福建机械装备制造业包括金属、通用设备、专用设备和交通运输设备制造业；电子信息产业包括通信设备、计算机及其他电子设备、仪器仪表及文化、办公用机械制造业；石化产业包括石油加工、炼焦及核燃料加工、化学原料及化学制品、医药、化学纤维、橡胶和塑料制品业；其他制造业主要指农副食品加工、食品、饮料、烟草、纺织、纺织服装和鞋帽、家具、皮革毛皮和羽毛（绒）及其制品、木材加工及木竹藤棕草制品、造纸及纸制品、印刷和记录媒介的复制、文教体育用品、非金属矿物制品、黑色金属和有色金属冶炼及压延加工、电气机械及器材、废弃资源和废旧材料回收加工、工艺品及其他制造业。台湾的机械装备制造业包括电力设备、机械设备、汽车及其零件、其他运输工具、基本金属、金属制品制造业；电子信息产业包括电子零组件、电脑、电子产品及光学制品制造业；石化产业包括石油及煤制品、化学材料、化学制品、药品、橡胶制品、塑胶制品制造业；其他制造业主要指食品、饮料及烟草、纺织、成衣及服饰品、家具、皮革毛衣及其制品、木竹制品、纸浆和纸及纸制品、印刷及资料储存媒体复制、非金属矿物制品和其他制造业。

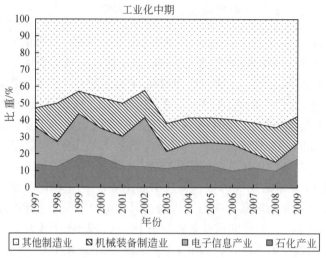

图 2-14 福建 1997~2009 年制造业各行业发展动能比重
资料来源：福建统计年鉴，1998~2010

料的国际价格持续攀升，台湾的石化产业发展动能增幅逐渐减小。台湾逐步将经济发展的重点转向以电脑及元器件为代表的电子和微电子工业，并倾向于关注技术、资金密集型的信息技术产业和生物农业等高新技术产业（徐剑锋，2001）。因此，自 1990 年以来，台湾电子信息产业发展动能持续增长的速度虽然不断减慢，但增幅明显，在 90 年代末超过其他行业，成为台湾制造业的重点。

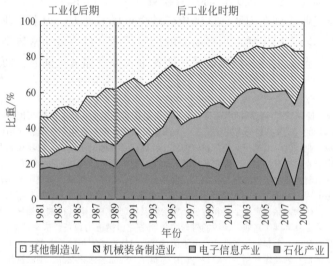

图 2-15 台湾 1981~2009 年制造业各行业发展动能比重
资料来源：台湾行政部门主计处，2010-2-22

目前无论在机械、石化还是电子信息产业，福建的发展动能均与台湾存在显著的差距，但是福建工业化发展与台湾存在相似而互补的历程。福建的纺织、服装等轻工业在 20 世纪 90 年代末和 21 世纪初大力推行技术改造，实施品牌带动战略，促使产业不断升级，达到巅峰（刘武，2005）。随后，在台湾石化和机械装备产业动能大体停滞的状况下，福建石化产业和机械装备产业逐渐起步，发展动能持续攀升。在湄洲湾和漳州古雷半岛的石化产业基地及闽西北各大金属机械和专用设备产业基地的带动下，福建石化和机械产业在制造业中所占比重不断加大。"十二五"期间规划上马的多个重化项目（福建省发展和改革委员会，2010），也将为福建的石化和机械带来强劲的发展势头。闽台重点行业发展动能的差异还体现在电子信息产业上。与台湾不同，福建的电子信息产业主要以加工组装为主，技术含量少，附加值低，因此与台湾相比还缺乏竞争力，近几年对国民经济的贡献度有所下降。

2.2.4.5　结论与建议

基于闽台两地经济、三次产业和重点行业的发展动能测算分析与比较，可以观察到闽台进入工业化时期以来产业结构变化存在以下特点：①台湾经济起步虽然比福建早，但福建经济发展动能起点高、增长快。②福建的第二产业对国民经济贡献度正逐渐增大，领先于第三产业的优势明显，产业结构升级速度快。③闽台重点行业的变化历程具有一定程度的相似性，当前重点行业具有一定程度的互补性。两地重点行业均由纺织等轻工业逐渐转向石化、机械等重工业进而转向电子信息等高新技术产业及第三产业。目前福建石化和装备机械产业是带动经济发展的重点行业，电子信息产业发展仍较为薄弱；而台湾经济发展的重点已从石化、机械装备产业渐渐转向技术和资金密集型的电子、微电子等信息技术产业和其他高新技术产业。两地产业互补性明显。

着眼当前建设海西经济区的背景和闽台产业对接的形势，福建要做好从工业化中期到后期的过渡。可以利用闽台发展的相似性，借鉴台湾发展经验，并充分发挥当前闽台经济的互补优势，进行产业决策制定，从而保持经济平稳快速发展。

1）利用互补优势，稳步提升制造业发展动能

闽台除了自然、人文环境相似外，在各种资源上也具有明显互补性。从劳动力资源看，闽台两地劳动工资水平相比按汇率折算约相差 8～10 倍，福建廉价劳动力资源丰富。从土地资源看，台湾面积约为福建面积的三分之一，工业用地价格却是福建的 20～30 倍。从金融储备看，台湾长期保持高额贸易顺差，外汇储备高，相比亟须大量资金发展的福建，台湾的资金相对过剩（阮晓莺，2007）。

从产品市场看，福建 3627 万人口的市场比台湾 2312 万人口的市场更为广阔。

福建在延续工业化中期以来第二产业发展动能呈现持续提升的良好态势，充分利用闽台互补优势，继续推进制造业尤其是石化和机械装备产业的发展。福建是一个无油、无气、少煤、能源短缺的省份，石化发展受资源制约大。而台湾的石化产品中，除己内酰胺、乙二醇和丙烯腈之外，其余产品均供大于求（张向前和黄种杰，2008）。台湾石化产业动能已长时期无增长，两地石化行业互补性强。另一方面，福建作为海西经济区的主体，不但具有区位优势，也具有一定的政策优势。现阶段，福建可利用相对低廉的土地、厂房等基础性设施和充盈的劳动力，吸引台湾化工投资，扶持福建石化产业的发展。

目前台湾纺织、鞋服等劳动密集型行业逐渐淡出，但高级面料、高性能鞋等高附加值产品仍持续增长，且带动纺织机械、制鞋机械、漂染机械等相应生产设备的制造（伍长南，2007）。因此，福建纺织服装业和制鞋业应着手对接台湾高附加值产品及相关机械设备的生产，吸引装备机械这类发展动能日渐减小的制造业来闽，进行基础性研发和零组件的加工，再以半成品方式销往台湾，进行零组件整合和后续关键性研发工作，从而充分利用闽台两地资源，力求双赢。利用台资提升福建制造业的整体发展动能，增强其在国际市场上的竞争力，为未来新兴产业发展累积资本。

2）利用产业集群，整体提升经济发展动能

台湾工业化至今，已形成北部新竹科技园区、中部云林科技园区和南部台南科技工业园区三大园区。其中，新竹科技园区已成为全世界仅次于美国硅谷的产值过万亿新台币的全球第二大 IC 聚落，并带动台湾 IC 产业跃居全球第四，圆晶代工和 IC 封装居全球首位（李非等，2007a）。三大科技园区有不同的聚集方向，中部以光电、精密仪器、纳米材料等为主导，南部则以光电产业为主导。三大科技园区聚集效应显著，共同促进台湾电子信息产业乃至整体经济发展动能的提升。

福建工业化中后期发展可效仿台湾科技园区的聚集效应，以区域为单位，因地制宜，打造不同集聚方向的产业基地，全面促进福建经济动能的提高。发挥福州省会中心城市作用，发展光电显示和汽车零部件加工等产业。利用平潭综合实验区离台最近的优势，采取租税扶持等政策，创设项目吸引台商投资创业。发挥泉州创业型城市的作用，加快低附加值的服装、鞋帽等劳动密集型产业的升级和产业结构调整；在泉州挑选已形成一定规模、自主创新能力强、竞争力强的品牌进行培养，并争取利用"两岸三通"开放的便利条件，开拓福建本土品牌的台湾市场。同时，响应"十二五"规划，以泉港区作为核心，构建福建石化工业的另一个基地，提高福建石化工业乃至第二产业的发展动能。发挥厦门经济特区的作用，充分利用"两岸三通"带来的物流、人流、资金流和信息流等资源，吸引台湾具有发展潜力和广阔市场前景的电子信息产业集聚，加大厦门软件园与台湾软件业的合作力度，增加福建计算机及通信、光电等高技术产业的技术含量，拓展其发展空间，从而提升福建电子信息工业的发展动能，推进福建产业结构优化升级速度。发挥漳州农业城市的气候水土优势，利用漳浦"台湾农民创业园"等闽台合作区域，打造海峡两岸花卉和瓜果生产基地，引进台湾先进栽培和管理技术，积极对接台湾农业。统筹规划福建各大县市，利用沿海各城市的优势，促进产业集群，从而带动闽西北山区发展，整体提高福建经济发展动能。

3）注重人才储备和吸纳

"十一五"期间，福建企业整体着重于技术引进，消化吸收再研发缺乏，自主创新能力仍较薄弱。这一方面受 R&D 研发经费投入的制约，另一方面也受限于福建省人才储备和吸纳的能力。在经济飞速发展的工业化中期，福建面临科技领军人才短缺和一线创新人才不足的局面（张向前和黄种杰，2008）。

面对经济腾飞时期的人才培养，台湾除建立科技园区集聚人才之外，更于1983 年提出"加强教育和职业培训，增加高层次科技人才供给"的计划，积极为经济发展解决人才供给的问题。借鉴这一经验，福建应在做好产业结构升级调整的同时，加快高素质、高技能产业人才队伍的培养。提供良好的政策支持，吸引闽南地区容易把握最新国际市场资讯和技术市场动向的华侨、福清长乐地区出国留学人员乃至台湾高级退休工程师来福建创业、工作，为工业化后期制造业，特别是电子信息产业等高新技术产业的发展集聚人才。这是提升福建今后的经济发展动能和各行业发展动能不可或缺的动力。

2.2.5　闽台文化特征的相似性

闽台同根同源，闽台文化（亦即台湾海峡两岸文化副区）是王会昌《中国文化地理》中农业文化亚区的 12 个文化副区之一。由于台湾自明末到清初持续不断的大规模移民大多来自福建，两地自然环境和语言文化有许多相似和相承的关系。在行政建置上，台湾在 1885 年建省之前，一直置于福建治下，因此闽台常被视为一体。闽台文化景观的形成有其相似的环境因素和特征。

首先，闽台有相似的自然地理环境。闽台均属于亚热带或热带季风气候区，湿润多雨，形成了闽台共同的中国南方典型的"饭稻羹鱼"的水的文化（刘登翰，2002）。从地形上看，福建背山面海，台湾四面环海。这样海陆兼备且山地丘陵占主导的地理环境，一方面把闽台与中国历史上的文化发祥地中原地区隔开，使中原文化的南播因山或海的阻隔无法迅速扩散，只能以层层递进的方式进入福建，由闽北到闽南再传入台湾，这样二度、三度的传递，难免带有再传地区的某些地域特征；另一方面，闽台大片的丘陵山地把闽台内部分割为交往不便的许多小区，从而造成文化传播和发展的区域间隔。福建复杂的小区方言文化与台湾高山族先住民复杂支裔及文化的长期存在，都与闽台山地小区复杂的地理环境密切相关，它也带来了闽台相同的沿海与内地的文化差别（陈永山和陈碧笙，1990）；再一方面，闽台海陆兼备的天然条件，使长期困于山地环境的闽台先民，很早就开始向海拓展，从而形成了闽台的海洋文化性格和沿海地区较早萌发的商品意识。闽台相似的地理环境，成为闽台文化景观形成的物质基础。

其次，闽台有共同的文化渊源。福建文化源于中原文化，历史上三次大规模的中原汉族南移入闽（林国平，2000），构成了福建社会人口的主体，汉民族文化向南播迁中，在福建有着一个本土化的过程，将原本人口数量不多且文化开发较为迟缓的原住民族——闽越族融入汉族之中。带着福建本土特色的汉民族文化，特别是以闽南方言和部分客家方言为背景的闽南文化和客家文化，再度越海向台湾延伸，并发展成为台湾社会的文化主体。闽台文化共同的文化渊源，使其在家族制度、聚落方式、民间信仰、民俗习惯、文学艺术等方面，有着基本相同的文化风貌。因此，在闽台社会的形成和建构中，汉民族文化发挥着奠基和主导的作用。

第三，闽台在历史上都曾是移民社会，由此造就了闽台文化的多元性。福建自西晋末年至宋室南渡，历时八百余年，一直是中原汉族居民不断移入的社会，两宋时期才进入定居的社会发展阶段。而台湾，自明代末年至清代中叶，历时一百余年，一直是闽粤居民迁入的社会，至19世纪初才进入移入居民定居的社会发展阶段。虽然闽台的移民在族源、类型、性质、文化背景等方面有着许多根本上的共同点，但是作为移民社会都存在着与先住民关系的处理问题。两千年前的秦汉时期，福建曾经是闽越族活动的地区，汉以后，闽越族与越族的支裔都逐渐融入汉族之中，闽越文化也成为汉文化的一个构成部分。今天的福建，闽越族虽已不存在，但其遗风仍有迹可循，除了比较明显地保存在畲族文化里，还沉淀在福建民间的某些文化习尚之中。在台湾，汉族移民的大量入台，是晚近三四百年的事，在此之前，台湾一直是平埔族和高山族活动的区域。汉族居民入台之后，在文化保护政策下，与先住民保持着某些互相隔离。今天的台湾，除平埔族已融入汉族外，高山族基本上仍保留着其血统和文化（陈永山和陈碧笙，1990）。在这个意义上，闽台都有着两种以上的多元文化基因。由于闽台山岭重叠、河流交错的复杂地形在古代交通不便时造成的闭塞，从而形成闽台文化多元性的另一个表现。即同样是汉族文化，在不同的小区也呈现出略有差异的面貌。福建复杂的方言片和民俗中常见的"十里不同风，五里不同俗"的现象便是例证。

第四，闽台都遭受过异族文化的强势侵入。近代以来，闽台一直处于西方和东方殖民者的弱肉强食之中。福建自鸦片战争以后，被迫开放福州、厦门为通商口岸，西方文化便源源不断涌入；而台湾更是在 16 世纪中叶即一度遭到荷兰和西班牙的殖民占领，甲午之后又遭日本殖民占领，西洋的和东洋的文化倚仗殖民者的军事与经济实力长驱直入，使闽台社会在近代以来一直面临异族文化的压迫和冲击。这样的影响，无疑将使民族文化受到极大的伤害，但同时，在社会现代化的转型中，外来文化的冲击也带给传统文化更新的契机，闽台先接受了西方的文化。尽管如此，民族意识和寻根认宗的念祖情怀并未受到削弱，在不断的异族侵扰中，台湾社会的念祖情怀格外强烈。

在闽台文化的相似性背景下，与文化发展过程相伴生的经济发展过程也体现出经济特征的相似性。闽台的海洋环境，以及历史发展上的特殊遭遇，使之较中原地区更早地成为开放的前沿地带。较中原的自足自给经济，闽台有着更为明显的商品经济开放意识。闽台分别自两宋和明代末年开始，凭借海洋环境，形成了走向世界的商贸意识，商品经济的发展对小农经济产生了巨大的冲击力。闽台复杂的自然地理环境与移民社会所造成的文化多元性，带来闽台两地相同的沿海与山地文化差别的同时，闽台两地内部经济发展也明显存在沿海与山区的区域性差异。

闽台文化及经济发展的相似性，在日据台湾 50 年时中断，在这期间，台湾经济上处附庸地位，文化上被迫同化，与福建的社会经济文化的联系受到阻断和破坏。1949 年新中国成立与国民党迁台，近半个世纪来台湾走上了与福建不同的发展道路，从而产生了闽台文化及经济发展的相异。20 世纪下半叶以后，台湾文化与经济的现代转型，是在以美国为代表的西方文化冲击下产生的多元化文化环境因素和都市化因素的影响下实现的。从以农村自然经济和封建社会为基础的传统文化转向以都市现代经济和社会结构为中心的现代文化。闽台两地不同的经济发展策略以及所处的不同背景，导致了两岸经济发展的差异。

2.3　闽台工业发展历程比较

2.3.1　闽台工业发展历程

2.3.1.1　福建工业发展历程

1）恢复与"一五"计划阶段（1953～1957 年）

中华人民共和国建立初期福建经济条件极端困难，全省采取整顿、改造、重点建设和积极扶持等措施，实行既积极又慎重的工业化政策，重点发展制糖、罐头等资源优势明显且见效快的轻工业，同时新建改组一批机械工业企业，以适应装备工业和支援农业的需要。重点新建了泉州、仙游、云霄、莆田市度峰镇等地日榨能力达250~1200吨的大型糖厂和38个小型糖厂，同时新建了福建农械厂，通过对小型机械厂合并、改组和扩建，建立了地方国营福州机床厂、福州通用机械厂、福州动力机厂、厦门锻压机床厂等19个机械工业企业（福建省统计局，1989）。"一五"计划完成后，福建已有动力机械制造、水泥、化学、医药、橡胶、搪瓷玻璃等工业。这一时期，工业生产建设速度快、效益好、发展比较稳定。1957年，全省工业总产值8.57亿元，比1952年增长1.1倍，年均增长16.0%。轻重工业比例从1952年的89.0：11.0调整为1957年的83.0：17.0。虽然重工业比重有所提高，但还十分薄弱，钢铁和煤炭等主要原料工业基本空白，大多靠外省调拨供应，轻工业仍居主导地位。从三次产业关系看，工业增加值年均增长14.9%，高出农业增加值增速8.5个百分点，三次产业比例为55.9：23.6：20.5，为典型的农业社会（福建省统计局，1999）。

2）"大跃进"与调整阶段（1958~1965年）

1958年开始的"大跃进"加快了福建工业化进程，但由于"左"的思想等影响，造成工业发展的大起大落。这一时期，福建省工业化进程呈现以下特点：

（1）进行大规模的工业化建设。资金的积累和资源的探明为"二五"开始的大规模建设奠定了基础。"二五"时期，福建工业基建投资达14.08亿元，新增固定资产8.9亿元，分别比"一五"时期增长7.8倍和6.0倍，新建近30个骨干工业企业，重点是钢铁、煤炭、化工、水泥、机械等基础原材料工业。如冶金工业方面新建了三明钢铁厂、潘洛铁矿；煤炭工业方面新建了邵武、苏邦、漳平等机械化矿井；化学工业方面新建了福州第二化工厂、三明化工厂、福州硫酸厂等骨干企业；同时还新建了三明重型机械厂、厦门新华玻璃厂、永安水泥厂和一批新兴的工业基地（福建省统计局，1989）。从此初步扭转福建缺乏原材料的格局，奠定了福建重工业基础。

（2）工业发展大起大落，重工业增长速度明显加快。由于在指导思想上出现急于求成的倾向，盲目提出"以钢为纲""赶美超英"，错误地把经济发展简单化为钢铁工业发展，工业发展出现大起大落现象。全省工业总产值在1958~1959年连续2年高速增长后，转入1960年的低速增长，继而出现1961~1962年连续2年的大幅度下降。此次波峰高达51.8%（1959年），波谷低至-44.8%（1961年）。在这次波动中，1958~1959年工业的超高速增长是以1959~1960年连续两年的农业生产下降为代价的，并且这两年的农业生产下降又是造成随后两年（1961~1962年）工业生产大幅度下降的根本原因，这充分反映当时福建工业本身的脆弱性和对农业的依赖性。这一时期，福建工业的发展重点急剧转向重工业，1958~1965年重工业比重由1957年的17.0%骤然上升至1958年的

34.9%、1959 年的 38.3% 和 1960 年的 41.5%，达到了世界工业化国家在实现工业化前夕的重工业比重。1961 年被迫对产业结构进行调整，大量缩减基建投资，对仓促兴办的小钢铁厂和小机械厂等实行关停并转。1962 年，重工业的比重迅速下降至 27.2%。1965 年，轻重工业的比例调整为 69.0∶31.0，工业内部重大比例关系开始趋向合理。

（3）国民经济重大比例关系严重失调。由于工农业生产的大幅度波动，三次产业比例关系出现严重失调。1957 年，三次产业所占比例分别为 55.9∶23.6∶20.5；1960 年，第二产业跃居首位，三次产业比例为 30.9∶40.6∶28.5；1962 年，第二产业大幅度回落，三次产业结构变为"一三二"型。经过 1963～1965 年的调整，重新确立了以农业为基础、以工业为主导的关系，在巩固和恢复农业的同时第二产业也得到发展，1965 年三次产业的比例为 46.8∶28.8∶24.4。

3）艰难发展阶段（1966～1977 年）

这一阶段包括"三五"、"四五"以及"五五"计划的前三年，福建工业化经历了"十年动乱"和结束动乱后的战略徘徊。主要特点有：

（1）工业生产波动较大。由于"文化大革命"初期"停产闹革命"和后期"四人帮"发难，福建工业生产再次出现较大波动。工业总产值增长速度由 1966 年的 25.5% 跌落到 1967 年的-11.3%。1968 年又下降 28.1%，倒退回 1958 年的水平，1969 年工业增加值增速回升至 43.3%。1968 年和 1969 年两年工业生产增长波动幅度达 82.2 个百分点。

（2）工业增长速度快于农业，重工业快于轻工业，工业结构朝重工业化方向发展。尽管工业生产出现较大波动，但仍保持一定的增长幅度。1966～1978 年，工业增加值年均增长 10.7%，比农业高 7.9 个百分点。受"三线建设"的影响，福建在内地山区兴建了一批相当规模的军工企业，重工业投资占全部投资的 50% 左右，轻工业投资下降，发展缓慢。1966～1978 年，重工业从所占比重从 33.5% 上升到 41.5%，轻工业比重由 66.5% 下降到 58.5%。重工业侧重发展加工制造工业，1978 年产值所占比重达 59.2%，原材料和采掘工业分别只达 29.2% 和 11.6%。

4）改革开放快速发展时期（1978 年至今）

1978 年福建进入改革开放新时期，推行以提高经济效益为中心的经济发展战略和改革开放方针，推动从计划经济向社会主义市场经济的转变和从传统的粗放型增长方式向集约型增长方式的转变，工业化进程大幅加快，工业成为国民经济的主体。这一时期，福建工业化的主要特点有：

（1）三次产业结构趋于优化。全省国内生产总值从 1978 年的 66.37 亿元增加到 2010 年的 12 236.53 亿元，增长了 184.37 倍，年均增长 18.33%。其中第一产业增长了 49.42 倍,年均增长 13.41%;第二产业增长了 231.03 倍,年均增长 18.88%;第三产业增长 354.26 倍,年均增长 20.85%。三次产业结构从 1978 年 的 36.0∶42.5∶21.5 调整为 2009 年的 9.6∶49.1∶41.3。

(2) 制造业实力不断提高。改革开放后,福建省初步建立了以制造业为主体的现代化工业结构。1980~2010 年全省工业增加值从 29.5 亿元增加到 5123.84 亿元,占全国工业增加值的比重也从 1.4% 上升到 4.0%,制造业实力位居全国前 7 位(陈月英等,2006;蔡秀玲,2009)。2010 年,福建省制造业产值 18 739.7 亿元,占全部工业总产值的 85.6%,制造业已成为全省工业的主体部分,在福建经济发展中发挥着重要的作用(表 2-6)。1999~2010 年,福建省制造业增加值由 557.4 亿元上升到 5486.51 亿元,增长 9.8 倍;增长率在波动中呈现出上升趋势,持续保持 10%~30% 左右的增长速度;制造业发展对 GDP 的直接贡献率在该阶段保持稳步增长势头,1999~2010 年,直接贡献率增加 2.28 倍。

表 2-6　1999~2010 年福建省制造业增加值及其对 GDP 增长的贡献

项目	1999 年	2000 年	2001 年	2002 年	2003 年	2004 年	2005 年	2006 年	2007 年	2008 年	2009 年	2010 年
制造业增加值/亿元	557.4	685.4	744.4	1026.7	1268.2	1674.2	2014.18	2512.28	3202.62	3636.31	4180.8	5486.51
增加值增长率/%	—	22.97	8.60	37.93	23.53	32.01	20.31	24.73	27.48	13.54	14.97	31.23
直接贡献率/%	16.33	18.21	18.28	22.98	25.45	29.05	30.66	33.13	34.63	33.60	34.17	37.23

注:①囿于数据,仅选取 1991~2010 年的数据反应福建省制造业增加值及其对 GDP 增长的贡献的时间变化趋势;②直接贡献率=制造业增加值/GDP×100%

(3) 轻重工业增长速度交替上升。针对长期以来"重重轻轻"的经济策略,福建认真贯彻"轻工业六个优先"等鼓励轻工业发展的相关政策,轻工业增长速度持续超过重工业。"六五"期间轻工业年均增长 15.5%,"七五"期间年均增长 21.2%,分别比重工业高 1.4 和 4.0 个百分点。至 20 世纪 90 年代初,福建省制造业一直以轻工业为主(表 2-7),改革开放后凭借政策优势和丰廉的劳动力、土地资源以及靠近港澳台等优势,通过"三来一补"贸易方式,使福建省劳动密集型制造业得到进一步的发展。"八五"时期,为克服日益突出的能源、原材料和基础设施的"瓶颈效应",福建加大了基础产业和基础设施的投入,全省重工业年均增长达 34.3%,快于轻工业 2.8 个百分点,其中 1993 年重工业增幅达 60.1%。20 世纪 90 年代中后期,福建省轻工业占全省制造业比重总体呈下降趋势,仅纺织服装业比重在波动中保持着平稳上升的趋势,这主要由于纺织服装业是福建省具强竞争力的传统产业，在晋江、石狮等地区形成了专业化生产区域，并培育了众多国内知名品牌。重工业总体比重保持较高水平。1994～1998年，电气电子行业比重从 9.8% 上升到 20.9%。至 2005 年，重工业比重超过轻工业，工业发展重型化明显，已形成电子信息产业、机械制造业、石化产业三大主导产业（蔡秀玲，2009）。2010 年，这三大主导产业实现工业增加值 2204.32亿元，占福建省工业增加值比重 36.4%。同时，福建省形成三大类制造业：一是重化工业，主要包括石油化工、机械装备（如汽车、船舶、工程机械、港口机械、纺织机械及其配套产品）、冶金建材以及林产化工等；二是轻纺工业，主要有食品、纺织服装、鞋帽以及家具等；三是高新技术产业，主要有电子信息、软件、生物医药、新材料、机电一体化、光电产业和环保产业等（蔡秀玲，2009）。福建省制造业内部结构也逐渐从劳动密集型产业向资本、技术密集型产业转移，劳动密集型产业比重有所降低。

表 2-7　1989～2008 年福建制造业各行业产值比重　（单位:%）

行业	1989 年	1990 年	1994 年	1997 年	1998 年	2001 年	2004 年	2005 年	2008 年
食品饮料	18.9	21.1	15.9	15.5	15.9	11.3	10.2	10.1	11.5
纺织服装	14.9	15.5	17.6	17.6	19.1	17.6	17.9	19.6	20.0
木草加工	8.0	8.6	7.2	6.7	4.8	5.8	6.1	5.1	6.3
文体制造	2.6	2.7	2.5	3.9	3.1	2.2	1.6	1.7	1.5
化工	19.2	19.8	15.8	16.8	15.4	16.2	14.4	14.8	13.9
金属与矿物	10.3	12.0	17.9	14.6	13.8	13.6	14.7	15.5	17.13
设备制造	10.9	8.8	13.3	7.5	6.9	9.8	8.9	9.2	10.63
电气电子	15.1	11.4	9.8	17.5	20.9	23.5	26.2	24	18.91
合计	100	100	100	100	100	100	100	100	100

（4）外向型经济迅猛发展。改革开放以来，福建工业化进程中最引人注目的是外向型经济急剧扩张和进出口的迅速增长。2009 年全省以工业品为主体的外贸出口总值比重达 93.24%（1985 年为 55.3%），进出口产品结构实现了从出口初级产品为主向出口制成品为主转变，出口商品质量、档次和水平明显提高，深加工和高附加值产品日益增加，技术密集型和附加值较高的机电产品比重不断扩大。2009 年机电产品出口额比重达 41.52%（1997 年为 24.1%），高新技术产品出口额由 2003 年的 841 843 万美元上升到 2009 年的 1 884 930 万美元，占总出口额比重为 35.35%。

1979～2009 年实际利用外商直接投资金额由 73 万美元提高到 573 747 万美

元，增长 6912.61 倍。其中工业实际利用外资金额由 10 万美元提升到 316 771 万美元，所占比重由 12.05% 上升到 55.21%。外向型经济发展和国民经济进出口依存度的提高，标志着福建工业化进程已经发展到稳定参与国际分工的阶段。

（5）高新技术产业快速成长。高新技术产业是指包括医药制造业、航空航天器制造业、电子及通信设备制造业、电子计算机及办公设备制造业、医疗器械及仪器仪表制造业、信息化学品制造业、高新技术改造传统产业和非工业高新技术产业在内的，具有知识和技术密集度高、资源和能耗低、环境污染小、研发投入强度高、对知识和创造力依赖性强、高增值的产业，它具有渗透性强、关联度高、市场需求广阔、资源利用率高、风险性高、附加值高等特征（刘满贵等，2001）。1986 年 3 月王大珩等科学家向中共中央提出了"关于跟踪研究国外战略性高新技术发展的建议"，1986 年 11 月中共中央、国务院启动了"高新技术研究发展计划（863 计划）"。在中共福建省委、省政府的指示下，福建省先后成立了福州、厦门、泉州、南平、三明和漳州等高新技术开发区，同时出台了一系列政策法规，保证高新技术产业的良好发展。2000~2008 年福建省高新技术产业各项指标都取得了较大的增长（表 2-8），产值增加了 4.77 倍，增加值增长 4.28 倍，利税增加 4.17 倍，三项指标年均增长率分别为 24.49%、23.12%、22.80%。其中产值增长率和增加值增长率均高于同一时期福建省工业年均增长率（表 2-9）。

表 2-8　2000~2008 年福建省高新技术产业基本情况

指标	2000 年	2003 年	2004 年	2005 年	2006 年	2007 年	2008 年	年均增长率/%
产值/亿元	772.74	1602.95	2130.33	2500.20	2988.67	3769.69	4456.52	24.49
增加值/亿元	220.66	416.91	540.33	642.80	798.45	976.98	1165.24	23.12
利税/亿元	79.32	161.41	214.58	210.63	260.89	385.49	410.18	22.80
出口交货值/亿元	272.61	654.83	955.29	1121.02	1284.78	1567.56	1804.20	26.65
平均从业人数/人	229 244	326 849	414 562	472 994	550 714	681 763	706 506	15.11
科技人员数量/人	24 289	27 069	32 310	40 198	50 257	59 753	80 531	16.16

表 2-9　2000~2008 年福建省工业发展情况

指标	2000 年	2003 年	2004 年	2005 年	2006 年	2007 年	2008 年	年均增长率/%
产值/亿元	3994.86	6616.61	8544.5	9995.89	11 855.68	14 425.06	17 141.44	19.97
增加值/亿元	1422.34	2061.31	2438.62	2842.43	3311.59	4018.42	5048.62	17.16
利税/亿元	246.6	518.62	635.11	693.28	963.72	1375.71	1456.97	24.86

2.3.1.2　台湾工业发展历程

半个世纪以来，工业发展创造了中国台湾经济奇迹，曾经被誉为"亚洲经济奇迹"，也是新兴工业化国家和地区中的"亚洲四小龙"之一。然而，近二十年来，随着环保意识发展和国际生产秩序变动，现阶段的台湾工业发展开始面临新的挑战。部分产业的外移和衰退现象正动摇台湾经济发展的前景，如何顺应变化完成新阶段的产业结构转型，已成为当前台湾必须面对的重大课题之一。

根据台湾工业发展历程，一般将其分为 5 个时期：战后重建时期、进口替代时期、出口扩张时期、重化工业时期和高科技工业时期。

1）战后重建时期（1945～1952 年）

由于日据时期长期实施"农业台湾"政策，加上第二次世界大战期间对工业设施的破坏，所以战后初期台湾的工业基础相当薄弱。这时期，工业政策是"以农业发展工业"，配合 1949 年开始实施的农业土地改革（三七五减租、公地放领、耕者有其田），农民积极性得到极大激发，扩大耕地面积，增加农作物产量，整个农村因此欣欣向荣，农民购买力大幅提升。

随着 1950 年朝鲜战争爆发后，美国在 1951 年开始向台湾提供各种经济援助，1951～1965 年的美援期间，共提供台湾 14.82 亿美元的物资和贷款，占台湾资本形成总额的 34%（赖进贵等，2007）。美援除了让外汇短缺的台湾得以获取民生物资外，还帮助台湾从事战后重建，并培训台湾的技术人才。

在农作物增产的基础上，此阶段的代表性工业是制糖和农产品加工业。一方面利用本地生产的原料制造竹笋、洋菇、凤梨、芦笋罐头和砂糖等，大量出口以换取工业发展所需的资金与设备，其中芦笋与洋菇罐头的出口量曾高居世界首位。另一方面利用美援或进口的物资，如小麦、棉花、黄豆等，发展面粉、纺织、饲料和油脂等工业，生产岛内市场所需的产品，以节省外汇支出。当时电力、肥料以及纺织工业 3 项也被选定为优先发展的工业。

这阶段的工业区位多布局在原料获取便利的地区。例如，糖厂多分布于大安溪以南的平原和花东纵谷等甘蔗产地；竹笋加工厂则多分布在南投和云林古坑等近山地区；纺织与面粉工业则主要分布于台北和高雄附近的铁路和公路沿线。

2）进口替代时期（1953～1964 年）

为了节省外汇和提供就业机会，台湾当局开始鼓励制造替代进口的工业品，目标是"发展劳动密集的进口替代民生必需品工业"。除改善整体经济环境外，民营企业发展也得到了扶持。为了保护工业发展，采取了外汇管制、进口管制、规定自制率、保护关税（由 20% 以下骤升到 30% 以上）、低粮价、资金融通等保护措施。例如，1963 年 9 月正式实施的单一汇率制度，将台币兑换美元基本汇率定为40∶1，以加强出口，这项政策直至1989年4月才解除，改为自由汇率（陈国川等，2007）。

水泥、玻璃、纺织、肥料、造纸、面粉、自行车、缝纫机与电器是这阶段的代表性工业。台湾第二产业产值于1964年首度超越第一产业（表2-10）。

表2-10　台湾三次产业生产净额结构比较　　　　　（单位:%）

年份	第一产业	第二产业				第三产业				
		制造业	建筑业	电力等	合计	商业	运输业	当局	金融	合计
1952	36.0	10.8	4.4	0.6	18.0	18.7	3.9	10.9	9.0	46.0
1958	31.1	15.5	4.3	1.2	24.0	15.5	4.1	12.5	10.7	44.9
1964	28.3	20.9	4.4	0.8	28.9	15.1	4.4	12.4	9.1	42.8
1973	14.1	36.2	4.7	0.7	43.8	13.1	6.0	11.5	10.4	42.1
1982	9.2	33.4	5.8	2.8	42.9	15.1	5.7	13.0	14.8	47.9
1986	6.4	39.5	4.4	2.8	47.1	15.4	5.6	10.9	14.0	46.5
1989	5.9	35.6	5.2	2.3	43.5	16.4	5.7	11.9	17.6	50.6

资料来源：刘泰英和杜震华，1991

3）出口扩张时期（1965~1975年）

由于岛内市场狭小，很快就无法满足工业发展的需要。针对开拓新市场的迫切需求，这一阶段工业发展政策为"奖励投资，发展出口工业，拓展国外市场"，同时自1958年开始采取一系列财政改革措施，包括简化汇率、放宽进口限制、实施"加工出口区设置管理条例"等。

1965年第一个加工出口区在高雄设立。在加工出口区设厂可以享有免缴进口关税、廉价的土地与厂房、进出口行政手续单一窗口等多项优惠。适逢欧、美、日等工业先进国家和地区面临工资上涨与环保问题，而台湾拥有充足且廉价的劳力，由此随即成为跨国公司工厂区位转移的最佳选择，在国际分工中成为加工基地。之后，高雄、高雄楠梓与台中潭子陆续成为加工出口区，三个加工区合计员工最高曾达95 000人（赖进贵等，2007），不仅增加了就业机会，而且所创造的外汇收入最高曾占全岛1/2以上，成功促进台湾的工业发展，也成为其他发展中国家和地区争相仿效的对象。

除了新设立的高雄、高雄楠梓与台中潭子三个加工出口区之外，鉴于农村地区的人口外流严重，台湾当局颁布"加强农村建设重要措施"，开发完成多处农村工业区，希望能借此发展农村地区的工业，创造就业机会。由于这一阶段大力发展劳动密集型产业，台湾的第二产业就业人口数于1973年超越第一产业，并在20世纪80年代一度超越第三产业，创造出第二产业就业人口的最高峰（表2-11）。

这一时期劳动密集型工业主要分布于台北至桃园、台中至彰化、台南至高雄等大都市地区，这些地区拥有乡村移入的大量人口所提供的充裕廉价劳动力，工厂大量集聚。

表 2-11　1952～1989 年台湾产业就业结构　　　（单位:%）

年份	第一产业	第二产业					第三产业			
		采矿业	制造业	建筑业	公用事业	合计	商业	运输业	其他	合计
1952	56.1	1.9	12.4	2.4	0.2	16.9	10.6	3.4	13.0	27.0
1958	51.1	2.3	14.1	3.0	0.3	19.7	10.0	4.3	14.9	29.2
1964	49.5	2.2	15.4	3.3	0.4	21.3	9.6	4.6	15.0	29.2
1972	33.0	1.2	24.6	5.6	0.4	31.8	14.0	5.2	16.0	35.2
1973	30.5	1.1	26.6	5.6	0.4	33.7	14.4	15.8	16.5	35.8
1982	18.9	0.8	31.8	8.2	0.4	41.2	17.0	5.7	17.2	39.9
1989	12.9	0.3	33.9	7.6	0.4	42.1	19.5	5.4	19.9	44.9

资料来源：刘泰英和杜震华，1991

4）资本密集与策略性工业时期（1976～1990 年）

这一阶段前半期的政策目标是"改善产业结构，发展上、中游产品"。1974 年台湾当局提出"十项建设计划"，积极推动大炼钢厂、造船厂、石油化学等重化工业，以及能源、交通等基础设施的建设工作。

自主生产化纤、塑料、钢铁等工业原料（又称为第二次进口替代），虽然可以掌握原料供应的自主性，但这些能源密集型产业并不完全适合缺乏能源的台湾岛。因此在 1979 年拟定的"经济建设十年计划（1980～1989 年）"中，积极转向发展附加值高、能源密集度较低的策略性工业，故"改善产业结构，发展策略性产业"是后半期的目标，而 1980 年成立的新竹科学园区，正是这一工业政策调整的重要标志。1982 年"经济部"策略性工业审议委员会，根据"二高（附加价值高、技术密集度高）""二大（产业关联效果大、市场发挥潜力大）""二低（污染程度低、能源密度低）"的产业特征，选出 151 项产品作为策略性工业的适用范围。并依此提供融资优惠、租税减免、经营管理与技术辅导等协助。策略性工业的项目，初期以机械工业与电子信息工业为主，后来又增加生物技术工业及材料工业。

推动重化工业和策略性工业的结果是重工业产值在 1987 年一举超越轻工业，象征着台湾的制造业已脱离劳动密集型阶段，正式踏入资本密集与技术密集的领域（图 2-16）。轻工业占制造业产值比例下降的另一个原因，来自于 1980 年代后半期的台币大幅升值，加上环保运动盛行和工资上涨，迫使传统产业如纺织、成衣、皮革及玩具等纷纷外移至东南亚和大陆，造成整体工业成长率下降。

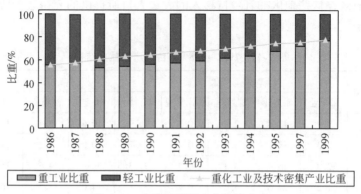

图 2-16　台湾转型期产业结构变动

注：①资料来源于中国台湾 1981～2009 的统计通报；②重化工业及技术密集产业包括石油及煤制品制造业、化学材料及化学制品制造业、药品制造业、橡胶塑料制品制造业、非金属矿物制品制造业、基本金属及金属制品制造业、电子零组件制造业、电脑、电子产品及光学制品制造业、电力设备制造业、机械设备制造业、运输工具制造业

5）高科技工业时期（1991 年至今）

为了应对 20 世纪 80 年代的工业成长率衰退及全球化发展趋势，"加速产业升级"成为这一阶段的目标。其做法为：在加速传统劳动密集型产业的升级外，从上一阶段的策略性工业中挑选出十大新兴高科技工业，作为加速产业升级的关键性产业。这十大新兴高科技工业是在"建设六年计划（1991～1996 年）"中提出的，包括通信、资讯、消费性电子、半导体、精密器械自动化、航天、高级材料、特用化学与制药、医疗保健和污染防治。

2000 年受环保风潮影响台湾当局提出"绿色矽岛"愿景，再度强调了强化高科技工业的比较优势。2002 年在"产业高值化计划"下，具体推出"两兆双星产业"的规划蓝图。整体而言，90 年代以来台湾的经济表现并不如意，这与全球化趋势下国际生产秩序变动有一定关系。过去台湾凭借着高素质廉价劳动力和租税减免，成为世界加工厂，并因此得以享受高速的经济成长。如今，加工厂的地位已被后起的发展中国家及地区取代，因此台湾必须加速产业升级，朝高科技工业的方向发展。

2.3.2　闽台工业内部结构变化比较与评价

对于发展中国家或地区来说，工业化进程就是产业结构不断由低级向高级、由单一向多元的发展转变过程。工业在国民经济中的地位和影响也因此得到不断提高和加强，从而带动经济的现代化成长（刘琨，2005）。而制造业又是工业中最重要的组成部分，按产业变动规律，制造业在第二产业中的产值比重基本上与第二产业在 GDP 中的比值变动相一致，表现为在工业化初期和中期阶段持续上升，在工业化后期阶段趋于下降。因此，这里所讨论的第二产业的结构变动主要是针对制造业的动态变化展开的。

2.3.2.1 基于霍夫曼定理的闽台轻重工业结构变动对比

1）轻重工业分类

制造业主要分为轻工业和重工业。轻工业一般指提供生活消费品和制作手工工具的工业，按其使用的原料不同，可分为两大类：①以农产品为原料的轻工业，指直接和间接以农产品为基本原料的轻工业，主要包括棉、毛、麻、丝、纺织和服装、皮革及其制品、纸浆和造纸、食品制造、饮料制造、烟草加工等；②以非农产品为原料的工业，主要指以工业品为原料的工业，包括日用金属品、日用化工品、化学纤维及其制品、制盐、日用玻璃陶瓷以及铁制小农具、竹木农具、匠作工具等工业。重工业一般指生产生产资料为国民经济各部门提供物质技术基础的工业。包括下列三类：①采掘工业，指石油开采、煤炭开采、金属矿开采、非金属矿开采和木材采伐工业等；②原料工业，它是提供国民经济各部门使用的原材料和动力、燃料的工业，包括金属冶炼及加工、炼焦及焦炭化学、化工原料、水泥等原材料工业以及电力、石油、煤炭等能源工业；③加工工业，指对原材料进行加工制造的工业，包括装备国民经济各部门的机械设备制造工业和金属结构，以及为农业提供的生产资料和化肥、农药等工业。

2）霍夫曼定理概述

德国经济学家霍夫曼总结了一个国家或地区工业结构演变规律，他使用了大约 20 个国家工业结构方面的时间序列资料，重点分析了消费资料工业和资本资料工业的比例关系，这个比例被称为"霍夫曼比例"或"霍夫曼系数"（李小建，1999），即

霍夫曼比例（R）＝消费资料工业的净产值／资本资料工业的净产值

这个定理的核心思想就是在工业化进程中霍夫曼比例呈下降趋势。在工业化的第一阶段，消费资料工业的生产占主导地位，资本资料工业的生产不发达，此时，R 为 5（±1）；第二阶段，资本资料工业的发展速度比消费资料工业快，但在规模上仍比消费资料工业小得多，这时，R 为 2.5（±1）；第三阶段，消费资料工业与资本资料工业的规模大体相当，R 为 1（±0.5）；第四阶段，资本资料工业的规模超过了消费资料工业的规模，$R \leqslant 1$。

3）计算结果分析

从轻重工业结构看，福建和台湾轻工业比值均呈稳步下降趋势，而重工业比

值则呈上升之势。总体上，就福建而言（表2-12及图2-17），20世纪50年代的轻重工业比例变动较快，60年代至70年代末期，由于历史原因变动减速，一直以来轻工业是福建工业的主体，其产值比重始终在60%以上波动。此后福建轻工业递减趋势未曾改变，但1980～1999年基本上处于反复僵持的状态，比重偶有回升。自2000年开始，福建轻工业渐降趋势才又恢复明显，重工业逐渐成为福建工业的主体，到2003年，重工业产值比重第一次超过50%，2004年上升到56.4%；轻工业产值比重则由2000年的52.3%下降到2004年的44.6%。可以说，从2002年起重工业开始成为福建工业的支柱。就台湾而言（表2-12，图2-18），50年代轻重工业的比例变动较慢，60年代后，变动速度明显加快，尤其是70年代初中期，台湾实行"重化工业革命"，大力推进重化工业投资建设，使台湾的重化工业，主要是化纤原料等工业得到了迅速发展。1978年，台湾重工业产值比重第一次超过50%，1998年上升到69.1%；轻工业产值比重则由45.4%降为30.9%。可以说，从1978年起重工业成为台湾工业的支柱。但2007年之后，轻重工业比重处于基本持平状态。

表2-12　福建和台湾轻重工业结构及相应的霍夫曼比例

年份	福建			台湾		
	重工业比重/%	轻工业比重/%	霍夫曼比例	重工业比重/%	轻工业比重/%	霍夫曼比例
1952	11.0	89.0	8.13	24.8	75.2	3.03
1956	14.4	85.6	5.96	22.7	77.3	3.41
1960	41.5	58.5	1.41	27.4	72.6	2.65
1964	30.2	69.8	2.31	37.4	62.6	1.67
1968	33.5	66.5	1.99	41.8	58.2	1.39
1972	39.5	60.5	1.53	43.9	56.1	1.28
1976	39.2	60.8	1.55	46.2	53.8	1.16
1980	39.2	60.8	1.55	52.3	47.7	0.91
1981	36.8	63.2	1.71	53.0	47.0	0.89
1983	37.0	63.0	1.70	54.1	45.9	0.85
1984	37.0	63.0	1.70	54.9	45.1	0.82
1985	40.1	59.9	1.49	53.9	46.1	0.86
1986	40.2	59.8	1.49	55.5	44.5	0.80
1987	40.6	59.4	1.46	57.2	42.5	0.74
1988	38.8	61.2	1.58	52.6	47.4	0.90
1989	39.4	60.6	1.54	54.3	45.7	0.84
1990	38.0	62.0	1.63	55.7	44.3	0.80
1991	37.3	62.7	1.68	57.0	43.0	0.76
1992	35.9	64.1	1.79	59.3	40.7	0.69

续表

年份	福建			台湾		
	重工业比重/%	轻工业比重/%	霍夫曼比例	重工业比重/%	轻工业比重/%	霍夫曼比例
1993	40.3	59.7	1.48	61.9	38.1	0.62
1994	39.8	60.2	1.51	63.6	36.4	0.57
1995	39.3	60.7	1.54	64.5	35.5	0.55
1996	37.1	62.9	1.69	65.6	34.4	0.52
1997	37.8	62.2	1.64	68.4	31.6	0.46
1998	36.3	63.7	1.75	69.1	30.9	0.45
1999	37.9	62.1	1.64	61.3	38.7	0.63
2000	47.7	52.3	1.10	57.9	42.1	0.73
2001	48.9	51.1	1.04	60.0	40.0	0.67
2002	49.5	50.5	1.02	57.2	42.8	0.75
2003	53.6	46.4	0.87	54.6	45.4	0.83
2004	56.4	44.6	0.79	55.2	44.8	0.81
2005	51.1	48.9	0.96	54.5	45.5	0.83
2006	—	—	—	49.5	50.5	1.02
2007	52.2	47.8	0.92	51.4	48.6	0.95
2008	50.5	49.7	0.99	48.0	52.0	1.08
2009	50.0	50.0	1.00	51.3	48.7	0.95

　　注：1994 年之前台湾将大部分造纸、印刷与家具等行业基本归入重工业，与国际标准不尽相同，表中数值有所下调

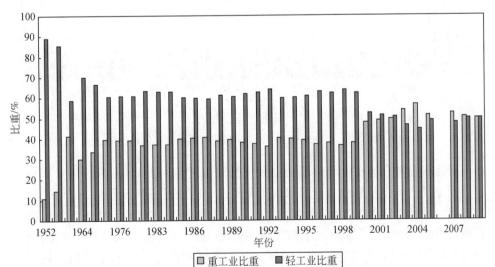

图 2-17　福建轻重工业比重变动示意图

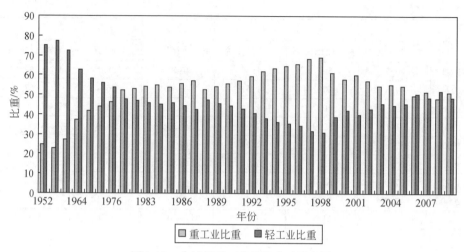

图2-18   台湾轻重工业比重变动示意图

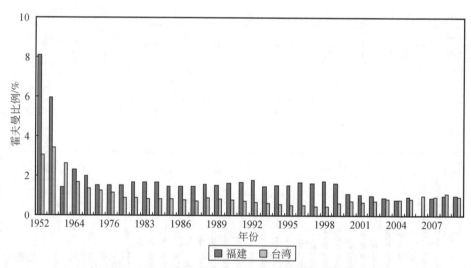

图2-19   福建和台湾1952～1999年霍夫曼比例比较

对比福建和台湾工业化时期的霍夫曼比例变化（表2-12及图2-19）并结合霍夫曼定理，可以从轻重工业结构的角度将两地的工业发展分别划分为2个和3个时段来观察各时段的结构变动。首先，我们把1952～2009年期间区分成改革开放前和改革开放以后的两个时段来考察福建工业。由表2-12可明显看出，1952～1978年为中国国情的特殊时期，其工业结构的变动并未呈现霍夫曼变化规律，1952～1960年的解放初期，霍夫曼比例从8.13急速下降到1.41，单从这一点看，此时的工业化水平已经等同于1968年左右的台湾（霍夫曼比例为

1.39）。但是此后1960~1963年的"大跃进"使得福建经济进入3年调整期，工业结构变动出现了严重的大倒退，霍夫曼比例上升了近1个百分点。紧接着又进入10年"文化大革命"的畸形发展期，工业结构的变动日益缓慢，至1978年，霍夫曼比例降到了1.55左右，与60年代中后期的台湾工业的霍夫曼水平相当。换句话说，1952~1978年福建工业始终处于霍夫曼第一阶段到第二阶段的过渡期，即资本资料工业开始萌芽的阶段。改革开放以后，霍夫曼比例从1978年的1.55下降至2004年的0.79，此后至2009年稳定在1.0左右，处于工业化过程的第二阶段和第三阶段的过渡期。对于台湾而言，霍夫曼比例的变动过程主要经历了1952~1960年、1961~1987年、1988~1994年和1995~2005年4个阶段，霍夫曼比例从1952年的3.03下降到1960年的2.65，表示其工业结构特征处于霍夫曼第二阶段，也就是资本工业刚萌芽的阶段，资本工业的比重正逐渐加大。1961~1987年台湾工业结构特征则处于霍夫曼第三阶段，即消费资料工业与资本资料工业两者并重的时期，同样的，其比例值也是逐渐减少。此后的霍夫曼比例继续从1988年的0.9下降到1994年的0.57，处于霍夫曼第三阶段和第四阶段之间，至1997年霍夫曼比例为0.46，显示台湾从1997年起进入霍夫曼第四阶段。但2002年之后台湾的霍夫曼比例又有所抬升，稳定在1.0左右。

结合上述分析，可以直观地发现两个相同点：①在工业化过程中（福建的1952~2009年与台湾的1952~1998年），福建和台湾的霍夫曼比例均呈现逐年递减态势，二者分别下降了7.13和2.58个百分点，说明其制造业内部不仅在轻重工业产值方面有所改变，在结构方面也出现了相应变动。②如同世界各国各地区制造业发展的历程一样，虽然福建和台湾开始发展的时间和发展的速度不同，但是其中结构依序变化的各阶段均是相同的，即无论影响两地制造业成长的要素是否相同，其制造业成长均经历了先轻工业后重工业的发展时序。也就是说，福建和台湾制造业轻重工业结构的发展基本上符合霍夫曼定理。两地表现出的不同点主要体现在霍夫曼比例阶段演变划分的时间差异，目前福建处于霍夫曼第二阶段和第三阶段过渡期，而台湾处于霍夫曼第四阶段，在时间上相差近20年，即目前福建的霍夫曼比例（0.9）相当于80年代末和90年代初台湾的霍夫曼比列（0.8~0.86），这与前面提及的两地的经济发展水平的时间差异相统一。

2.3.2.2　基于钱纳里模型分类的福建和台湾制造业内部结构变动对比

结合前面分析，台湾的制造业比值变动与工业产值比重变动趋势相吻合。其变动明显分为两个阶段，在1987年以前的工业化中期阶段比值一直上升，而工业化后期阶段稳步小幅下降。相对而言，福建的制造业产值比重波幅大，发展受政策因素影响大，变动复杂。80年代福建的制造业比值上升趋势并不明显，期间有几个年份还一度下降，90 年代才呈明显上升趋势。同样地，闽台制造业的内部结构在这 50 年间也发生了一定的变化。结合国际上较为通用的钱钠里分类系统及制造业变动规律对闽台制造业内部各行业结构变动进行详尽地考察。

1）钱纳里（Chenery）模型简述

钱纳里对工业发展的研究更多采用了经济计量方法与模型。通过多国模型模拟，钱纳里就 GDP 的部门结构归纳出工业化的一般特征："工业化是整个经济系统的一个特征。在此系统中，初级产品生产份额的下降，由 38% 降至 9%，由社会基础设施份额以及制造业份额的上升所弥补。以不变价计算，服务业的份额几乎不变"。钱纳里认为第二产业中最具代表性的是制造业，在产业结构的动态变动中，制造业内部结构变动表现得非常明显。钱纳里根据标准产业结构模式深入考察了制造业内部结构变化的规律性，得出了一组制造业内部结构变动的标准值（表 2-13）。

表 2-13　钱纳里不同人均 GDP 水平下制造业各行业增加值比例变化模型

行业	人均 GDP		
	100 美元	300 美元	600 美元
A. 投资物及相关产品/%	0.99	10.04	47.28
机械	0.08	1.84	12.82
运输设备	0.18	2.28	11.44
冶金	0.34	3.62	15.97
非金属矿物	0.39	2.3	7.05
占制造业比重	12	23.6	34.5
B. 其他中间产品/%	1.62	9.48	30.92
纸及纸制品	0.04	0.96	4.94
石油制品	0.01	0.13	0.59
橡胶	0.06	0.33	2.13
化工产品	0.51	3.16	9.95
纺织	1	4.9	13.31
占制造业的比重	19.7	22.3	22.6
C. 消费产品/%	5.62	22.92	58.8
木材制品	0.35	2.46	8.36
印刷	0.32	2.06	2.61
服装	0.5	3.21	10.31
皮革及皮革制品	0.09	0.53	1.65

行业	人均 GDP		
	100 美元	300 美元	600 美元
食品饮料	3.85	13.29	29.07
烟草	0.61	1.42	2.7
占制造业比重	68.3	54	42.9
制造业人均 GDP 合计	8.23	42.49	137

资料来源：白雪梅和吕光明，2004

表 2-13 所示的制造业内部结构变化趋势与霍夫曼的工业化经验法则基本一致。在人均 GDP 从 100 美元到 600 美元的变化中，投资品及相关产品的比重越来越高，而消费产品比重则越来越低，但这一区间并未达到资本品工业与消费品工业增加值相平衡的状态。

2）福建和台湾制造业计算结果分析

通过计算得到福建 1981～2010 年和台湾 1952～2010 年的制造业各行业产值占工业产值比重（表 2-14）。

总的来看，可以直观地发现两点：①随着国际市场变化和工业发展战略的调整，工业化初期至今（福建 1978～2010 年和台湾 1952～2010 年），闽台制造业内部结构均逐渐得到了改善。资本品及耐久性消费产品的比重越来越高，福建的这一比例从 1981 年的 20.3% 上升至 2010 年的 26.78%，台湾从 1952 年的 7.19% 上升到 2010 年的 40.45%。与此同时，非耐久性消费产品比重则越来越低，福建和台湾两地分别在 29 年和 58 年间下降了 16.75 个百分点和 54.32 个百分点。这说明福建和台湾制造业的产品生产层次正逐渐由非耐久消费品的加工向中间产品、资本品及耐久消费品的加工制造过渡，与钱纳里模型的变化基本吻合。这一点通过表 2-14 所示的福建和台湾依据钱纳里分类的各行业此消彼长的结构性转变即可看出。②就同一工业化发展阶段而言，福建（1981～2010 年）和台湾（1952～2000 年）制造业中产值比重上升的行业都主要是运输设备、电机电子、煤及石油、基本金属及金属制品 5 个行业，但排序有所差异。这说明经历同一工业化发展阶段的闽台制造业产值结构变动基本相同。这里需要明确指出的是这一阶段，无论从依据钱钠里分类系统的非耐久性消费产品、资本品及耐久性消费产品和中间产品的变动来看，还是从具体各行业比重变动趋势来看，台湾制造业行业结构的转变都要快于福建。原因在于 50 年代至 80 年代初全球产业技术发展快，大量新兴产业涌现，加速了产业结构调整。

为了说明问题，我们进一步从大食品行业、大纺织行业、机电工业、化学工业、冶金工业等 5 大方面来详细比较分析两地制造业结构的变动情况。需要说明

表2-14　按照钱纳里标准分类的闽台制造业内部各行业比重

（单位:%）

占工业比重	1952年		1961年		1971年		1981年		1985年		1990年		1995年		2000年		2005年		2010年	
	闽	台	闽	台	闽	台	闽	台	闽	台	闽	台	闽	台	闽	台	闽	台	闽	台
A. 非耐久性消费产品	—	63.95	—	56.54	—	55.21	47.7	40.83	45.86	35.91	46.55	29.09	41.99	22.06	32.89	17.83	31.43	13.95	30.95	9.63
食品及饮料	—	24.84	—	27.08	—	26.99	22.1	11.5	18.2	10.36	14.6	8.51	13.61	7.22	8.39	4.81	7.84	4.65	4.26	4.77
烟草制造	—	2.94	—	2.69	—	2.65	1.8	2.87	2.3	2.26	3.5	1.7	1.48	1.1	1.94	1.1	1.08	0.93	0.78	0.79
纺织	—	18.2	—	11.4	—	9.8	7.5	9.89	8.5	8.6	6.06	6.7	4.87	5.08	4.47	4.92	5.83	3.22	5.12	2.06
服装	—	3.41	—	3.46	—	7.38	2	7.71	2.4	6.34	4.54	4.13	5.64	1.89	4.84	1.76	5.46	1.05	5.27	0.18
木材家具	—	7.97	—	6.02	—	4.31	6.2	3.38	5.2	2.88	2.88	2.67	2.29	1.93	1.73	1.36	2.28	0.86	3.11	0.33
印刷出版	—	3.99	—	4.41	—	2.33	0	2.67	2.26	2.12	4.51	2.45	1.14	2.21	0.85	1.97	0.57	1.9	0.45	0.5
皮革	—	0.98	—	0.29	—	0.63	1.7	1.58	1.1	2.21	1.99	1.81	7.29	1.11	5.56	0.71	5.97	0.47	7.14	0.2
橡胶	—	1.62	—	1.19	—	1.12	1.9	1.23	1.5	1.14	1.38	1.12	1.43	1.14	1.15	1.2	0.79	0.87	1.34	0.2
塑料	—	—	—	—	—	—	4.5	4	4.4	5.16	7.08	4.32	4.24	3.92	3.96	3.12	1.61	2.79	3.48	0.61
B. 中间产品	—	25.58	—	31.2	—	28.81	15.6	29.69	15.4	30.35	22.2	31.17	19.33	36.57	19.05	30.87	15.02	43	19.35	36.87
造纸	—	3.81	—	3.53	—	2.58	3.7	2.37	3.3	2.82	4.78	2.59	3.42	2.27	3.1	1.93	2.44	1.7	2.44	1.14
化学制品	—	14.37	—	9.27	—	10.8	9.2	11.38	8.3	12.88	8.34	12.78	4.58	14.72	4.04	12.66	1.53	15.36	3.56	15.64
煤及石油	—	3	—	6.15	—	7.47	0.9	5.49	0.8	5.17	0.17	4.62	2.24	8.29	3.41	6.46	0.92	10.6	2.93	7.32
非金属	—	3.76	—	8.1	—	4.84	0.1	4.88	0.1	3.79	4.78	4.45	5.73	4.71	5.25	2.96	5.83	2.7	6.09	1.39
基本金属	—	0.64	—	4.15	—	3.12	1.7	5.18	2.9	5.69	4.13	6.73	3.37	6.58	2.96	6.86	4.31	12.64	4.33	11.38
C. 资本品及耐久消费产品	—	7.19	—	12.12	—	23.62	20.3	25.36	26.9	25.22	19.47	33.96	16.73	38.62	31.09	49.84	31.48	41.57	26.78	40.45
金属制品	—	1.33	—	3.06	—	2.86	1.3	3.55	1.9	4.08	2.03	5.36	2.5	6.6	1.63	6.32	1.51	5.61	2.05	4.75
普通机械	—	2.2	—	2.73	—	3.5	15.4	3.34	11.7	3.35	5.59	5.18	4.28	5.44	5.65	6.15	6.11	4.02	5.03	4.22
电气电子	—	2.5	—	3.49	—	12.05	3.1	11.55	11.8	12.28	10.1	15.9	7.82	19.57	19.76	31.26	20.17	25.98	14.96	27.35
运输设备	—	1.16	—	2.84	—	5.21	0.5	6.92	1.5	5.5	1.76	7.52	2.14	7	4.04	6.11	3.68	5.96	4.74	4.13

注:根据《福建统计年鉴》和《台湾经济年鉴》相关数据计算整理而得,其中①福建1997年及以前年份的数据采用的是"乡及乡以上"工业相关统计资料;1998年及以后采用的是"规模以上"工业相关统计资料;②台湾部分年份(1981~2005年)数据来源于台湾统计资讯网;③2010年机械产业数据为通用设备及专用设备制造业及专用设备合并数据

的是这里的大食品行业主要包括食品、饮料和烟草制造业，大纺织行业主要涵盖纺织、服饰和皮革等相关行业，机电工业涉及电气电子、普通机械、运输设备与金属制品等行业，化学工业主要是化学制品、橡胶、煤及石油、塑料等行业，冶金工业是指基本金属和非金属制造业等。

（1）台湾大食品行业（包括饮料与烟草）的比值1952年为27.78%，1985年降至12.62%。福建1985年大食品业行业比重为20.5%，远高于台湾，但也呈下降趋势，1990年为18.1%，2010年降至5.04%，25年降低了近15.46个百分点。在大食品行业中，福建食品及饮料业比值下降趋势较为明显（1985年为18.2%，1990年为14.6%，1995年为13.61%，2005年为7.84%，2010年为4.26%），25年下降13.94个百分点。台湾食品及饮料业比值1952年为24.84%，1981年为11.5%，1952~1981年降幅为13.34%，但20世纪80年代后比值基本稳定在4%~10.5%。福建烟草业比值亦有所下降，从1985年的2.3%降至2010年的0.78%，降幅达1.52%。台湾烟草业比值在70年代初以前降幅不大，其后下降迅速，1971年为2.65%，2005年降至0.93%。可以看出，福建的大食品业产值比重明显偏高，主要是食品及饮料业比值相对较高（1985年比值是台湾的近2倍），而福建和台湾的烟草业比值则相差无几（2005年二者分别为1.08%和0.93%）。此外，尤其值得注意的是，福建大食品行业比值在工业化初、中级阶段呈下降趋势，与台湾以及世界大多数地区相似。

（2）1981年福建的大纺织行业（包括服装、皮革）所占比值为11.2%，1985年为12%，此后该比值一直保持稳定上升势头。到2010年，福建大纺织业的产值比重为17.53%。50年代初、中期，台湾的大纺织业产值比重呈现增加趋势，50年代后期该比值就趋于减小，其中狭义纺织业下降明显，但服装业与皮革业的比值一直保持上升趋势至80年代中期。这一点与同一工业化发展阶段的福建情形基本相同。即福建的狭义纺织业的产值比重始终呈现下降趋势，由1981年的7.5%降至2010年的5.12%；服装业则至今仍保持上升趋势（2010年已高达5.27%），皮革亦类似（2010年达7.14%）。很明显，闽台两地在工业化初、中期阶段（台湾的1952~1971年和福建的1981~1995年），均以传统的农业资源加工型产业与劳动密集型行业为主导，大食品与大纺织业的产值比重之和分别高达35%和38%以上，但基本上保持下降趋势。

（3）福建自80年代中期开始，以电视机、电冰箱和自行车等为代表的消费类电子产业与轻机械产业发展迅猛。1985年，福建机电产业的产值比重升至26.9%，首次超越大食品行业的产值比重（20.5%），至2010年达26.78%，分别高出大食品行业（5.04%）和大纺织产业比值（17.53%）近21.74个百分点和9.25个百分点。台湾的产业结构变动亦类似，60年代中期，台湾以家用电器为代表的消费类电子和电器工业得到很大发展，并带动了金属制品和轻机械工业的迅速发展。1971 年，电气电子、普通机械、运输设备与金属制品等机电行业的产值比重已达 23.62%，较 1961 年的 12.12% 增加了近 1 倍，远超出同年台湾的大纺织业的产值比重（19.18%）。以上这些情形明确地说明了台湾从 70 年代初、福建从 80 年代中期开始，大食品业和大纺织业这两个行业的重要地位逐渐被电子与机械行业所取代。也就是说福建进入机电产业迅猛发展时期所经历的时间比台湾短，前者用了 13 年时间（1978～2010 年），后者用了 20 年时间（1952～1971 年），当然这与国际大背景的变化和后进工业地区的赶超效应不无关系。

（4）福建和台湾两地的化学工业（含橡胶、塑料、煤及石油、化学制品等）变动趋势有很大不同，1952 年台湾的化学工业比值为 18.99%，1961 年为 16.61%，1971 年为 19.39%，1981 年为 22.10%；1981 年以后，台湾的化学工业产值比重才呈现稳定的上升趋势；2010 年升至 25.28%。而福建 1981 年的化学工业比值为 16.5%，1990 年升至 16.97%，1995 年为 12.49%，2010 年降低至 11.31%。相比较而言，福建的化学工业比值要明显低于台湾，即使是按经济发展相同阶段比较也是如此。这主要是由于福建的化学工业一直停留在轻化学工业上，对重化学工业投资少，而台湾 70 年代大力推进"重化工业革命"以来，大力发展石化工业，使台湾的化学原料工业与化纤等工业得到了很大发展，化学工业在制造业中的地位也随之上升。另外，在同一工业化发展阶段，福建的冶金工业产值比重上升较迟缓，同台湾具有较大相似性。1981～2010 年的福建和 1952～1981 年的台湾分别上升了近 3 个百分点和近 6 个百分点。这也说明了在工业化初、中期阶段，福建和台湾两地的产业结构均主要以劳动密集型或劳动技术密集型产业为主，而资金密集型产业则不具主导地位。

总之，根据同一工业化阶段两地制造业内部各大行业结构的变动比较，可以发现，闽台制造业内部结构在工业化进程中分别经过一次和两次根本性变动。台湾的第一次变动是发生在 70 年代中后期至 80 年代末，在 60 年代发展起来的加工出口劳动密集型制造业的基础上，至 80 年代初岛内经济因素的变化，当局推行第二次替代进口的发展策略，发展重化工业。因而重化工业在制造业中的比重逐渐提高，也就是所谓的大纺织和大食品行业向机电行业过渡的阶段。这次变动于福建而言同样发生在工业化中期阶段（即 80 年代中期至今）。台湾的第二次变动是技术密集产业为主的发展策略，大约从 90 年代也就是进入后工业化社会初期阶段迅速发展起来。台湾的技术密集产业包括电力电机业和机械运输业，其中主要是信息电子业的迅速发展。目前，福建迈向技术密集型的产业升级也初露端倪。从以上分析可以看出，两地制造业主导行业的变动趋势基本上按照以下序列变动：以食品业为代表的传统的资源型工业（食品业、竹木加工业、造纸业等）——以纺织业为代表的劳动密集型行业——以消费类电子工业及轻机械工业为代表的劳动技术密集型产业——以化学、冶金、机械等资金密集型工业——以电脑、电信设备等行业为代表的信息电子产业或高新技术产业。从时段上看，福建制造业已经历了大食品产业、大纺织产业主导的阶段，目前正处于机电产业主导向信息技术产业主导的过渡阶段。而台湾则已经历了食品、纺织、机电产业的主导阶段，目前正处于信息技术产业主导阶段。

2.3.3　闽台制造业内部同构性分析

随着经济全球化与区域经济一体化两趋势的同时增强，世界经济已进入合作竞争时期。而产业结构同构化表现为在各地区产业结构变动过程中不断出现和增强的区域间结构的相似性（胡荣涛等，2001；陈艳华和韦素琼，2007；韦素琼等，2010），它的出现将在一定程度上影响区域经济资源的配置效率，降低区域比较优势。近年来国内外众多学者对产业趋同的现状、机制及影响进行研究，从价格、劳动生产率和省际贸易等不同角度讨论中国地区产业结构的发展趋势（Naughton，1999），或通过比较地区间各行业的区位商、霍夫曼比例系数、产品权数、地区集中度指数、产业结构相似系数、基尼系数等指标揭示区域间产业同构程度（陈耀，1998；张同升等，2005；戴德颐，2007；王永锋和华怡婷，2008），并从影响产业分布的因素出发，运用古典理论以及新经济地理学核心模型考察产业分布和地区结构与这些因素的关系以及政府保护主义和利润率在其中的作用（Kim，1995；Young，2000；刘传江和吕力，2005；章尺木和李明，2007）。关于产业结构趋同对区域经济发展的影响，有些学者持负面看法，但也有学者认为可以将产业同构现象分为"合意的"和"不合意的"两种情况，区别对待（陈耀，1998；刘传江和吕力，2005）。我国目前对产业同构研究的区域较多涉及长三角、珠三角等热点区域。

闽台具有区域自然背景及历史文化的相似性和经济发展时序递差性，这种一衣带水的地缘和亲缘关系以及一脉相承的文化习俗和语言环境，为闽台的合作与发展创造了先天的优越条件，而闽台经济的天然互补性与产业演变的差异性，亦为闽台经贸合作与产业对接的发展提供巨大的可能性，目前两岸经济贸易交往与合作日益密切。在这种背景下，闽台是否存在产业同构现象，其同构的范围、程度和发生机理，以及对区域经济进一步合作的影响等均值得进一步探讨。本文试图从静态和动态的角度分析闽台产业同构化的现状及变化趋势，为探寻福建进一步优化产业结构、更好地发挥连接海峡两岸的作用提供依据。

2.3.3.1 基于相似系数的闽台产业同构性对比

为了全面考察闽台产业结构的同构化程度，分别从三次产业、制造业和第三产业内部结构着手，在考虑数据的易得性并参考相关研究经验（唐立国，2002；李昭和文余源，1998）的基础上，构建了用于产业同构化比较的部门体系（表2-15）。同时，采用相似系数作为判断地区间产业同构的方法，其计算公式为

$$S_m = (\sum_{k=1}^{n} X_{ik} \cdot X_{jk}) / \sqrt{ \sum_{k=1}^{n} X_{ik}^2 \sum_{k=1}^{n} X_{jk}^2 } \qquad (2-5)$$

式中，$m=1$，2，3分别表示三次产业、工业和第三产业内部结构的相似系数；X_{ik} 为 i 地区 k 部门的比重。X_{jk} 为 j 地区 k 部门的比重。$S_{ij} = 1$ 表示两区域结构完全一致，为0时表示完全不同；S_{ij} 大于 0.5 表示两区域结构趋同度大；S_{ij} 小于 0.5 时表示趋同度小。

表2-15　产业同构化的评价指标体系

产业结构	评价指标体系
三次产业结构	第一产业占整个区域国内生产总值的比重、第二产业占整个区域国内生产总值的比重、第三产业占整个区域国内生产总值的比重
制造业结构内部	食品制造业及食品加工业、饮料及烟草制造业、纺织业、成衣及服饰品制造业、皮革皮毛及其制品制造业、木材制品及非金属家具制造业、造纸及印刷出版业、化学材料制造业、化学材料及化学制品制造业、石油及炼焦制品制造业、非金属制造业、橡胶、塑料制造业、基本金属制造业、金属制品业、普通机械设备制造业、电力及电子通信设备制造业、交通运输工具制造业等主要制造业占区域制造业总产值的比重
第三产业结构内部	交通邮电通信业、批发零售及餐饮业、金融和保险、不动产、公共行政及国防等其他主要服务业占区域服务业总产值比重

1）闽台产业同构静态对比

表2-16为闽台同一工业化发展阶段与同一时段的产业结构相似系数。从整体上看，2011年的福建与2011年和1989年的台湾的三次产业、制造业内部和第三产业内部结构的相似系数 S_1、S_2、S_3 均大于临界值0.5并接近于1，意味着两地趋同性较大。无论是三次产业、制造业内部还是第三产业内部，2011年的福建与1989年的台湾相似系数均大于两地处于同一时间（2011年）的相似系数，即处于同一工业化发展阶段的福建和台湾在三次产业、制造业内部结构以及第三产业内部结构的同构程度较大，尤其是三次产业与制造业内部结构差距较大。但就2011年而言，福建和台湾在第三产业的结构趋同现象更加一致。

表 2-16　闽台产业结构相似系数

类型	闽（2011 年）/台（2011 年）	闽（2011 年）/台（1989 年）
S_1（三次产业）	0.8665	0.9572
S_2（制造业内部）	0.6822	0.7919
S_3（第三产业内部）	0.9673	0.9708

2）闽台产业同构动态变化比较

采用《福建统计年鉴》《台湾统计年鉴》和《中国统计年鉴》的相关数据计算 1981～2011 年闽台产业相似系数，结果如图 2-20。

图 2-20 表现出以下特征：①1981～2011 年，闽台的三次产业、制造业和第三产业内部相似系数均保持在 0.5 以上，体现其较高的趋同性。其中，三次产业和第三产业内部结构趋同度居高不下，相似系数历年均都在 0.8～1.0 波动。但二者变动的趋势略有不同，三次产业相似系数经历了一段时期波动上升状态后基本趋于稳定，而第三产业趋同度处于波动上升状态，尤其是 2005 年之后稳定于 0.95 的高位。②闽台制造业内部结构相似系数的变动曲线波动较大，相似系数值从 1981 年的 0.6890 升至 2000 年的历年最高点 0.8277，此后又以 2000 年为转折点呈现明显的下降态势，直到 2008 年达到低位后才开始有所缓和（2008～2011 年上升了 0.02）。

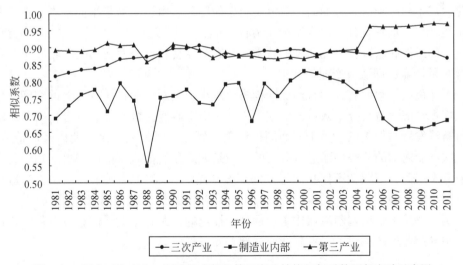

图 2-20　闽台三次产业、制造业内部和第三产业结构相似系数历年变动示意图

注：由于数据问题，闽台个别年份制造业内部部门体系有所增减

3) 闽台产业同构性分析

从闽台产业发展的条件与背景分析，我们认为闽台产业同构变化具有合理性。①产业结构的相似性与资源禀赋的相似性有关。闽台在自然条件、人文历史背景以及要素禀赋等方面具有很大的相似性，由此导致闽台产业结构整体趋同度较高。②区域产业同构程度与地区之间经济发展水平的接近程度成正比关系（陈建军，2004）。经济发展水平越接近，产业结构相似程度就越大。处于近似发展水平和发展阶段的不同区域必然有相似的供给结构和需求结构，进而形成相近的资源结构、生产函数和需求偏好。闽台三次产业趋同度随着时间的演进呈增高趋势可以间接地说明两地的经济发展差距在日益缩小，尤其是1993年以后福建步入了快速发展的工业化中期阶段，两地相似系数的增幅较以往更加明显。③从动态看，由于产业所处的发展阶段不同，产业结构的趋同化也有不同表现。福建目前处于以第二产业快速发展的工业化中期阶段，而台湾已处于第三产业高度发达的后工业化社会，因此表现出闽台制造业及第三产业内部趋同度变化趋势的相异。④近年来闽台经济联系的紧密性以及由此而来的要素流动也加强了两地产业结构的相似性。至2006年福建累计批准台资（含第三地转投）项目8930家，实际到资金额103.54亿美元，台资已成为福建继港资之后的第二大资金来源（单玉丽，2007）。台商在福建的投资近90%集中于制造业（李非，2007b），投资的重点由早期的木竹制品制造业、皮革皮毛及其制品制造业、食品饮料制造业、金属机械制造业、电子电器制造业向高新技术以及重化工业发展，尤其是闽台在石化、汽车和电子信息方面的产业分工与合作已逐步由劳动密集型向资本、技术密集型转变，从垂直分工向水平分工方向发展，并具较强的产业关联度和发展链。紧密的经济联系以及由此而来的技术转移和产业转移，进而在相关区域形成"重合"的产业，即造成产业的同构。

从负面的角度看，闽台产业同构将会缩小两地发挥各自比较优势的空间，导致规模经济效益与分工效益的双重丧失，进而阻碍两区域未来经济合作与共赢的可持续发展。但是以上关于产业同构结论的研究主要是从三次产业以及制造业、三次产业内部的分类层面进行分析的，但是如果我们把研究推进到更细划分的产业分类层面，问题就不像我们想象的那么严重。如表2-17所示，福建省制造业以劳动密集型为主，高达42.40%，而台湾劳动密集型制造业只占14.81%。台湾资金及技术密集型制造业比重则远高于福建的，尤其是电子信息、石化及机械等主导产业远超福建，二者制造业内部差异可见一斑。

表 2-17　2011 年闽台制造业主要部门的产值比重

福建		台湾	
制造业类型 产值比重/%	制造业部门产值比重/%	制造业类型 产值比重/%	制造业部门产值比重/%
劳动密集 型 42.4	食品制造及食品加工业 9.42	劳动密集 型 14.81	金属制品业 8.22
	皮革皮毛及其制品制造业 8.22		食品制造及食品加工业 3.42
	纺织业 7.06		纺织业 2.16
	成衣及服饰品制造业 5.3		造纸及印刷出版业 1.69
	木材制品及非金属家具制造业 3.62		饮料及烟草制造业 0.94
	造纸及印刷出版业 3.31		木材制品及非金属家具制造业 0.35
	饮料及烟草制造业 3.1		皮革皮毛及其制品制造业 0.18
	金属制品业 2.37		成衣及服饰品制造业 0.17
资金密集 型 31.67	基本金属制造业 8.46	资金密集 型 41.45	化学材料及化学制品制造业 16.82
	非金属制造业 7.52		基本金属制造业 12.42
	化学材料及化学制品制造业 7.1		石油及炼焦制品制造业 8.18
	塑料制造业 4.22		塑料制造业 1.81
	石油及炼焦制品制造业 2.82		非金属制造业 1.52
	橡胶 1.55		橡胶 0.7
技术密集 型 20.18	通信设备、计算机及其他电力、电 子设备制造业 11.64	技术密集 型 39.83	通信设备、计算机及其他电力、电 子设备制造业 30.38
	交通运输工具制造业 5.18		普通机械设备制造业 4.89
	普通机械设备制造业 3.36		交通运输工具制造业 4.56

2.3.3.2　基于 R/S 的闽台产业同构化的趋势预测

1）R/S 分析方法

分形是对自然界和社会经济活动中所遇到的不规则事物的一种数学抽象（谢和平和薛秀谦，1999）。为了研究时间序列的统计特性，Hurst（谢和平和薛秀谦，1999）提出了重标级差分析法（rescaled range analysis，R/S 分析方法）。随后，Mandelbrot（1963）、Feder（1988）、Kovin（1992），以及 Sugihara 和 May（1990）等学者将分形理论中的 R/S 分析方法引入到分形分析中。其中的 Hurst 指数可以有效地判断时间序列所具有的分形特征的变化规律，并预测其发展趋势。近年来 R/S 在环境变化、人口与经济发展等方面的研究中得到了广泛的应用。本文所采用的 R/S 分析方法是从某一变化过程的历史状态出发，预测该过程

在与过去相同的条件下未来的自然发展状态，其基本的数学模型（李非，2007b）为

设有一时间序列 $B(t)$，$t = 1, 2, 3, \cdots, T$，得到均值序列：

$$X(t) = B(t) - B(t-1), \quad t = 1, 2, 3 \tag{2-6}$$

以及累积极差 $R(n)$ 和标准 $S(n)$：

$$R(n) = \max_{1 \leqslant t \leqslant n} \sum_{j=1}^{t} (X_j - \overline{X}) - \min_{1 \leqslant t \leqslant n} \sum_{j=1}^{t} (X_j - \overline{X}) \tag{2-7}$$

$$S(n) = \sqrt{\frac{1}{n} \sum_{j=1}^{n} (X_j - \overline{X})^2} \tag{2-8}$$

随着时间段 n 值的逐步变化，可以计算出相应各子样本的 $R(n)/S(n)$ 值。当 $n \to \infty$ 时，二者关系趋向于 $Qn = R(n)/S(n) = cnH$，其中 c 为常数，H 为 Hurst 指数。然后，对这个等式两边取对数得到 $\log(R/S) = \log(c) + H \cdot \log(n)$，其中回归直线的截距是对常数 $\log(c)$ 的估计，斜率是对 H 指数的估计。最后，根据 Mandelbrot 的序列关联函数，即 $C = 2^{(2H-1)} - 1$，来度量序列相关性并判断趋势走向，而 H 用来度量序列相关性和趋势强度。当 $H = 0.5$，序列是随机游走过程，即过去的增量与未来的增量不相关。当 $0.5 < H < 1.0$，表明一个持久性或趋势性增强的序列。这种持久性的强度取决于 H 值离 1 有多近，越接近 1，就具有比随机序列更强的持久性。当 $0 < H < 0.5$，序列是一个反持久性序列，即过去的增量与未来的增量负相关，说明序列有突变跳跃逆转性。反持久性的强度取决于 H 值与零的距离，越接近于零，这种时间序列就具有比随机序列更强的突变性。

2）闽台未来产业同构化趋势预测

图 2-20 是以时间为横坐标，相似系数为纵坐标的折线图，这种非光滑、不可微分的分形曲线适合用分形理论进行研究。利用 1981～2011 年的闽台产业相似系数，按照 R/S 数学模型，使用 Excel、VB 编程软件进行分析，计算结果如表 2-18。

从总体上看，闽台三次产业相似系数的 $H_1(1981\sim2011) = 0.9345 > 0.5$，$C > 0$；第二产业相似系数 $H_2(1981\sim2011) = 0.6996 > 0.5$，$C > 0$；第三产业的 $H_3(1981\sim2011) = 0.9948 > 0.5$，$C > 0$。表明在原有区域发展环境不变的情况下，闽台在未来的 2012～2032 年的产业同构化程度将与 1981～2011 年有相同的发展趋势：①三次产业的同构化程度将加大并趋近于 1，说明在未来 31 年福建的产业升级与经济社会发展势头良好，将在一定程度上缩小与台湾的差距。②制造业结构内部的相似性总体上将呈现波动变化态势，在波动中同构程度有所增强。③闽台第三产业结构同构化程度与过去 31 年亦会有相同的表现，即继续缓慢减小。此外，三次产业和第三产业的 H 指数更加接近于 1，表明与制造业相比，它们的

相似系数变动趋势具有更强的持久性。

　　当然，对具有特殊性的短时间段进行具体分析也是非常有必要的，例如选取 $n=3$ 时的 H_1、H_2 和 H_3 进行分析。闽台三次产业相似系数的 H_1（1981～1983）= | −0.1718 |<0.5，$C<0$，因而 2012～2015 年的同构性将与 1981～1983 年有相反的发展趋势，即 2012～2015 年的同构化程度缓慢降低。同样地，其 H_2（1981～1983）= 0.4408<0.5，$C<0$，因而在 1981～1983 年闽台制造业同构性趋势是急剧攀升的，所以 2012～2015 年的同构化程度将不断减弱。而第三产业相似系数的 H_3（1981～1983）= 0.3375<0.5，$C<0$，说明 2012～2015 年闽台第三产业同构程度将与过去三年变动趋势相反，呈现出减缓态势。其他 n 值对应的 H 全部大于 0.5，接近 1，基本与总体分析情形相同。

表 2-18　R/S 分析结果（Hurst 指数）

n	三次产业		制造业内部		第三产业内部	
	H_1	$V(H_1)$	H_2	$V(H_2)$	H_3	$V(H_3)$
3	−0.1718	−0.0992	0.4408	0.2545	0.3375	0.1949
4	0.9589	0.4795	0.5093	0.2547	0.9582	0.6291
5	0.8394	0.3754	0.7843	0.3507	0.9375	0.4953
6	0.9689	0.3956	0.9224	0.3766	0.9117	0.3722
7	0.9399	0.3930	0.9287	0.3888	0.9028	0.3412
8	0.9646	0.3764	0.9478	0.3705	0.9590	0.3391
9	0.9635	0.3545	0.9439	0.3480	0.9978	0.3326
10	0.9506	0.3322	0.9293	0.3255	0.9146	0.3208
11	0.8536	0.2574	0.9896	0.3044	0.9159	0.3063
12	0.8024	0.2316	0.9902	0.2858	0.9078	0.2909
13	0.8661	0.2402	0.9756	0.2706	0.9935	0.2755
14	0.9218	0.2464	0.9596	0.2565	0.9849	0.2632
15	0.9641	0.2489	0.9747	0.2517	0.9612	0.2482
16	0.9966	0.2492	0.9810	0.2453	0.9439	0.2360
17	0.9986	0.2470	0.9854	0.2390	0.9219	0.2236
18	0.9925	0.2434	0.9698	0.2286	0.8877	0.2092
19	0.9996	0.2385	0.9350	0.2145	0.8613	0.1976
20	0.9930	0.2332	0.8806	0.1969	0.8495	0.1900
21	0.9942	0.2279	0.8333	0.1818	0.8558	0.1868
22	0.9409	0.2219	0.7953	0.1696	0.8763	0.1868

续表

n	三次产业		制造业内部		第三产业内部	
	H_1	$V(H_1)$	H_2	$V(H_2)$	H_3	$V(H_3)$
23	0.9369	0.2162	0.7693	0.1604	0.8990	0.1875
24	0.9321	0.2107	0.7513	0.1534	0.9147	0.1867
25	0.9969	0.2054	0.7358	0.1472	0.9230	0.1846
26	0.9823	0.2049	0.7156	0.1449	0.9676	0.1839
27	0.9652	0.2042	0.6125	0.1376	0.9669	0.1827
28	0.9682	0.2036	0.6949	0.1359	0.9913	0.1816
29	0.9429	0.2018	0.6371	0.1327	0.9925	0.1791
30	0.9387	0.2015	0.6596	0.1318	0.9936	0.1782
31	0.9345	0.1886	0.6996	0.1298	0.9948	0.1763

注：①因一次差分和一阶自回归去掉了前两个数据，所以实际计算过程中所用数据为 3 ~ 25 个；②V_n是用来检验 Hurst 指数稳定性及估计周期循环长度的指标，其公式为 $V_n = (R/S)_n / \sqrt{n}$

此外，将 $\log(R_n/S_n)$ 和 n 两个序列分别取对数得到三幅关于闽台三次产业、制造业和第三产业同构性的双对数图，即 R/S 分析图（图 2-21、图 2-22 和图 2-23），它们的 R^2 值分别为 0.9969、0.9413、0.9993，表明回归的拟合效果好，具有较高的预测精度。

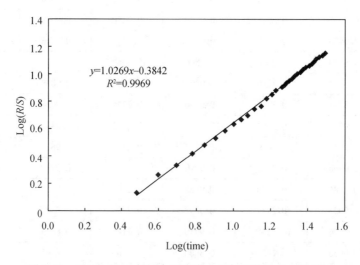

图 2-21　2981 ~ 2011 年闽台三次产业相似系数的 R/S 分析图

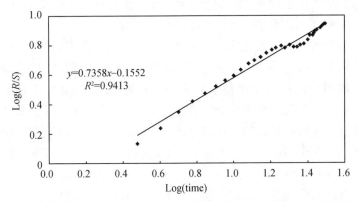

图 2-22　1981～2011 年闽台制造业内部结构相似系数的 R/S 分析图

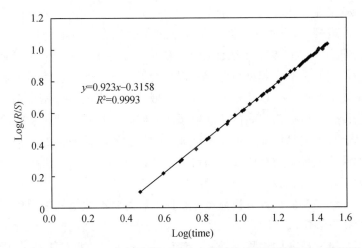

图 2-23　1981～2011 年闽台第三产业内部结构相似系数的 R/S 分析图

2.3.4　小结

通过对闽台第二产业（制造业）内部结构分析得到如下结论：

首先，从轻重工业结构变动对比看：①如同世界其他国家和地区制造业发展的历程一样，虽然闽台进入工业化初期阶段的时间不同，影响两地制造业成长的要素也不尽相同，但是其制造业成长均经历先轻工业后重工业的发展时序，这也就是说闽台制造业和轻、重工业结构的发展基本上符合霍夫曼定理。②两地所处的发展阶段不同，福建目前处于霍夫曼第二阶段和第三阶段过渡期，而台湾处于霍夫曼第四阶段，在时间上相差近 20 年。福建 21 世纪最初几年的霍夫曼比率相当于 20 世纪 80 年代末和 90 年代初台湾的霍夫曼比例（0.8～0.86），这与前文提及的两地的经济发展水平的时间差异是相统一的。

其次，结合国际上较为通用的钱纳里分类系统及其提出的制造业变动规律对闽台制造业内部各行业结构变动进行详尽地考察发现：①随着国际市场变化和工业发展战略的调整，自工业化初期到现在（福建 1978～2010 年和台湾 1952～2010 年），闽台制造业的产品生产层次正逐渐由非耐久消费品的加工向中间产品、资本品及耐久消费品的加工制造过渡，即闽台制造业内部结构均逐渐得到了改善，这与钱纳里模型的变化基本吻合；②经历同一工业化发展阶段的闽台制造业产值结构变动基本相同，但是无论从依据钱纳里分类系统的非耐久性消费产品、资本品及耐久性消费产品和中间产品的变动来看，还是从具体的各行业比重变动趋势来看，台湾制造业行业结构转变都要快于福建；③从大食品行业、大纺织行业、机电工业、化学工业、冶金工业五大方面来详细比较分析两地制造业结构变动的情况发现，两地制造业主导行业的变动趋势基本上是按照以下序列变动：以食品业为代表的传统资源型工业（食品业、竹木加工业、造纸业等）——以纺织业为代表的劳动密集型行业——以消费类电子工业及轻机械工业为代表的劳动技术密集型产业——以化学、冶金、机械等为代表的资金密集型工业——以电脑、电信设备等行业为代表的信息电子产业或高新技术产业。从时段上看，福建制造业已走过大食品产业、大纺织产业主导的阶段，目前正处于机电产业主导向信息技术产业主导的过渡阶段；而台湾则已走过食品、纺织、机电产业的主导阶段，目前正处于信息技术产业主导阶段。

通过产业结构相似系数分析显示：整体上看闽台产业结构趋同现象显著。处于同一工业化发展阶段的闽台在三次产业和制造业内部结构同构程度最大。同一时间段的闽台第三产业同构程度最大。借助 31 年动态数据的 R/S 分析表明：如果在原有环境不变的条件下继续发展，三次产业同构化程度将加大并趋近于 1，制造业相似性总体上将呈现波动加强态势，第三产业结构同构化程度继续缓慢减小。总体上未来产业同构化程度将日益加强。

通过分析得出闽台产业同构的存在具有一定合理性。闽台资源禀赋的相似性，经济发展水平的日益接近，以及由于要素和产品高频率的交流互动所体现出的经济联系日益紧密，为区域产业同构的形成产生了正面的影响，同时也揭示了闽台产业分工已经由垂直分工向水平分工方向发展。虽然闽台在宏观层面上存在明显的产业同构现象，但是从微观上分析产业相似程度低，由此可见目前产业同构不一定对闽台未来经济合作造成明显的负面影响。

随着闽台产业结构趋同程度不断加强，福建省在未来闽台合作过程中的产业定位应有一个清醒的认识。源于对自身资源结构的认识和比较优势的判断（Sugihara and May，1990），经济发展水平的梯度特征使得闽台存在着一种产业发展的"雁行状态"，找准互补和共赢的切入点，壮大福建电子信息、装备制造和石油化工等主导产业，最终达到优势互补和拓展双赢空间的目的。

参 考 文 献

白雪梅，吕光明．2004．东北老工业基地发展的结构演进和路径选择．发展研究参考，(3)：1-32．

蔡秀玲．2009．福建加快建设海峡西岸先进制造业基地路径选择．福建师范大学学报（哲学社会科学版)，5：42-48．

陈国川，翁国盈，吴进喜，等．2007．普通高级中学地理（第四册)．台中：龙腾文化事业股份有限公司．

陈建军．2004．长江三角洲地区的产业同构及产业定位．中国工业经济，191 (2)：19-26．

陈艳华，韦素琼．2007．海峡西岸经济区与长三角、珠三角经济区产业同构化的实证研究．热带地理，27 (1)：54-59．

陈耀．1998．产业结构趋同的度量及合意性与非合意性．中国工业经济，(4)：37-43．

陈永山，陈碧笙．1990．中国人口台湾分册．北京：中国财政经济出版社．

陈月英，徐效坡，范士陈，等．2006．福建省域工业空间结构研究——以福建省销售额前 300 家工业企业为例．地理科学，26 (4)：414-419．

崔功豪．1999．区域分析与规划．北京：高等教育出版社．

戴德颐．2007．基于利润率的产业结构趋同问题研究．价值工程，(10)：28-30．

方志耕．2007．产业经济发展动能及其测度模型研究．计量经济地理研讨会．

福建省发展和改革委员会．2010．福建省"十二五"产业布局和重点区域产业发展研究．

福建省计委国土办．2005．福建国土资源．福州：福建地图出版社．

福建省统计局．1989．福建奋进的四十年．北京：中国统计出版社．

福建省统计局．1999．光辉的历程：福建五十年．北京：中国统计出版社．

福建省统计局．福建省统计年鉴 1998～2010．北京：中国统计出版社．

福建省统计信息咨询中心．2003．福建与台湾．福州：福建地图出版社．

国务院办公厅．2009．国务院关于支持福建省加快建设海峡西岸经济区的若干意见．http：//www. gov. cn/zwgk/2009-05/14/content_ 1314194. htm［2011-03-14］．

贺灿飞，谢秀珍，潘峰华．2008．中国制造业省区分布及其影响因素．地理研究，27 (3)：623-635．

胡荣涛，等．2001．产业结构与地区利益分析．北京：经济管理出版社．

赖进贵，王慧动，王耀辉，等．2007．普通高级中学地理（第四册)．台南：翰林出版事业股份有限公司．

李非，熊俊莉．2007a．两岸高科技产业的发展与合作．亚太经济，(1)：67-71．

李非，熊俊莉．2007b．闽台制造业对接研究．福建金融，(4)：15-18．

李江．2003．天津市产业结构调整问题研究．天津：天津大学硕士学位论文．

李小建．1999．经济地理学，北京：高等教育出版社．

李昭，文余源．1998．我国区域之间产业同构作用及原因分析．地域研究与开发，17（4）：53-57.

廖善刚．2001．台湾海峡两岸农业自然资源生产潜力比较研究．福州：福建师范大学博士学位论文．

林国平．2000．闽台区域文化研究．北京：中国社会科学院出版社硕士学位论文．

刘传江，吕力．2005．长江三角洲地区产业结构趋同、制造业空间扩散与区域经济发展．管理世界，（4）：35-39.

刘登翰．2002．中华文化与闽台社会——闽台文化关系论纲．福州：福建人民出版社．

刘建君．2005．烟台市产业结构分析与调整战略研究．武汉：华中科技大学硕士学位论文．

刘琨．2005．海峡两岸第三产业竞争力研究．天津：南开大学硕士学位论文．

刘满贵，许晓云，杨宜苗．2001．高新技术产业的特征与发展对策．经济师，（5）：29-31.

刘泰英，杜震华．2010．产业科技发展与经贸结构改变（"经济部"科技研究发展专案1991年度计划）．

刘武．2005-07-28．闽台产业合作形成新格局海峡经济区呼之欲出．中华工商时报．

阮晓莺．2007．闽台两地产业结构变迁与产业合作发展的空间和路径．国际贸易问题，（2）：51-56.

单玉丽．2007．闽台经贸互动效应与未来发展对策．福建论坛（人文社会科学版），9（10）：107-111.

台湾经济日报．台湾经济年鉴1977~2010．台北：经济日报社．

台湾省文献委员会编．1999．台湾省通志（经济志）．台北：众文图书股份有限公司．

台湾行政主计处．2010-2-22．国情统计通报．http：//www.stat.gov.twl/lp.asp？ctNode=2404&CtUnit=1088&BaseDSD=7.

唐立国．2002．长江三角洲地区城市产业结构的比较分析．上海经济研究，9：50-56.

王永锋，华怡婷．2008．环渤海地区产业结构趋同的实证研究．经济与管理，22（2）：30-33.

韦素琼．2006．土地利用变化区域对比研究——以闽台为例．北京：科学出版社．

韦素琼，陈健飞．2006．闽台建设用地变化与工业化耦合的对比分析．地理研究，25（1）：87-94.

韦素琼，陈艳华，耿静嬛．2010．基于相似系数和RIS分析方法的闽台产业同构性．地理研究，29（3）：491-499.

伍长南．2007．闽台两岸产业对接研究．亚太经济，（2）：81-85.

谢和平，薛秀谦．1999．分形应用中的数学基础与方法．北京：科学出版社．

徐罡．1999．江西省产业结构的统计研究．南昌：江西财经大学硕士学位论文．

徐剑锋．2001．台湾产业结构变动分析．台湾研究·经济，（3）：56-63.

张同升，梁进社，宋金平．2005．经济地理．中国制造业省区间分布的集中与分散研究，（3）：315-319.

张向前，黄种杰．2008．闽台经济合作研究．经济地理，28（6）：941-945.

章尺木，李明．2007．财经科学．地方保护与合作：基于产业结构趋同的经济学，（3）：76-81.

赵春雨，方觉曙，朱永恒．2007．地理学界产业结构研究进展．经济地理，27（2）：279-284.

Feder J. 1988. Fractals. New York：Plemum Press.

Hurst H E. 1951. Long-term storage capacity of reservoirs. Transactions of the American Society of Civil

Engineers, 116 (1): 770-799.

Kim S. 1995. Expansion of markets and the geographic distribution of economic activities: the trends in US regional manufacturing structure, 1860 – 1987. The Quarterly Journal of Economics, 110 (4): 881-908.

Kovin G. 1992. Fractal models in the earth science. New York: Elsevier.

Mandelbrot B. 1963. New methods in statistical economics. The Journal of Political Economy, 71 (5): 421-440.

Naughton B. 2000. How much can regional integration do to unify China's markets? paper for conference on policy reform in China, center for research on economic development and policy research. Stanford: Stanford University.

Sugihara G, M May R. 1990. Applications of fractals in ecology. Trends in Ecology & Evolution, 5 (3):79-86.

Syrquin M, Chenery H. 1989. Three decades of industrialization. The World Bank Economic Review, 3 (2): 145-181.

Young A. 2000. The razor's edge: distortions and incremental reform in the People's Republic of China. The Quarterly Journal of Economics, 115 (4): 1091-1135.

第 2 篇
"三重开放"与福建
制造业空间集聚

第 3 章　对台政策的历史变化与闽台经贸合作发展方向

3.1　对台政策的历史变化

3.1.1　改革开放前

改革开放前的对台方针经过了从"武力解放"到"和平解放"的转变。新中国成立初期，全国上下对于维护领土完整、统一祖国的渴望十分强烈，党中央主张武力解放台湾，完成祖国统一大业。国民党方面多次对大陆东南沿海进行军事扰乱，台海关系紧张，福建作为对台前线，少有大型国有企业布局，福建总体经济落后，以第一产业为主。1955 年周恩来总理在亚非会议上提出"和平解放台湾"，并于 1957 年 4 月会见国民党"立法委员"宋宜山，阐明和平解放台湾的具体政策：两党通过对等谈判，实现和平统一；台湾成为中国政府统辖下的特区，实行高度自治；大陆方面不派人到台湾干预政治，台湾继续由蒋介石领导；外国军事力量撤离台湾（陈崇龙等，1993；于丹怡，2010）。但大陆和平解放台湾的愿望遭到蒋介石的拒绝，之后"文化大革命"期间，两岸联系彻底中断。至改革开放前，两岸之间没有往来，更谈不上经贸联系，台湾方面对大陆实行封闭的"三不"政策，即不接触、不谈判、不妥协。

3.1.2　改革开放后至 21 世纪初

这一时期，是"一国两制"思想的形成和不断完善的阶段。1979 年邓小平阐述"一国两制"初步构想，最先明确提出关于尊重台湾现实的思想，废除"解放台湾"的提法（邓小平，1993；杨明伟，2004；修福金，2010）。1981 年叶剑英委员长提出和平解决台湾问题、实现祖国统一的九条方针，建议实行国共第三次合作，共同完成祖国统一大业。1984 年第六届全国人大第二次会议正式把"一国两制"确定为党的基本国策。20 世纪 90 年代以江泽民为核心的中共第三代领导集体，在祖国统一问题上，继承了邓小平的"一国两制"方针，并进一步丰富和完善了"一国两制"的思想内涵。台湾当局在 1987 年开放"大陆探亲",解严之后也不再视"中共"为叛乱团体,两岸关系开始恢复。此时台湾对大陆联系呈现"官民分离"形态,当局依然冷淡回避大陆,但民间贸易和人员往来逐渐增多。1993 年举行"汪辜会谈",两岸形成了"九二共识",其核心是双方均认同世界上只有一个中国的立场。自改革开放以后,福建也由对台作战前线,转变成为与台湾交流的重要平台以及吸引台资的重要地区。1980 年 10 月国务院批准厦门设立经济特区;1989 年 5 月,国务院批准在厦门的海沧、杏林地区以及福州经济技术开发区设置台商投资区(应斌斌,2008)。

3.1.3　新时期对台政策

1988 年李登辉上台,之后 2000 年陈水扁强势执政,台湾长期处于"台独分子"的掌控下,加之美国采用"以台制华"的政策,在 20 世纪 90 年代以及新世纪初期两岸关系没有较大的突破。大陆方面于 2004 年转变方法,意识到两岸和平统一是过程而非日程,并于 2005 年通过《反分裂国家法》,首次以法律形式表明打击"台独"分裂、捍卫国家主权与领土完整的共同意志和决心,充分体现中共以最大诚意、尽最大努力推动两岸经贸交流、争取和平统一前景的坚定立场。2005 年是两岸关系的转折点,连战、宋楚瑜、郁慕明访问大陆的"破冰之旅",极大缓和了两岸的紧张气氛,增进了两岸的相互了解,使岛内政治形势产生了重大转折:第一,民意调查中国民党首次超过民进党;第二,岛内民众对大陆怀有敌意的比例由原先 58% 降到 30% 以下。2008 年国民党主席马英九上台,两岸关系得到飞速发展,2008 年年底两岸三通全面启动。大陆主动采取了一系列促进两岸交流、增进台湾民众利益的措施,诸如简化台湾同胞往来大陆的手续、对原产台湾的 15 种水果给予零关税待遇、承认台湾学历等,受到台湾民众热烈欢迎。福建方面,福建省委、省政府于 2003 年提出"构建海峡西岸经济区"的福建发展战略新定位。2006 年第十届全国人民代表大会第四次会议上,海峡西岸经济发展首次写入《政府工作报告》和《"十一五"规划纲要》;同年,国务院常务会议通过《关于支持福建加快建设海峡西岸经济区的若干意见》。2009年,设立福州(平潭)综合开发试验区。2010 年 1 月 26 日关于《海峡两岸经济合作框架协议》的名称、基本结构和建立协商工作机制等问题,第一次在北京举行的海峡两岸关系协会和财团法人海峡交流基金会专家参与的工作协商会上得到探讨和交流。2010 年 6 月 29 日,两岸两会领导人签订合作协议;8 月 17 日,台湾立法机构通过《海峡两岸经济合作框架协议》。两岸经贸的进一步合作,有利于两岸共同应对国际金融危机和国际经济激烈竞争的挑战。至此,在双方政策的大力支持下，两岸关系迎来了前所未有的新局面。

3.2　台商对大陆的投资发展与布局热点变化

3.2.1　台商对大陆的投资发展历程

台湾与大陆之间的经济贸易关系以台商对大陆投资为主。台商投资大陆始于 1983 年，直至 1987 年开放居民探亲以后，台商对大陆投资才具规模化，主要以制造业投资为主，服务业次之，农业比重最小。根据台湾经济主管部门"投审会" 1991～2010 年发布的《核准华侨及外国人、对外投资、对中国大陆投资统计年报》资料，20 年间，台商在大陆地区的投资累计金额达 971.9 亿美元，累计件数达 38 652 件。根据台资在大陆地区不同时期的投资特点（图 3-1），以及数据的可获得性，将台商在大陆地区的投资分为四个阶段（王成超和黄民生，2008；刘文正，2010）。

（1） 1983～1987 年的试探性阶段。这一阶段台商对大陆投资主体多为中小企业，形态单一，规模有限，基本属于劳动密集型加工业。当时大陆尚处于改革开放初期，经济相对落后，同时厂商被禁止赴大陆投资，台商仅能通过第三地前往大陆投资（黄庆堂，2004）。

（2） 1988～1996 年的发展阶段。1988 年 7 月大陆颁布《关于鼓励台湾同胞投资的规定》，从法律上保障了台商投资的合法权益，并颁布台商投资大陆的多项优惠政策。1992 年邓小平南方视察讲话和党的十四大确立了社会主义市场经济体制的发展方向，进一步推进了中国的改革开放，为台商投资大陆提供了更为有利的市场经济环境。1992 年 9 月，《台湾地区与大陆地区人民关系条例》出台，对海峡两岸的经济贸易投资往来进行法律规范。1994 年 3 月，《中华人民共和国台湾同胞投资保护法》的出台使台商的合法权益进一步得到法律的保障。两岸的政策环境和大陆市场经济环境的改善，激发了台商投资大陆的热情，带动了两岸经贸往来的发展。1991～1996 年，台商投资项目为 11 637 件，投资金额达 68.7 亿美元，年平均投资项目数为 1939 件，年平均投资额为 11.45 亿美元（图 3-1）。投资对象以劳动密集型传统产业为主，单位投资规模普遍较小，投资方式以"三来一补"（指来料加工、来样加工、来件装配和补偿贸易，是大陆改革开放初期创立的一种企业贸易形式）为主，产品主要外销，基本遵循"台湾接单，大陆生产，香港转口，海外销售"的运作模式（黄庆堂，2004；王成超和黄民生，2008）。

（3） 1997～2001 年的壮大阶段。尽管 1996 年台湾当局提出"戒急用忍"政策，并于 1997 年实施台商在大陆从事投资或技术合作审查准则，但未阻隔两岸经贸交流。与以往发展阶段相比，台商对大陆投资由劳动密集型产业向技术和资本密集型的电子信息技术产业转移，单位投资规模有所扩大。这一阶段台商投资项目数为 12 523 件，投资金额达 130.13 亿美元，年平均投资项目数比上一阶段增长 565 件，年平均投资额比上一阶段增长 14.58 亿美元。台商对大陆的投资规模相比上一阶段有所壮大，这主要由于该时期海外市场竞争程度的加强和区域地方保护主义的攀升，加大了台商开拓海外市场的阻力，与此同时，中国大陆经济持续快速增加，居民收入提高，市场需求扩大，这些因素吸引了台资的不断注入（刘文正，2010）。

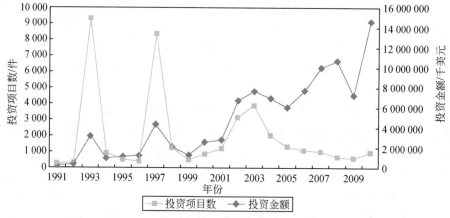

图 3-1　1991～2010 年中国大陆台商投资项目数量与投资金额

（4）2002 年至今的提升阶段。继 2003 年胡锦涛同志在"四点意见"中提出的坚持一个中国的原则下，只要是对两岸经济、科技和文化等领域的交流合作有利的事情，中国大陆都尽力推动。此后大陆连续多次单方面推出多项惠台经贸举措。2008 年，海峡两岸关系协会（简称"海协会"）与海峡交流基金会（简称"海基会"）恢复协商，并先后达成六项两岸经济贸易与交流合作协议，两岸直接、双向"三通"基本实现。2009 年，两岸各种形式的经贸交流相继展开，如召开首届海峡论坛、第五届两岸经贸文化论坛，签署《海峡两岸金融合作协议》等。2010 年签署了《海峡两岸经济合作框架协议》，在两岸多个方面的合作交流方面进一步达成共识。这一阶段，两岸经贸关系发展取得了重大突破，相互开放的经济政策环境有利于进一步推动两岸的共同发展，但经贸往来还是以台商投资大陆为主。2002～2010 年，台商投资项目为 14 525 件，投资额为 774.34 亿美元，年平均投资项目约 1613 件，比上一阶段减少 892 件，年平均投资额达 86.03 亿美元，比上一阶段增长 60 亿美元。这一阶段台商对大陆投资项目减少，但是投资规模增大。制造业仍然是台资在大陆的投资热点，电子电器产品制造业在大陆投资中的地位不断攀升（王成超和黄民生，2008）。

3.2.2　台商对大陆直接投资的空间格局演化

20 世纪 80 年代以来，国内外学者对于外商直接投资（foreign direct investment，FDI）的相关研究随着经济全球化程度的加深而不断深入。对于 FDI 区位的研究，国外学者于 20 世纪 80 年代就已经开始，Davidson 等（Davidson，1980；Glickman et al.，1988；Culem，1988；Coughlin et al.，1991；Wheeler et al.，1992；Hines，1996）相继对美国等发达国家的 FDI 区域差异，利用多元回归、条件逻辑模型等方法进行研究，认为影响 FDI 区位选择的因子有集聚经济、税收成本、劳动力成本与基础设施等。我国相关研究起步较晚，始于 20 世纪 90 年代。多数研究认为，外资股份合营企业或外资独资企业主要分布于沿海较发达地区，对内陆欠发达地区的影响较小（Leung，1990；许学强和李胜学，1995），同时表现出由沿海向内陆、南部向北部扩散转移的趋势（李国平和杨开忠，2000），但"西进"趋势出现停滞（李小建，2004）。采用公司调查（李小建，1996）、回归分析（Cheng and Kwan，2000）等方法对其空间变化特征进行分析，认为影响地域差异的因素主要为：区域经济发展水平、集聚经济、劳动力成本以及与国内外市场的连通度和相关财税政策等（许学强和李胜学，1995；李国平和杨开忠，2000；Cheng and Kwan，2000；陈迅等，2009；国家发展和改革委员会地区经济司，2011）。

针对台商直接投资（Taiwan direct investment，TDI）在中国大陆区位选择及空间变化的研究，国内研究取得了一定成果。目前多数学者认为，台商对大陆直接投资存在显著的区域差异（黄德春，2002；陈恩等，2006），并呈现"北上西进"的扩散态势（张传国，2007）。利用线性回归（王华，2009；胡少东，2010）、空间自回归（戴淑庚和戴平生，2008）等方法分析 TDI 空间分布特征，认为影响 TDI 区位选择的主要因素有地区市场规模、劳动力素质及成本、区域制度环境、海陆位置及集聚经济状况等，且各因子影响程度与 TDI 产业特性有关（段小梅，2006）。这些研究成果为本研究奠定了基础，但目前针对台资在大陆地区的区位选择研究，以空间格局及空间分异的因素分析为主，缺乏对 TDI 在大陆分布的空间格局及其演化的深入分析。基于此，本研究就台商对大陆直接投资的空间格局进行研究，揭示台资在大陆各省市空间格局特征及其发展趋势，这将有利于台资在大陆区位选择研究的进一步深入。

3.2.2.1　数据与方法

1）数据来源

台商对大陆直接投资数据来源于中国台湾"经济部"投资审议委员会1991～2010年统计月报，主要利用其中《核准对中国大陆投资分区统计表》中台商对大陆各省市投资数据。

2）研究方法

采用空间自相关分析方法探讨台商对大陆直接投资的空间格局及其演化。空间自相关是基于地理学第一定律，即空间上分布的事物是相互联系的，且影响程度与两者间距离有关。所谓空间自相关，是指一个区域分布的地理事物的某一属性和其他所有事物的同种属性之间的关系（Cliff and Ord，1973）。

全局空间自相关：

常用的统计分析空间相关模型有 Moran's I 统计和 Geary's C 比值，其中 Moran's I 系数是用来衡量某一现象的空间相关性最常用的工具之一（夏永久等，2011）。其取值范围在 $-1\sim1$，正值与负值分别表示该空间事物的属性取值分布具有正相关性或负相关性，零值表示该属性值不存在空间自相关，即空间随机分布，其计算公式如下（王劲峰等，2006）：

$$I = \frac{N}{S_0} \cdot \frac{\sum_{i=1}^{N}\sum_{j=1}^{N} \omega_{ij}(X_i - \overline{X})(X_j - \overline{X})}{\sum_{i=1}^{N}(X_i - \overline{X})^2} \tag{3-1}$$

式中，N 表示研究对象的数目；X_i 为单元 i 观测值；$\overline{X}$ 为 X_i 的均值；$S_0 = \sum_{i=1}^{N}\sum_{j=1}^{N}\omega_{ij}$；$\omega_{ij}$ 为研究对象 i、j 之间的空间权重矩阵，其中 $\omega_{ij}=0$。对于矩阵的确定，本文主要采用 Queen 方式和一阶邻接关系构建空间权重系数矩阵。由于海南省是一个岛屿，所以生成的矩阵中会出现"孤岛现象"，在此人为定义海南省与广西壮族自治区、广东省相邻（孟斌等，2005）。

计算出 Moran's I 之后，还需对其结果进行统计检验，一般采用 z 检验

$$Z(I) = \frac{I - E(I)}{\sqrt{\mathrm{Var}(I)}} \tag{3-2}$$

式中，$E(I)$ 为 I 的数学期望；$\mathrm{Var}(I)$ 为 I 的变异数。若 $Z(I)$ 为正且显著时，表示存在正的空间自相关，即相似观测值趋于集聚；当 $Z(I)$ 为负且显著时，表示存在负的空间自相关，即相似观测值趋于分散；当 $Z(I)$ 为零，表示观测值呈随机分布（谢天成和李应博，2009）。

局部自相关分析：

首先以 Moran 散点图判断 TDI 的空间分布形态，而后以 Getis-Ord 的 G_i 指数来检测台商投资的热点（hotspots）区域，以弥补全局自相关分析不能检测区域内部的空间分布形式的缺陷（王劲峰等，2006）。

Moran 散点图用于研究局域空间的异质性，其横坐标为各区域单元标准化处理后的属性值，纵坐标为其空间权重矩阵所决定相邻单元的属性值的平均值。Moran 散点图的四个象限，分别对应于区域单元与其"邻居"间不同的空间关联形式（徐建华，2006）：第一象限表示高观测值被高值区所包围；第二象限代表了低观测值区域被高值所包围；第三象限代表低观测值区域被低值区所包围；第四象限则代表高观测值区域被低值区所包围。

根据 Getis 和 Ord（1992），对于每个区域单元 i 的 G_i 统计量为

$$G_i = \frac{\sum_j \omega_{ij} x_j}{\sum_j x_j} \tag{3-3}$$

式中，ω_{ij} 为对象 i，j 之间的空间权重矩阵，确定方式及具体形式与上述相同；x_j 为单元 j 的观测值。

对 G_i 的检验与 Moran 指数相似，其检验值为

$$Z(G_i) = \frac{G_i - E(G_i)}{\sqrt{\mathrm{Var}(G_i)}} \tag{3-4}$$

式中，$E(G_i)$ 为 G_i 的数学期望；$\mathrm{Var}(G_i)$ 为 G_i 的变异数。若 $Z(G_i)$ 显著且为正（负），则表明高（低）值空间集聚，即为热点（冷点）区。

3.2.2.2　台商对大陆直接投资的整体空间格局及变化

1）东西差异显著，沿海向内陆扩展

台商 1991~2010 年对大陆直接投资主要集中在东部沿海地区（图 3-2），投资金额与件数的东西向变化趋势基本吻合。20 年来，沿海地区吸收台湾的投资额平均比重达到 94.12%，除 1995 年及 2010 年外，各年比重均在 90% 以上。相对于东部沿海地区，中西部广大地区吸收台资的比重一直较低，20 年平均比重仅 5.88%，比重最低出现在 2000 年，仅占大陆吸收台商投资总额的 1.77%。台资在大陆的空间分布呈现东部沿海地区向中西部内陆地区梯度递减态势，与我国当前区域经济发展空间分布大致吻合。TDI 的东西空间差异随时间的变化可以分为以下两个阶段。

第一阶段为 1991~1999 年的"东升西降"阶段，主要表现为台商对东部沿海地区投资比重波动上升，对中西部地区投资比重波动下降。同时，该阶段又以 1995 年为拐点，划分为"东降西升"及其后的"东升西降"两个阶段。前期"东降西升"主要由于这一阶段台商对大陆投资向内陆地区有所拓展，而由于基

数较小，中西部地区吸收的台资稍有增加其比重便表现出显著的上升；后期"东升西降"则主要缘于长三角及珠三角地区对台资的"袭夺效应"延缓了台资向西扩展步伐（王成超和黄民生，2008）。

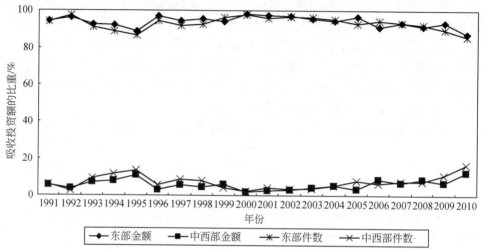

图 3-2　1991-2010 年台商对大陆直接投资的区域变化：东部沿海及中西部地区

注：沿海地区包括海南、广西、广东、福建、浙江、上海、江苏、山东、河北、天津、北京、辽宁；其余为中西部地区

　　第二阶段为 2000~2010 年，这一阶段 TDI 由东部地区向中西部地区缓慢扩展。东部地区吸引台资金额不断上升的同时，其吸引投资的件数波动下降。而中西部地区在吸引台资金额及件数两方面均明显上升。从增长率角度看，东部地区11 年间吸收台资金额年均增长率为 15.73%，中西部地区则达到 39.74%。与此同时，中西部地区吸引台资件数年均增长率较东部高 89.10%。台资自 2000 年起由大陆东部沿海地区逐步向中西部地区转移，与 2000 年来实施的西部大开发和中部崛起等相关区域开发战略密不可分，也与内陆地区经济发展水平近 10 年有很大提高有关，同时，由于受当地资源供应和市场规模等因素限制，伴随着东部沿海地区直接投资集聚的逐渐饱和，台商直接投资也必将会出现向内陆地区的外溢。

　　2）集聚态势明显，后期逐渐减弱

　　利用式（3-1）计算台商对大陆直接投资变化的全局指标与检验统计量，进行全局空间自相关分析。由表 3-1 可知，20 年来除 1999 年和 2000 年未通过显著性检验（$p<0.05$）外，台商在大陆直接投资的空间分布存在显著的正相关性，说明台商对各省份的直接投资并非随机分布，而是存在一定的空间集聚。且前期集聚态势明显，即吸收台资较高（低）地区趋向于与吸收水平同样较高（低）的地区相邻，并且 TDI 分布的显著性还存在明显的东西差异。这符合 Krugman 所

描述的区域发展的"路径依赖"，即当投资的集中一旦建立起来，便会自我保持下去（Krugman，1991）。

表 3-1 还表明，在 0.05 的显著性水平下，各年台商在大陆投资的空间分布虽然存在一定的空间关联，但并不显著。尤其是 2004 年以来，这一关联性逐年减小的趋势愈发明显，表明自 2004 年以后，台资在大陆分布的省份间差异有所缓和，主要表现为这一时期中西部省份吸收台资的比重不断上升，也从一个侧面反映出国家针对中西部实施的一系列战略取得一定的成效。中西部地区基础设施、人才培养及税收政策等条件的改善，增强了对台资的吸引力。

表 3-1　台商对大陆投资的 Moran's I 值

统计值	1991 年	1992 年	1993 年	1994 年	1995 年	1996 年	1997 年	1998 年	1999 年	2000 年
Moran's I	0.3221	0.1579	0.2837	0.3436	0.3352	0.2692	0.2058	0.1464	0.0950	0.0670
p 值	0.0090	0.0090	0.0050	0.0050	0.0050	0.0120	0.0120	0.0470	0.0790	0.0990
Z(I)	4.1519	2.7590	3.2850	3.3295	3.3138	2.7752	2.8703	2.0537	1.3855	1.0503
统计值	2001 年	2002 年	2003 年	2004 年	2005 年	2006 年	2007 年	2008 年	2009 年	2010 年
Moran's I	0.1875	0.3267	0.2617	0.3628	0.3146	0.2669	0.2560	0.2849	0.2718	0.2286
p 值	0.0360	0.0110	0.0160	0.0040	0.0010	0.0080	0.0070	0.0050	0.0060	0.0130
Z(I)	2.2928	3.2937	2.8203	3.7977	3.3679	3.2210	3.1826	3.8153	3.3527	2.9100

注：Global Moran's I 统计量在所有年份期望值均为 $E(I) = -0.0333$。由于统计数据资料中将西北五省（陕、甘、宁、新、青）数据合并统计，此处以五地区平均水平代替各地区实际吸收台资水平，下同

3.2.2.3　台商对大陆直接投资局部空间格局及热点变化

我国幅员辽阔，各省区市经济基础及发展水平差异显著，且即便是台商直接投资较集中的东部沿海地区中也存在着台资发展的差异。因此，对台资在各省区分布情况进行局部空间自相关分析，可更深入地探究台资在各省区分布的空间格局及其演化特征。

1）台商对大陆直接投资局部空间格局变化

利用 Geoda 软件，分析 1991 年、1995 年、2001 年及 2010 年 4 个时间断面台商对大陆直接投资的分布情况，由各年的 Moran 散点图得到结果如表 3-2。

表 3-2　台商对大陆直接投资 1991 年、1995 年、2001 年及 2010 年 Moran 散点图对应区域表

年份	高高	高低	低高	低低
1991	福建、广东	上海、北京	江苏、浙江、江西、广西、海南	新疆、甘肃、青海、陕西、内蒙古、黑龙江、辽宁、吉林、河北、山西、宁夏、四川、西藏、云南、贵州、河南、湖南、湖北、山东、重庆、天津、安徽

年份	高高	高低	低高	低低
1995	福建、广东、浙江、江苏、上海	辽宁、天津	山东、安徽、江西、广西、海南	新疆、甘肃、青海、陕西、内蒙古、黑龙江、吉林、河北、北京、山西、宁夏、四川、西藏、云南、贵州、河南、湖南、湖北、重庆
2001	福建、江苏、上海、浙江	广东	山东、安徽、江西、广西、海南	新疆、甘肃、青海、陕西、内蒙古、黑龙江、吉林、辽宁、河北、北京、天津、山西、宁夏、四川、西藏、云南、贵州、河南、湖南、湖北、重庆
2010	福建、浙江、江苏、上海	广东、重庆	山东、安徽、江西、广西、海南	新疆、甘肃、青海、陕西、内蒙古、黑龙江、吉林、辽宁、河北、北京、天津、山西、宁夏、四川、西藏、云南、贵州、河南、湖南、湖北

从总体上看有 77% 以上的省市自治区位于第一、三象限（"高高"、"低低"类型区），且年际变化不大，反映台资在大陆的空间分布存在如前所述的显著空间集聚。

1991 年"高高"类型区中仅有福建与广东，两省当年吸收台资件数分别为 59 件和 109 件，吸收台资金额分别为 5596 万美元和 7332 万美元，占当年全国吸引台资金额的 32% 和 42%。这一结果说明了由于两省对外开放最早且与台湾有着较强的文化与地缘优势，使得两省成为台商来大陆投资初期的热点区域。"高低"类型区包括上海和北京，作为长三角地区经济发展的增长极与全国的首都城市，对台资具有明显高于周边其他地区的吸引力。"低高"区则包括了除福建、广东之外的沿海地区，相较于已成为台资热点的闽粤地区，苏浙地区改革开放较晚，在吸引台资方面处于劣势。"低低"类型区则主要为尚未开放的环渤海地区及大部分中西部地区。

1995 年"高高"类型区向北往长三角地区扩展，新增上海及苏浙地区，华东沿海地区成为台商投资的新热点。1990 年浦东的开发和开放强化了上海经济中心的地位，苏浙地区的外向型经济及民营经济的发展，吸引台资向长三角地区的扩展，当年长三角地区合计吸引台资 4.52 亿美元，占全国比重达到 13.79%。"高低"类型区中出现辽宁与天津，表明环渤海地区也开始成为台商投资新热点。天津作为直辖市，具有独特的区位优势，尤其是 1994 年起实施的建设滨海新区战略，对台商投资的吸引力大大增加。"低高"类型区中出现了山东及安徽，主要由于其与周边的 TDI 热点地区相比，成为一个相对的台资"低谷"。

2001 ~ 2010 年各类型区所含地区变化不大，但值得注意的是，环渤海地区均处于"低高"或"低低"类型区。换言之，环渤海地区并未成为台商投资区位选择的"高地"。重庆进入"高低"类型区,自 1997 年设立直辖市以来,重庆市经济发展成效显著,成为继上海、北京、深圳之后的中国第四大投资热点(高新才等,2008),台商直接投资金额由 2000 年的 2000 万美元上升至 2010 年 5.47 亿美元。

2) 台商对大陆直接投资局部热点变化

利用 Gi 统计量进行局部热点探测,得到 4 个年份台商在大陆投资的热点变化,以自然断裂法 (Jenks) 将 Gi 统计量由高到低划分四级 (图 3-3)。

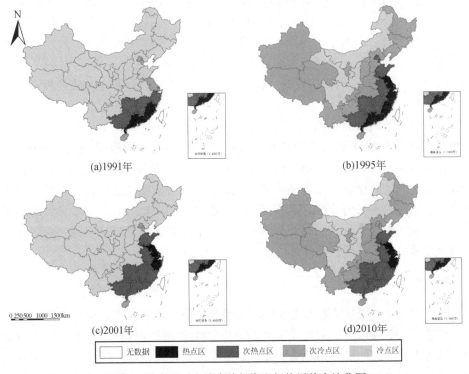

图 3-3　台湾对大陆直接投资空间格局热点演化图

台商在大陆直接投资的空间分布存在明显的热点和冷点区域 (图 3-3),并呈现明显的"圈层结构",即以华东、华南沿海四省一市 (闽、粤、浙、苏、沪) 为核心层,围绕这五个省市以外的中部地区及华北部分地区为中圈层,此外以中西部大部分省区为外圈层,但不同年份间存在明显波动。从冷热点区域分布来看:①台商投资的热点区域主要分布于沿海四省一市,形成 TDI 圈层结构的核心层,同时其内部亦存在着热点更替变化的情况,主要体现为热点区由南向北不断推移,至 1995 年热点呈连线分布,最后停留于长三角地区。②从次热点区域分布看,主要分布于核心层外围的华中和华北地区,并且在时间序列上呈现由沿海不断向内陆及华北地区拓展趋势。1995 年虽然已延伸至环渤海地区的京、津、鲁三地区，但 2001 年后京、津两市退出次热点区，且环渤海其余大部分均位于次冷点区，与 Moran 散点图显示结果一致，这也与以往研究所认为的台资将不断"北上西进"和东部沿海地区优势将可能被削弱的结论不同（王成超和黄民生，2008）。环渤海地区占据中国国土的 12% 和人口的 20%，作为东北、华北及华东的结合部，其不断提高的经济发展水平及科技力量本应成为吸引台资的一大区域，但研究结果并未表现出这一趋势，其原因有待进一步研究。③台资冷点及次冷点区域在不同年份存在一定波动。1991 年除京、津两市为次热点区外，中西部大部分地区处于台资的冷点区。至 1995 年冷点区范围缩小，仅存在于川、甘、陕、蒙地区，同时增加"次冷圈层"，台资对大陆投资逐渐向内陆扩散。至 2001 年台资扩展范围回缩，中西部大部分省市自治区再次进入"冷点区"。这一情况在 2010 年显著改善，台商投资的"次冷区"再次拓展，台商在大陆的投资进一步向内陆推进。

冷、热点区域的波动变化一定程度上与台海之间的局势变化相关。1991～1995 年，台湾有条件地放开台商到大陆投资，使得这一阶段的投资不断增长，且投资区域也不断扩大。1995～2001 年，因台湾当局采取了"戒急用忍"政策，导致台商在大陆的投资，尤其是对大型企业及技术密集型产业的投资下滑，且投资热点区域缩回至沿海及中部部分省区市。2001 年以来，随着台海局势的不断缓和，大陆加入世界贸易组织及西部大开发、中部崛起等战略的实施，台商在大陆的投资区域不断扩展，且深入内陆（游劝荣，2008）。

3.2.2.4　结论

通过对台商直接投资在大陆空间格局变化的研究表明：①台商对大陆直接投资存在显著的空间差异，主要体现为沿海与中西部内陆地区差异，但同时表现出由沿海向内陆扩散和转移的趋势。②TDI 在各省市区的分布存在显著的空间相关性，相关性的大小随时间变化先增后减，尤其是 2004 年以后其递减趋势愈发明显，表明台商在大陆的投资由初期的分散分布趋向集聚，但集聚度正缓慢减弱。③从局部自相关分析结果看，台商对大陆的直接投资存在明显的"圈层结构"，即以沿海四省一市为核心层，围绕核心层外围的各中北部省市区形成中间层，而西部大部分省市自治区为外围层。冷热点区的波动变化与台海局势变化存在一定关联，热点区域近 20 年来不断向北扩展，至江苏后其北移势头减弱，环渤海地区至今仍未成为台商投资的热点地区，这一现象值得关注与进一步研究。

3.2.3　台商对福建制造业投资历程

改革开放以来，福建省凭借国家的特殊政策，充分发挥独有的"五缘"优势，成为中国大陆较早对台开放和引进利用台资较多的省份之一。近20年来，台商对大陆的投资以制造业为主（Venables Limao，2002），主要集中于东部沿海地区（图3-2，图3-3，图3-4）。1991年，广东和福建成为台商对大陆制造业投资的热点区，其占投资大陆制造业台资额比重分别为57.3%和26.3%。1996年，台商对江苏和上海制造业投资大幅增长，其比重分别达25.1%和18.7%，超过福建制造业台资比重（福建为9.5%），成为台商投资大陆的热点区。1996～2010年，福建制造业台资占大陆比重呈下降趋势；至2010年，其比重仅为6.63%，与江苏省（46.6%）的差距进一步拉大。这表明福建省对台资吸引能力逐渐弱化，作为台商制造业投资热点区的地位逐步下降。台商对福建制造业投资主要集中于福州和厦门两设区市。1991～2005年，两设区市制造业台资额占全省比重呈现波动下降趋势，分别由31.1%和48.5%下降至13.1%和22.6%（图3-5）。投资额呈现三个波峰，为1993年、1997年和2002年3个年份，台商对福建省制造业投资区域呈逐渐扩大趋势。

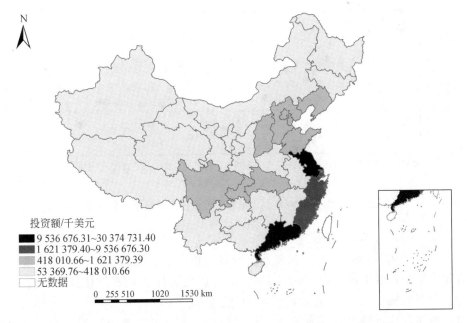

图 3-4　1991～2010年台商对大陆主要省份制造业投资额

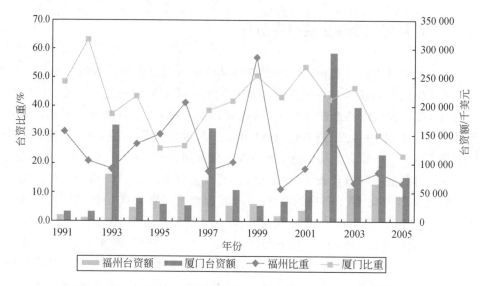

图 3-5　1991～2005 年福州和厦门制造业台资占全省比重及台资额

根据台湾投审会的数据，比较历年福建制造业台资与中国大陆制造业台资的变化，可将 1991～2010 年台商投资福建制造业历程分为 4 个阶段（图 3-6，图 3-7）。

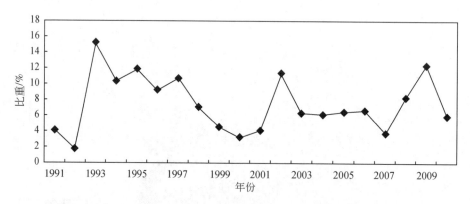

图 3-6　1991～2010 年福建制造业台资占大陆制造业台资比重

1）1991～1993 年的快速上升阶段

尽管 1991～1992 年福建制造业台商投资件数、台资额及其占大陆制造业台资比重呈小幅度下降，但 1992～1993 年台资投资件数从 6 件快速上升至 1427 件，台资额从 0.41 亿美元增长至 4.51 亿美元，比重从 1.77% 上升至 15.29%。这一时期台湾当局出台《台湾地区与大陆地区人民关系条例》等政策，为两岸

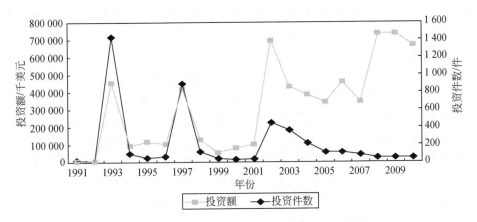

图 3-7　1991～2010 年福建制造业台商投资额及投资件数

经贸互动发展创造了有利的环境。1991 年，台商对福建制造业投资主要集中在以劳动密集型为主的轻纺工业，对轻纺工业投资占福建制造业投资额的 66.5%，其次是化学工业，达 20.9%。至 1993 年，福建轻纺工业台资比重有所下降，重化工业台资比重上升，电气电子行业台资比重上升幅度较大，居七类制造业之首。

2）1994～1997 年的波动发展阶段

相比 1993 年，这一阶段福建制造业台资额及台商投资件数均有大幅度下降，虽至 1997 年有所上升，但占大陆台资比重仅在 9.19%～11.87% 波动变化。福建作为台商投资大陆制造业首选区域之一的地位开始动摇。同时，台商对福建制造业行业投资结构开始逐步调整：1994～1996 年，轻纺工业投资比重降至 30% 以下，化学工业从 37.7% 下降到 8.9%，金属与矿物则从 12.9% 上调至 27.1%，机械设备行业从 0.9% 上升至 28.8%，电气电子比重先升后降。至 1997 年，七类制造业台资比重基本保持在 10%～20%。尽管该阶段台商对福建制造业各行业投资比重变化不稳定，但总趋势表明，台湾投资福建制造业的行业已逐渐从劳动密集型产业转向资本密集型产业和技术密集型产业。

3）1998～2001 年的平稳下降阶段

这一阶段，正值两岸经贸发展壮大阶段，福建制造业台商投资额、台商投资件数以及占大陆投资比重呈波动下降趋势。台商投资向江苏、上海、浙江等其他沿海地区转移，并出现向内地地区转移的趋势。血缘、文缘和地缘因素不再是台商投资大陆考虑的主要因素，取而代之的是经济发展的区位优势，包括区域的内外交通条件、科技实力、市场环境、基础设施完备度和政府的优惠政策等。相比较于长江三角洲地区，福建省制造业发展的软环境和硬环境还存在着明显的差距。该阶段，福建的台资主要集中在服装纺织业、化工、金属和矿物、机械设备及电气电子五类行业中，但各年份行业投资结构变化较大。

4）2002～2010年的波动上升阶段

在两岸经贸发展提升的背景下，福建制造业台商投资比重波动上升。投资金额相比前3个阶段有较大幅度增加。2002年，台商投资制造业达6.94亿美元，2003～2007年保持在3～4亿美元间波动，2008～2010年相对稳定在7亿美元左右。但投资件数持续下降。该阶段，福建制造业台资行业结构相对稳定，化学工业比重保持在10%～27%波动，金属与矿物比重在10%～30%波动，电气电子比重保持在20%～40%波动。食品饮料、服装纺织和草木加工三类行业台资比重基本维持在10%以下。这一阶段台商对福建制造业投资主要以技术密集型的电气电子行业为主，其次为资本密集型的重化工业，劳动密集型产业的比重大幅度降低。

综上所述，台商对大陆制造业投资始于20世纪80年代初，初期主要集中于闽粤地区，以劳动密集型产业为主。20世纪90年代中后期至2010年，福建对台的地缘、血缘和文缘优势作用逐渐弱化，台商对大陆制造业投资逐渐从福建向北部沿海区位条件较好的地区转移，集中于江苏、上海、浙江等地，福建对台资的吸引力不断减弱。同时从投资行业看，台商对福建制造业的投资主要分为四个阶段：快速上升、波动发展、平稳下降、波动上升。福建制造业台资发展总体呈上升趋势。相比较于大陆其他地区，福建制造业台资比重有所下降，但台资总额及台商投资项目仍呈增长态势。从投资行业看，出现从劳动密集型产业逐渐向资本、技术密集型产业转移。从省内投资的区域变化看，福建台资主要集中于厦门和福州两设区市，但从2002年起，逐步呈现向内陆地区转移的趋势，省内台资区域差异逐步减小。

3.2.4　闽台贸易发展概况

1987年以前，台湾与大陆的贸易主要是通过香港等地的转口贸易。1987年民众赴大陆探亲开放，并对台湾货物间接输入大陆的限制放宽，自此两岸贸易有了突破性进展。1987年两岸贸易总额达15.2亿元美元，1991年增至57.9亿美元，平均年增长率达到29%。

两岸贸易深化发展是在1992年邓小平南方谈话之后，根据近20年两岸贸易往来的数据（图3-8），大致可以分为两个阶段。第一阶段为1992～2001年，贸易总额从不足100亿美元发展到超越300亿美元。同时两岸贸易差额也愈加扩大，大陆一直处于贸易逆差地位。2001年台湾对大陆的顺差是台湾对外贸易顺差的2倍。第二阶段为2002～2008年，大陆与台湾先后加入WTO，为两岸经贸发展迎来了新的机遇。2006 年两岸贸易额突破 1000 亿美元大关，同时两岸贸易发展越发不平衡，大陆贸易逆差呈递增趋势。根据式（3-5）计算台湾对大陆贸易依赖度。

台湾对大陆贸易依赖度 = 两岸贸易总额 / 台湾对外贸易总额　　（3-5）

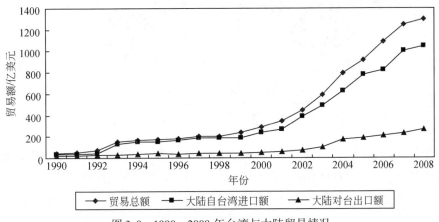

图 3-8　1990~2008 年台湾与大陆贸易情况

由图 3-9 可以看出，台湾对大陆贸易依赖程度也呈上升趋势，且维持在较高水平。根据台湾《两岸经济月报》有关统计显示，2005 年大陆已成为台湾最大的贸易伙伴、最大的出口市场和最大的贸易顺差来源地和第三大进口来源地(图 3-10)。

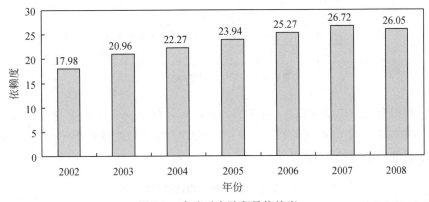

图 3-9　台湾对大陆贸易依赖度

福建作为台湾与大陆经贸往来的重要省份之一，闽台进出口总额呈逐年上升趋势（图 3-11、表 3-3）。闽台进出口贸易情况和台湾与大陆之间贸易情况类似。1992~2000 年，进出口贸易增长较为平缓，但相比较于整个大陆闽台贸易发展

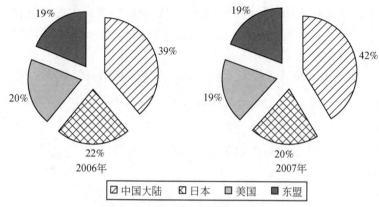

图 3-10　2006 年和 2007 年台湾的主要贸易伙伴

较为平衡。福建虽处于贸易逆差位置，但金额不大。2001～2008 年，闽台进出口贸易迅速扩大，同时福建在贸易中的逆差地位更为显著，且差距逐年扩大。

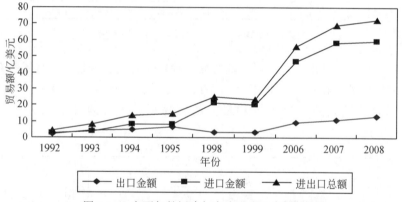

图 3-11　主要年份福建与台湾进出口贸易情况

资料来源：福建省对外经贸年鉴

纵观闽台进出口贸易情况，1992～1998 年对台贸易占对外贸易比重逐年加大，至 1998 年到最高值，此后有所下降。2007，台湾成为福建第一大进口市场，占福建总进口金额的 23.74%。

表 3-3　福建与台湾进出口贸易往来情况

年份	出口贸易		进口贸易		进出口总贸易	
	金额/万美元	比重/%	金额/万美元	比重/%	进出口总金额/万美元	比重/%
1992	20 334	3.09	25 899	6.06	46 232	4.26
1993	45 609	7.83	37 092	9.18	82 701	8.38

续表

年份	出口贸易		进口贸易		进出口总贸易	
	金额/万美元	比重/%	金额/万美元	比重/%	进出口总金额/万美元	比重/%
1994	50 902	6. 18	82 574	16. 19	133 475	10. 01
1995	65 010	6. 98	83 626	15. 49	148 636	10. 11
1998	34 242	3. 44	213 749	29. 68	247 991	14. 45
1999	30 265	2. 92	202 240	27. 82	232 505	13. 18
2006	94 970	2. 30	465 712	21. 76	560 682	8. 95
2007	108 000	2. 16	582 000	23. 73	690 000	9. 27
2008	132 589	2. 33	592 976	21. 29	725 565	8. 55

3.3　台商投资对福建经济发展影响

分析台商投资与福建制造业发展的相关程度是分析对台开放与制造业空间集聚相互关系的基础。如果台商投资和福建经济增长没有相关性，那也很难影响到区域的产业集聚。影响区域产业增长的因素很多，本节着重分析区域间的合作交流与本地区发展的相关程度以及相关性是否显著的问题。

这方面实证研究的文献很多，不同学者采用不同的分析方法。但部分研究存在着两个方面的问题：一是经济总量或投资贸易采用当年现价，没有扣除价格变动因素的影响；二是即使扣除价格因素，也没有考虑经济总量或投资贸易变量是否为平稳性序列，而非平稳序列在其关系的研究中易产生伪回归现象。基于此，本文采用计量经济学模型，利用台商投资总额和福建工业增加值（去除价格因素）指标，对两者间是否存在相互关系进行分析。

3.3.1　研究方法

采用时间序列回归分析法研究台商投资对福建制造业发展的影响。根据前文分析，台商对福建的投资总额中，制造业占到90% 左右，因此选用台商直接投资额作为变量。同理，制造业是工业的主体部分，就福建省2008 年而言，制造业产值占工业总产值的91.21%。因此本书采用1991 ~ 2008 年福建工业增加值为另一变量，进行回归分析。在回归分析之前首先对数据的可比性进行处理，一方面剔除价格变化的影响，以1991 年为基期，计算出实际的工业增加值；另一方面，将台湾方面的数据通过汇率统一转化成人民币。由于时间序列数据取对数后不会改变其时序性质，并且对数化后的数据容易得到平稳序列，因此进一步对变量做对数处理，用 lnY 和 lnX 表示（表3-4）。

表3-4　1991～2008 年台商投资与福建工业增加值

年份	当年工业增加值/亿元	当年台商投资额/亿美元	中美汇率	实际工业增加值 Y/亿元	实际台商投资额 X/亿元
1991	188.29	0.5596	5.2000	188.29	2.9098
1992	241.78	0.2959	5.3300	235.25	1.5771
1993	381.95	4.7368	5.7000	308.09	26.9996
1994	618.06	0.9661	8.4610	414.28	8.1738
1995	748.92	1.2162	8.4610	423.19	10.2902
1996	875.50	1.1088	8.3410	485.81	9.2483
1997	1039.62	4.7244	8.2800	575.14	39.1180
1998	1132.79	1.5079	8.2600	653.64	12.4555
1999	1230.22	0.5890	8.2600	733.99	4.8651
2000	1422.34	0.9949	8.2600	844.37	8.2175
2001	1586.48	1.2012	8.2600	959.71	9.9221
2002	1808.95	7.4994	8.2770	1120.55	62.0727
2003	2061.31	4.9178	8.2770	1267.94	40.7045
2004	2438.62	4.5283	8.2770	1461.02	37.4808
2005	2842.43	3.9833	8.1920	1699.55	32.6309
2006	3311.59	5.1994	7.8090	1995.91	40.6020
2007	4018.42	3.8836	7.3872	2402.54	28.6889
2008	5048.62	8.0854	6.8009	2936.98	54.9878

　　由于采用的样本容量偏小，完全采用现代宏观计量经济建模方法得到的结论的可靠性难以保证，因此采用经典计量经济建模和现代计量经济建模相结合的办法，以期收到好的效果。

3.3.1.1　平稳性检验

　　在实际经济的运行中，经济变量很少是平稳的，如果在回归分析中直接使用非平稳变量，容易导致伪回归现象。由于本文采用时间序列数据可能存在非平稳性，因此在进行协整分析之前，必须对各变量先进行单位根检验。单位根检验的目的在于确定一个数据序列是否是平稳的。只有变量在平稳的条件下，才能进行协整分析。这里使用 ADF 检验法对各变量分别进行单位根检验。

　　Dickey 和 Fuller 于 1979 年（秦建群，2008）给出了检验用的模拟的临界值，在 Eviews5.0 中给出的是由 Mackinnon 改进的单位根检验的临界值，故称 ADF 单

位根检验，最优滞后期由 AIC 准则确定，检验方程为

$$\Delta Y = \alpha_0 + \gamma T + \beta Y_{t-1} + \sigma_1 \Delta Y_{t-1} + \sigma_2 \Delta Y_{t-2} \cdots + \sigma_m \Delta Y_{t-m} + \xi_1 \tag{3-6}$$

式中，$\{\xi_t\}$ 为白噪声；Δ 为差分算子；α_0 为常数项；T 趋势因素。原假设 H_0：$B=0$；H_1：$B<0$。如果接受 H_0 意味着序列 Y_i 有一个单位根，即是非平稳的。

3.3.1.2　协整检验

协整理论是近年来用于分析非平稳经济时间序列之间关系的有力工具，其基本思想是：如果两个或两个以上的时间序列变量是非平稳的，但它们的某个线性组合却是平稳的，则这些变量之间存在长期稳定的均衡关系，即协整关系。这个线性组合就是一个协整方程，表示一种长期均衡的关系。本书采用单方程系统，Engle-Granger 两步法具有许多优点，用 OLS 进行普通最小二乘回归估计，建立模型：

$$Y_i = \beta_0 + \beta_i X_i + e_i \tag{3-7}$$

对残差 e_t 做平稳性检验，$e_i = Y - \beta_0 - \beta_i X_i$。若 e 是平稳的，则变量 Y 和 X 存在协整关系。

3.3.1.3　Granger 因果关系检验

协整检验论证了变量之间存在长期的均衡关系，但这种关系是否构成因果关系还需要进一步进行因果关系检验。Granger 提出的因果关系检验可以解决此类问题。Granger 因果关系检验实质上是检验一个变量的滞后变量是否可以引入到其他变量方程中。一个变量如果受到其他变量的滞后影响，则称它们具有 Granger 因果关系。为此，本文采用 Granger 因果关系检验法对变量 Y、X 之间是否存在因果关系进行检验，滞后期的选择根据 AIC 准则确定。具体模型为

$$Y_t = \sum_{i=1}^{k} \alpha Y_{t-1} - \sum_{i=1}^{k} \beta_i x_{t-1} + \mu_t \tag{3-8}$$

检测 X 对 Y 不存在 Granger 因果关系的零假设是

$$H_0 : \beta_1 = \beta_2 = \cdots = \beta_k = 0 \tag{3-9}$$

显然如果式（3-8）中的 X_t 的滞后变量的回归参数估计值全都不存在显著性，则零假设不能被拒绝。反之如果 X_t 的任何一个滞后变量的回归参数的估计值存在显著性，则结论应是 X_t 对 Y_t 存在 Granger 因果关系。上述检验可用 F 统计量完成

$$F = \frac{(SSE_r - SSE_u)/k}{SSE_u/(T - 2k)} \tag{3-10}$$

式中，SSE_r 表示施加约束条件后模型的残差平方和；SSE_u 表示不施加约束条件下模型的残差平方和；K 表示最大滞后期；T 表示样本容量。用样本计算的 F 值如果落在临界值以内则接受零假设，反之则拒绝零假设，即 X_t 对 Y_t 存在 Granger 因果关系。

3.3.2　实证结果及分析

3.3.2.1　平稳性检验

取 Y 表示福建省工业增加值，X 表示台商投资的实际金额，另外考虑到时间序列数据取对数后不会改变其时序性质，并且对数化后的数据容易得到平稳序列，因此对实际值做对数处理，用 $y = \ln Y$、$x = \ln X$ 表示，$\Delta \ln Y$、$\Delta \ln X$ 分别为 $\ln Y$、$\ln X$ 的一阶差分，采用式（3-6）进行变量的平稳性检验，结果如表 3-5。

表 3-5　ADF 的检验结果

变量	ADF 值	临界值			P
		1%	5%	10%	
$\ln Y$	−1.471 97	−2.717 51	−1.964 42	−1.605 6	0.163 2
$\Delta \ln Y$	−4.849 72	−4.004 43	−3.098 9	−2.690 44	0.056 7
$\ln X$	−0.809 86	−2.708 09	−1.962 81	−1.606 13	0.350 2
$\Delta \ln X$	−5.695 83	−3.920 35	−3.065 59	−2.673 46	0.000 4

如表 3-5 所示，福建省工业增加值 $\ln Y$ 和台商投资额 $\ln X$ 在 $\alpha = 1\%$、5%、10% 的显著性水平上均接受原假设 H_0。但其一阶差分在临界值 1%、5%、10% 的显著性水平上均可拒绝原假设 H_0，因此 $\ln Y$、$\ln X$ 均存在单位根，即序列 $\ln Y$、$\ln X$ 是非平稳的，而一阶差分以后是平稳序列。根据协整理论，可以对时间序列数据进行分析。

3.3.2.2　协整检验分析

由平稳性检验可知 $\ln Y$、$\ln X$ 均存在单位根过程，可以由协整检验考察他们的长期均衡关系。因此，$\ln Y$ 对 $\ln X$ 进行 OLS 普通最小二乘回归，得到回归模型估计结果：

$$\ln Y = 7.887\ 51 + 0.401\ 64 \ln X$$

$$t = (60.389\ 36)(4.635\ 14)$$

$$R^2 = 0.745\ 85,\ DW = 0.285\ 65,\ F = 78.297\ 66$$

可见整体显著性明显，方程中系数 0.401 64 是台商直接投资的增加弹性，表明台商直接投资每增加 1% 使得工业增加值增长 0.401 64%。进而我们再对模型估计残差进行单位根检验，如果 e 是平稳的，则说明 $\ln Y$ 和 $\ln X$ 具有协整关系。

根据回归方程，可以得到以下结果：

$$e = \ln Y - 7.887\,51 - 0.401\,64\ln X$$

表 3-6 显示检验结果，e 值在一阶差分后在临界值 1%、5%、10% 的显著性水平上均可拒绝原假设 H_0，因此说明 e 是平稳序列，说明 $\ln Y$ 和 $\ln X$ 之间存在协整关系，即福建省工业增加值和实际台商投资之间存在长期稳定的关系。

表 3-6　残差 e 的平稳性检验

变量	ADF 值	临界值			P
		1%	5%	10%	
e	2.888 103	-2.728 25	-1.966 27	-1.605 03	0.997 3
Δe	-6.490 2	-4.004 43	-3.098 9	-2.690 44	0.000 1

我们进一步做福建工业增加值和台商直接投资额之间关系的误差修正模型。消费的短期变动可分为短期收入波动影响，以及偏离长期均衡的影响两个方面。误差修正模型中，ECM 反映了短期波动的影响，而 ECM 的系数大小则反映了对偏离长期均衡的调整力度（王玉梅，2007）。对台商投资额和福建工业增加值之间的关系作进一步误差修正模型稳定性检验，可知：

$$\Delta\ln Y = 0.066\,34 + 0.097\,23\Delta\ln X - 0.239\,62\text{ECM}$$
$$t = (19.297\,63)(7.973\,97)(-3.869\,26)$$
$$R^2 = 0.803\,07,\ DW = 0.1.278\,93,\ F = 8.226\,06$$

由 ECM 反映出福建工业增长和台商投资符合它们长期均衡的关系程度。短期内台商投资额每变动 1%，实际工业经济产出向正方向变动 9.72%。而误差修正项系数为负，说明短期工业产值变动受误差项的反向影响，调整速度为 23.96%。同时，台商直接投资的系数 t 检验显著性不明显，说明短期台商直接投资对福建工业增长影响不大。这主要由于台商直接投资对经济增长的作用显现出一定的时间滞后性，因为无论是固定资产的形成还是台资企业先进的技术和管理方法在大陆企业的运用都需要一定的时间（王玉梅，2007）。综上分析可知，样本期 1991~2008 年福建工业产值增长和台商投资有长期正向的协整关系，台商投资对福建工业发展起到了一定的贡献作用。

3.3.2.3　Granger 因果关系检验分析

由于改革开放后福建和台湾间最早的投资贸易往来始于 1983 年，而可获得的最早台商直接投资的数据是从 1991 年开始。因此本文的检验为小样本情况下的 Granger 非因果性检验问题。周建和李子奈（2004）采用 Monte Karl 模拟方法研究了 Granger 因果关系检验在小样本下的适用性，因果关系检验的影响因素主要有 3 种，并得出结论（表 3-7）。

表 3-7 Granger 因果关系检验适用性的研究结论

因果关系检验的影响因素	对检验结果的影响	对检验结果影响的程度
样本容量小	容易犯真实因果关系检验不出的错误，但当检验结果为"存在因果关系"时，能以较大的概率保证所研究变量间存在真实的因果关系	当样本数小于 20 时，如果检验结果为"存在因果关系"能以 90% 以上的概率保证所研究变量间存在真实的因果关系
变量的不平稳性	检验出变量间存在因果关系的概率增大，容易造成虚假因果关系	虽然变量的不平稳性是造成虚假因果关系的原因，但其影响程度远不及变量间的因果关系的显著性影响大
因果关系的显著性	随着因果关系显著性的增加，检验出变量间存在因果关系的概率将显著增大，并能以较高的概率保证变量间存在真实的因果关系	只有变量间存在显著因果关系时，经 Granger 方法才能明显的检测出来

前面已进行了变量平稳性分析，验证了数据的平稳性，可以进行 Granger 因果关系分析。本文样本数量虽然较少，但如果检验结果为"存在因果关系"则能以 90% 以上的概率保证所研究变量间存在真实的因果关系，那么就可以进行 Granger 因果关系的测度。

在检测台商直接投资与福建省工业增长之间的 Granger 因果关系时，选用了台商直接投资的实际利用额(X)和福建工业实际增加值(Y)这两个指标。检验模型如下。

$$\Delta Y_t = \alpha + \sum_{t-m}^{t-1} \lambda_{1i} \Delta Y_{t-1} + \sum_{t-n}^{t-1} \gamma_{1i} \Delta X_i + \varepsilon_t$$

$$\Delta X_t = \alpha + \sum_{t-m}^{t-1} \lambda_{1i} \Delta Y_{t-1} + \sum_{t-n}^{t-1} \gamma_{1i} \Delta X_i + \varepsilon_t$$

根据模型，利用软件 EViews 6.0 得出检验结果（表 3-8）。

表 3-8 Granger 因果关系检验结果

因果关系零假设	滞后阶数	F 统计量	P 值
X does not Granger Cause Y	1	1.513 12	0.002 9
Y does not Granger Cause X	1	6.210 03	0.025 9
X does not Granger Cause Y	2	0.710 51	0.001 8
Y does not Granger Cause X	2	3.286 33	0.049 3

以上 Granger 因果关系检验结果表明，在 10% 和 5% 的显著性水平下，台商直接投资与福建工业增长之间均存在着双向互动的因果关系。台商直接投资是推动大陆经济增长的 Granger 原因，而福建工业增长也是引致台商来福建投资的 Granger 原因。

3.4　小　结

第一，自新中国成立以来，对台政策在不同历史时期有很大区别。先后经历了"武力解放"—"和平解放"—"一国两制"—"和平发展"几个历史时期。相应的，福建作为对台前沿省份，其经济发展政策也经历了战备时期限制发展—改革开放后白手起步—鼓励对外经贸合作—海峡西岸经济区的建立等几个历史阶段。不同政策对福建省制造业发展产生巨大的影响。

第二，通过对台商直接投资大陆的空间格局变化的研究表明：①台商对大陆直接投资存在显著的空间差异，主要体现为沿海与中西部内陆地区差异，但同时表现出沿海向内陆扩散和转移的趋势。②TDI 在各省市区的分布存在显著的空间相关性，相关性的大小随时间变化先增后减，尤其是 2004 年以后其递减趋势愈发明显，表明台商在大陆的投资由初期的分散分布趋向集聚，但集聚度正缓慢减弱。③从局部自相关分析结果看，台商对大陆的直接投资存在明显的"圈层结构"，即以沿海四省一市为核心层，围绕核心层外围的各中北部地区形成中间层，而西部大部分地区为外围层。冷热点区的波动变化与台海局势变化存在一定关联，热点区域近 20 年来不断向北扩展，至江苏省后其北移势头减弱。环渤海地区至今仍未成为台商投资的热点地区，这与产业链差异、市场发育程度与集聚经济等因素有关。

第三，台商对福建制造业的投资经历了 1991 ~ 1993 年的快速上升阶段、1994 ~ 1997 年的波动发展阶段、1998 ~ 2001 年的平稳下降阶段和 2002 ~ 2010 年的波动上升阶段。台商对大陆制造业投资的初期主要集中于福建和广东两省，以劳动密集型产业为主。至 20 世纪 90 年代中期之后，台商在福建的投资占大陆总投资的比重逐渐下降。从投资行业看，出现从劳动密集型产业逐渐向资本、技术密集型产业的转移。从省内投资的区域变化看，福建台资主要集中于厦门和福州两设区市。但至 2002 年起，逐步呈现向内陆地区转移的趋势，省内台资区域差异逐步减小。

第四，结合闽台经贸情况，可以看出，台湾对福建投资主要集中在民生工业、化学工业、金属机械工业和资讯电子工业。福建省应把握时机，创造良好的投资环境，利用台资加快自身发展，以期早日实现产业链升级。

　　第五，利用协整检验和误差修正模型的方法以及 Granger 因果关系检验法，对 1991～2008 年台商直接投资额和福建省工业增长的关系进行了实证分析，结果显示：①台商在福建直接投资对福建工业增长有一定的影响。即两者之间存在双向互动的关系，台商直接投资是推动福建工业增长的原因，而福建工业增长也是吸引台商投资的主要原因。当然在这一时期内，闽台投资贸易较为活跃，福建采取各种优惠政策、加大开放程度、优化投资环境及宽松的对台政策等在吸引台资方面也发挥着较大的作用。②台商投资在长期和短期内对福建制造业经济增长产生不同的作用。从长期看，台商对福建直接投资与福建工业增长之间存在着比较稳定的关系；从短期看，福建工业增长与台商直接投资之间的非均衡误差有负向的调整作用，产值偏离均衡状态的调整速度为 23.96%，是比较慢的。这说明台商在福建投资所带来的先进技术和管理方式等稀缺生产要素与福建生产能力结合乃至发挥作用，存在着一定的滞后效应。

参 考 文 献

陈崇龙，谢俊 . 1993. 海峡两岸关系大事记 . 北京：中共党史出版社 .

陈恩，汪书军，罗睿 . 2006. 世界经济研究 . 台商投资大陆的区位选择分析与实证研究，(8)：84-89.

陈迅，等 . 2009. 持续推进西部开发的理论与实践 . 北京：科学出版社 .

戴淑庚，戴平生 . 2008. 大陆台商投资地区的空间关联性与影响因素分析 . 台湾研究集刊，(4)：48-55.

邓小平副总理在华盛顿重申中国希望和平解决台湾问题 . 人民日报，1979-02-01.

邓小平 . 1993. 邓小平选集：第 3 卷 . 北京：人民出版社 .

段小梅 . 2006. 台商投资祖国大陆的区位选择及其投资环境研究 . 北京：中国经济出版社 .

高新才，等 . 2008. 中国经济改革 30 年：区域经济卷 . 重庆：重庆大学出版社 .

国家发展改革委地区经济司 . 2011. 促进中部崛起：五年来的成效及政策建议 . 宏观经济管理，(10)：15-17.

胡少东 . 2010. 区域制度环境与台商投资大陆区位选择 . 台湾研究集刊，(5)：64-72.

黄德春 . 2002. 台商在祖国大陆投资的区位比较研究 . 软科学，16 (6)：14-18.

黄庆堂 . 2004. 台商大陆布局鸟瞰 . 中国科技产业，(2)：75-77.

李国平，杨开忠 . 2000. 外商对华直接投资的产业与空间转移特征及其机制研究 . 地理科学，20 (2)：102-109.

李小建 . 1996. 香港对大陆投资的区位变化与公司空间行为 . 地理学报，51 (3)：213-223.

李小建 . 2004. 外商直接投资区域变化与中西部地区引资困境 . 经济地理，24 (3)：304-308.

刘文正 . 2010. 1988 年以来台商大规模投资内地的进程与特点 . 创新，(5)：84-88.

孟斌，王劲峰，张文忠，等 . 2005. 基于空间分析方法的中国区域差异研究 . 地理科学，25 (4)：393-400.

秦建群 . 2008. 向量误差修正模型的建立及实证 . 统计与决策，(17)：37-40.

王成超, 黄民生 . 2008. 台商投资大陆地区的区位选择及其空间拓展研究 . 人文地理, 104 (6):71-77.

王华 . 2009. 台商对大陆投资区位选择的影响因素分析——基于偏最小二乘回归方法的最新考证 . 台湾研究集刊, (1): 47-55.

王劲峰, 等 . 2006. 空间分析 . 北京:科学出版社 .

王玉梅 . 2007. 关于台商直接投资和大陆经济增长的协整关系分析 . 统计教育, (5): 59-61.

夏永久, 朱喜钢, 储金龙 . 2011. 基于 ESDA 的安徽省县域经济综合竞争力空间演变特征研究 . 经济地理, 31 (9): 1427-1431, 1438.

谢天成, 李应博 . 2009. 1990 年以来江苏省外商直接投资空间格局动态演化研究 . 中国人口资源与环境, 19 (2): 36-41.

修福金 . 2010. 民革祖统工作读本 . 北京:团结出版社 .

徐建华 . 2006. 计量地理学 . 北京:高等教育出版社 .

许学强, 李胜学 . 1995. 改革开放以来广东省利用外资的时空差异特征 . 地理学报, 50 (2): 128-137.

杨明伟 . 2004. "我这一生只剩下一件事"——邓小平晚年与台湾问题 . 党史博览, 8: 6.

应斌斌 . 2008. 开放条件下的福建工业集聚 . 厦门:厦门大学 .

游劝荣 . 2008. 两岸法缘 . 北京:法律出版社 .

于丹怡 . 2010. 中国共产党对台政策的演变 . 湖北省社会主义学院学报, (3): 17-19.

张传国 . 2007. 台商大陆投资问题研究 . 北京:商务印书馆 .

张萃 . 2009. "二重开放"与中国制造业区域集聚:理论与实证 . 杭州:浙江大学 .

赵伟 . 2001. 区际开放:左右未来中国区域经济差距的主要因素 . 经济学家, (5): 45-50.

赵伟 . 2001. 区域开放:中国的独特模式及其未来发展趋向 . 浙江学刊, (2): 76-80.

赵伟 . 2002. 从国际化到区际化抑或从区际化到国际化——中国两大三角洲经济转型中的开放路径比较 . 浙江社会科学, (2): 54-60.

赵伟 . 2006. 中国区域经济开放:多层次多视野的考察 . 社会科学统战, (6): 57-63.

赵伟, 徐朝晖 . 2005. 测度中国省域经济 "二重" 开放 . 中国软件学, (8): 1-17.

赵伟, 等 . 2005. 中国区域经济开放:模式与趋势 . 北京:经济科学出版社 .

周建, 李子奈 . 2004. Granger 因果关系检验的适用性 . 清华大学学报 (自然科学版), (3): 358-361.

Cheng L K, Kwan Y K. 2000. What are the determinants of the location of foreign direct investment? The Chinese experience. Journal of International Economics, 51 (2): 379-400.

Cliff A D, Ord J K. 1973. Spatial autocorrelation. London: Poin.

Coughlin C C, Terza J V, Arromdee V. 1991. State Characteristics and the location of foreign direct investment within the United States. The Review of Economics and Statistics, 73 (4): 675-683.

Culem C G. 1988. The locational determinants of direct investments among industrialized countries. European Economic Review, 32 (4): 885-904.

Davidson W H. 1980. The location of foreign direct investment activity: Country characteristics and experience effects. Journal of International Business Studies, 11 (2): 9-22.

Getis A, Ord J K. 1992. The analysis of spatial association by use of distance statistics. Geographical analysis, 24 (3): 189-206.

Glickman N J, Woodward D P. 1988. The location of foreign direct investment in the United States: Patterns and determinants. International Regional Science Review, 11 (2): 137-154.

Hines J R. 1996. Altered States: Taxes and the Location of Foreign Direct Investment in America. American Economic Review, 86 (5): 1076-1094.

Krugman P. 1991. Geography and trade. Cambridge: MIT Press.

Leung C K. 1990. Locational characteristics of foreign equity joint venture investment in China, 1979-1985. The Professional Geographer, 42 (4): 403-421.

Venables A J, Limao N. 2002. Geographical disadvantage: a Heckscher-Ohlin-von Thünen model of international specialisation. Journal of International Economics, 58 (2): 239-263.

Wheeler D, Mody A. 1992. International investment location decisions: The case of US firms. Journal of international economics, 33 (1): 57-76.

第4章 "三重开放"下福建省制造业集聚的空间格局变化

基于"三重开放"定义与台商对大陆（包括福建）的投资发展历程，同时考虑不同开放主导时期各影响因子对制造业空间格局变化影响的时滞，以及资料的可获性，选取 1980 年、1990 年、2005 年和 2008 年 4 个时间断面代表改革开放之前、对外开放、区际开放、对台渐进开放（三重开放）4 个时期，分析不同条件下福建制造业的空间格局，以揭示福建制造业格局的历史演变。

4.1 数据来源与研究方法

4.1.1 数据来源

数据来源于福建各县（市）的经济普查资料、统计年鉴以及台湾相关部门统计的 1991～2010 年《核准华侨及外国人、对外投资、对中国大陆投资统计年报》。研究区域包括 66 个行政单位，其中包含 64 个设区市级市辖区、县级市和县，1 个经济特区。囿于资料，将莆田地级市与仙游县合并为莆田市，作为一个研究单元。

4.1.2 研究方法

20 世纪 60 年代以来，学术界出现了许多测量产业集聚水平的方法。根据原理和出发角度不同，分为两大类（刘春霞，2006）：一类是传统的单一地理尺度方法，包括 Isard 指数、空间 Gini 系数、Herfindahl 指数、熵指数、E-G 指数和 M-S 指数；另一类是通过分析点的空间分布建立基于距离的多空间尺度方法，如 $K(L)$ 函数、D 函数和 M 函数。单一地理尺度方法的数据比较容易获得，基于距离的多空间尺度方法对数据要求高，需要借助 GIS 等工具进行空间分析，较前者相对复杂。这些方法相互联系却不能互相替代，后者是对前一种方法的补充和提高。考虑到数据的可获取性和本文研究的需要，将采用单一地理尺度中的赫芬达尔指数和空间基尼系数，以及多空间尺度的空间聚类法对福建制造业空间集聚特征进行测定。采用地区专业化水平和空间结构集中度法测定不同制造业行业的集聚状况。

1）地区专业化水平

地区专业化水平具体可以分成两个指标，地区相对专业化指数以及地区间专业化指数，也称之为专业化指数和结构差异系数。主要衡量地区间产业结构的差异程度，分别用以下两个公式表示。

$$K_i = \sum_k \left| s_i^k - \bar{s}_i^k \right| \tag{4-1}$$

其中，$s_i^k = \dfrac{E_i^k}{\sum\limits_k E_i^k}$，$\bar{s}_i^k = \dfrac{\sum\limits_{j \neq i} E_j^k}{\sum\limits_k \sum\limits_{j \neq i} E_j^k}$。

$$K_{ij} = \sum_k \left| s_i^k - s_j^k \right| \tag{4-2}$$

式中，i 和 j 分别为地区 i 和地区 j；k 为某一行业；E_{ik} 为 i 地区 k 行业的产值（或从业人数）。这两个指标取值范围均为 0~2。式（4-1）表明，i 地区各行业专业化系数与上级区域相应行业专业化系数相减的绝对值，指标值越大，说明该地区专业化水平越高。式（4-2）是衡量两个区域间产业结构的差异程度，值越大代表两地产业结构差异越大，如果两地某行业结构完全相同，则取值为 0；反之，如果完全不同，则取值为 2。这两个指标从不同角度说明地区间产业结构差异程度。

2）赫芬达尔指数和 N 指数

赫芬达尔指数是一种较为传统的计算方法，简称为 H 指数。作为综合性指数，通常在产业组织理论中用于研究市场结构特征，本文引用赫芬达尔指数衡量产业区域集中度的问题。其计算公式如下：

$$H = \sum_{i=1}^n S_i^2 \qquad \text{其中，} S_i = \dfrac{X_i}{\sum\limits_{i=1}^n X_i} \tag{4-3}$$

式中，S_i 代表行业 i 的就业人数（或产值）占全省的比重；n 代表地区数。H 取值范围在 0~1，数值越大表明行业在该区域的集聚程度越高，反之则越低。

N 指数是 H 指数的倒数，其公式为

$$N = \frac{1}{H} \tag{4-4}$$

指标意义相当于该产业平均分布在 N 个地区，数值越小，产业集聚程度越强。

3）空间基尼系数

基尼系数是意大利经济学家基尼依据洛伦兹曲线，提出了计算收入分配公平程度的统计指标，Keeble 等（1986）将基尼系数用于测量行业在地区间的分配均衡程度。空间基尼系数的计算方法很多，本文选取文玫（2004）和贺灿飞等（2007）利用的计算公式如下。

$$G_i = \frac{1}{2n^2 \bar{s}} \sum_{k=1}^{n} \sum_{j=1}^{n} |S_{ij} - S_{ik}| \tag{4-5}$$

式中，S_{ij} 和 S_{ik} 是行业 i 在地区 k 和地区 j 中所占的份额；n 为地区个数；$\bar{s}$ 是行业 i 在各地区中所占份额的平均值。由此可以看出，基尼系数取值范围在 0～1，数值越大，表明行业的空间集聚程度越高。

4）空间聚类法

空间聚类法考虑了空间对象的地理位置和属性特征双重含义，将两者纳入统一的空间距离测度和空间聚类分析系统，能完整地描述空间特征和空间差异，以表达地物之间的邻近程度及属性特征相似性，保证空间对象分类属性的一致性及区域的整体性（曾丽云等，2011）。其公式（李新运等，2004）为

$$D_s = \sqrt{(x_i - x_j)^2 + (y_i - y_j)^2 + \sum_{k=1}^{n} (a_{ik} - a_{jk})^2} \tag{4-6}$$

式中，（x_i，y_i）为某区域中心的平面直角坐标，其对应的属性向量为（a_{i1}，a_{i2}，$\cdots$，a_{in}）；a 为研究单元的制造业产值；n 表示空间对象数量；D_s 表示空间距离。

基于空间距离测度，K 均值聚类法的计算方法（刘涛和曹广忠，2010）为

$$C_j^{(t+1)} = \frac{1}{N_j} \sum_{S_i \in D_j(t)} S_i \tag{4-7}$$

式中，$j = 1$，2，$\cdots$，k；N_j 为第 j 个聚类域中包含的样本个数；S_i 表示样本；t 表示迭代次数；$D_j(t)$ 表示聚类域。

5）空间结构集中度

利用集中度可以描述制造业产业的空间布局及结构变化，由集中度推导出的贡献率则可描述制造业某产业空间结构变化对制造业整体空间结构变化产生的影响，公式（李新运等，2004）为

$$P_{ij} = M_{ij}/M_i \tag{4-8}$$

式中，M_{ij} 表示某一年份 i 产业在 j 区域中的产值；M_i 表示相应年份 i 产业在 j 所在研究区的总产值；P_{ij} 代表相应年份 i 产业在 j 区域的集中度，即 j 区域中 i 产业的产值占 i 产业总产值的比重。

4.2 从地区及行业角度分析制造业空间布局

4.2.1 改革开放前制造业空间与行业结构特征

1）从空间角度分析制造业布局

通过计算 1980 年福建省各区县制造业占全省制造业的比重、地区专业化指

数以及 K-均值聚类指数,分析改革开放前制造业空间结构特征(图4-1、图4-2、图4-3)。

图4-1中,各个区县按照制造业比重在0.3%以下、0.3%~1%、1%~5%、5%以上划分成4组。1980年行政区划与现在情况有所差别,如罗源属于宁德地区,闽清、永泰、长乐、福清和平潭属于莆田地区。本书根据现行行政区划做出调整,在分析中所提到的市域,均以现行行政区划为准。

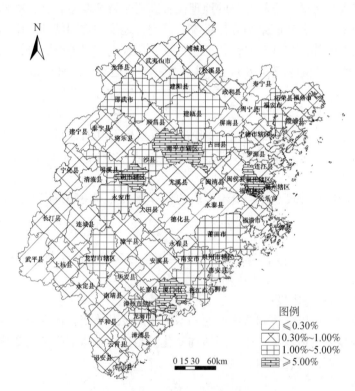

图4-1 1980年福建各区县制造业比重

由图4-1、图4-2及图4-3可以看出,改革开放之前,福建省制造业分布较为均匀。制造业比重在5%以上的地区仅有4个,分别为福州市辖区、厦门市、三明市辖区以及南平市辖区,而不足0.3%的区县仅有10个。从总体的态势上看,大部分地区制造业比重在0.3%~5%。制造业的这种平均分布的格局与当时计划经济时期制造业发展战略及区域发展政策有关。其次,1980年福建省制造业分布大致呈现出沿海和山区两条纵向集中带。且制造业在内陆山区分布较多,沿海地区除福州市区和厦门市外分布较少。例如,宁德市辖区、泉州市辖区、漳州市辖区制造业比重分别为0.70%、3.83%、3.88%,内陆地区的南平市辖区、

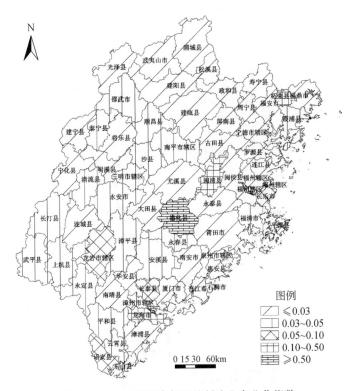

图 4-2　1980 年福建各区县制造业专业化指数

三明市辖区、龙岩市辖区制造业比重分别为 5.19%、7.33%、2.93%。基于 K-均值聚类分析法的福建制造业分布也体现出相同的结果。

　　根据地区相对专业化系数分析，也可以看出这一时期福建制造业分布零散，几乎没有明显的集聚现象。大部分地区（53 个行政单元，占全部单元的 81.53%）专业化指数在 0.05 以下。当时福建沿海作为对台前线，制造业中心主要布局在福建西北地区。政治上战略发展的需要决定了地区经济发展态势，出于国防安全，这一期间主要发展重工业和军事工业。为响应国家 "三线建设" 的号召，福建省内地山区制造业得到一定程度的发展，主要分布于三明市区、永安、沙县、南平市区等地，形成工业基地。

　　2）从行业角度分析福建制造业布局

　　改革开放前期，福建制造业总体规模较小，底子薄弱，其中轻工业主要以食品工业（又以制茶和制糖业为主）、纺织缝纫业、木材加工和竹藤棕草制品业及造纸业为主。在 "二五" 建设时期，福建主要建立了三明钢铁厂，并在福州和厦门兴建化工厂。重工业和化工工业的发展和集聚带有明显的计划经济时期的烙

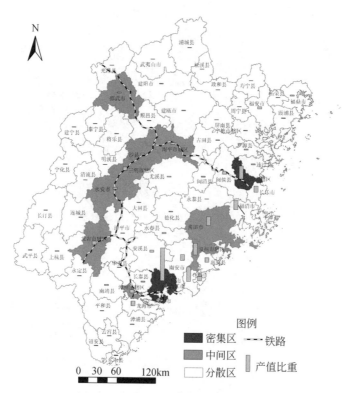

图4-3　基于K-均值聚类法的福建省1980年制造业空间结构特征

印，当时兴建的钢铁、机械、化肥、煤窑和水泥五项工业，主要为县办工业，规模较小，多以小作坊和小工厂为主，因此被俗称为以"小五工业"为主的福建省"小三线"建设。在这样的政策背景下，福建制造业得以发展，尤其是内地山区，由于政策导向作用，集中发展钢铁机械工业。

　　从行业的角度对福建省制造业集聚程度进行纵向分析。需要说明的是，由于年份跨度较大，制造业内部各行业划分和统计口径不一致，且1980年行业划分较粗糙。本文根据国家统计局颁布的国民经济行业分类注释，作出以下调整：将1980年的煤炭及炼焦工业等同于1990年、2005年和2008年的石油加工炼焦及核燃料加工业；将1980年的化学工业等同于1990年、2005年和2008年的化学原料及化学制品制造业；将1980年和1990年的机械工业等同于2008年的通用设备制造业以及专用设备制造业；将1980年的建筑材料及其他非金属制品业等同于1990年和2008年的非金属矿物制造业；将1980年的森林工业等同于1990年的木材加工及木竹藤棕草制造业和2008年的木材加工及木竹藤棕草制造业；将1980年和1990年的缝纫业等同于2008年的纺织服装鞋帽制造业；将1980年的造纸及文教用品工业等同于其余年份的造纸、纸制造业以及文教体育用品制造业。

表 4-1 1980 年福建各行业 H 指数、N 指数和基尼系数 G

行业代码	行业名称	H 指数	N 指数	基尼系数 G
C14	食品工业	0.058 54	17.08	0.312 0
C18	缝纫业	0.117 85	8.49	0.394 8
C20	森林工业	0.030 95	32.31	0.019 9
C22/C24	造纸及文教用品工业	0.106 13	9.42	0.306 9
C25	煤炭及炼焦工业	0.124 73	8.02	0.217 7
C28	化学工业	0.169 67	5.89	0.475 3
C31	建筑材料及其他非金属制品业	0.062 91	15.90	0.203 0
C35	机械工业	0.143 59	6.96	0.439 5

注：由于年份较早，很难获得详细的各区县制造业分行业的统计资料，基于现有资料归纳整合，得出制造业中主要的 8 大行业，根据式（4-3）计算而得

由表 4-1 不难看出，福建省制造业集聚情况与当时的时代背景相呼应。总体看集聚程度较低，所有行业的基尼系数均在 0.5 以下。具体来看，H 指数不足 0.1 的行业有森林工业、食品工业、建筑材料及其他非金属制品业；H 指数在 0.1～0.13 区间内的行业有造纸及文教用品工业、缝纫业、煤炭及炼焦工业；H 指数大于 0.13 的行业有机械工业和化学工业。再分析基尼系数指标，$G<0.3$ 的行业有森林工业、建筑材料及其他非金属制品业、煤炭及炼焦工业；G 在 0.3～0.4 的行业有造纸及文教用品工业、食品工业和缝纫业；$G>0.4$ 的行业有机械工业和化学工业。各项指标分析的结果虽有一定程度的差异，但综合情况大致相同。

1980 年资源性依赖强的产业和传统劳动密集型产业分布较为零散趋于均匀分布。如森林工业，平均分布在 33 个地区，其基尼系数为 0.0199，集聚程度最低；其次为食品工业，平均分布在 17 个地区，基尼系数为 0.3120。这主要因为福建森林资源较丰富，在科技发展水平相对低下时期，经济发展主要依靠资源优势，因此以木材加工工业为主的行业在福建广泛分布。而食品工业主要是制茶和炼糖业，各区县容易形成家庭式小作坊，在经济发展初期，便于改善当地生活状况。

资金依赖性强的行业集聚程度最高，如机械工业和化学工业，分布较为集中，分别平均分布在 7 个和 6 个区县。这主要是延续计划经济时期的产业分布格局，其选址和分布主要由政府决策。当时台海关系紧张，福建省作为对台前线，

仅有的少部分制造业也被移至内陆地区。

从 K-均值聚类分析所得三大区域的产业集中度可知（图4-3～图4-4），三类区域制造业产业集聚水平空间差异显著。密集区的高集聚制造业行业为化学工业和机械工业，其集中度分别达到了50.38%和47.31%。纺织缝纫及皮革工业和造纸及文教用品工业相对也占据较高比重，福州的造纸及文教用品工业产业集中度高达25.67%。中间区的建材工业、纺织缝纫及皮革工业和造纸及文教用品工业集中度总和最高，但各行业空间分布相对分散，未形成行业高集聚区。分散区集中度最高的产业为森林工业和食品工业，二者空间分布也相对分散，其中清流县森林工业集中度为5.85%，次于福州（6.24%）。因此，分散区产业的高集中度主要是由于各研究区的累加，而非产业的高集聚。

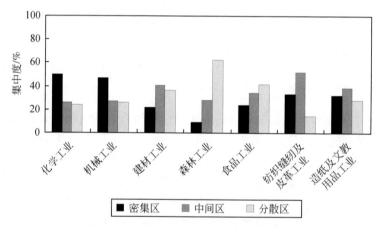

图4-4　1980年三个区域制造业七大类行业的集中度

4.2.2　"一重开放"下的制造业空间结构特征

1）从空间角度分析制造业布局

从改革开放初至20世纪90年代初期，在对外开放与国际分工趋势的推动下，福建制造业得到进一步发展。福州和厦门仍然是制造业发展的重要地区，尤其是1980年10月国务院批准厦门设立经济特区。随后，海沧、杏林和集美三个台商投资区相继成立，实行经济特区现行政策，极大地促进了厦门对外交流，为厦门制造业发展奠定了有利的政策条件。由图4-5、图4-6、图4-7可见，这一时期福建省制造业中心主要位于福州、厦门，制造业产值比重分别为13.34%、18.39%。此外莆田、南平市辖区和漳州市辖区比重均在3%左右。相比较而言，泉州地区和宁德地区制造业基础薄弱，发展缓慢。地区专业化指数在这一时期有明显的提高，在 0.5 以上的地区有 12 个，但地区专业化指数较高可能有以下两种原因：一是该地区制造业相对于其他区域具有较大差异；二是该地区集中所有制造业，别的区域一无所有（范剑勇，2008）。例如德化县，其制造业产值仅为393 万元，占全省制造业产值的 0.0087%，但地区专业化指数却为 0.67。从地区间专业化指数来看，全省总体比 1980 年有所提高，但仍偏低，均在 1 以下，大部分地区在 0.2 ~ 0.6，地区间差异较小，优势产业并不突出。在对外开放的最初10 年中，沿海地区制造业得到快速发展，福建省制造业布局逐渐由山区向沿海地区转移，在沿海地区初具集聚形态，福州、厦门、莆田、漳州 4 个市辖区制造业产值占福建省制造业产值的 46.02%。

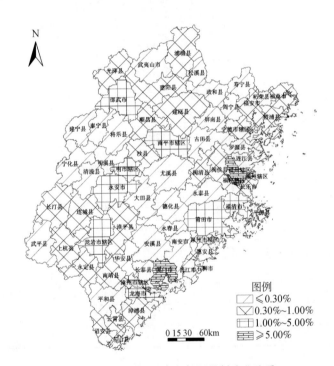

图 4-5 1990 年福建省各区县制造业比重

从基于 K-均值聚类法得出的福建省制造业空间格局看，三类区域制造业空间分布的面积与产值呈高度负相关（表 4-2）。密集区每平方公里产值及平均每个研究单元产值分别为 246.01 万元和 307 447 万元，中间区分别为 33.45 万元和 59 280 万元，分散区分别为 8.33 万元和 15 293 万元。对比图 4-3 与图 4-7 可见，福建制造业集聚态势加强，但集聚地域仍与福建交通干线分布密切相关，呈"井"字形格局。

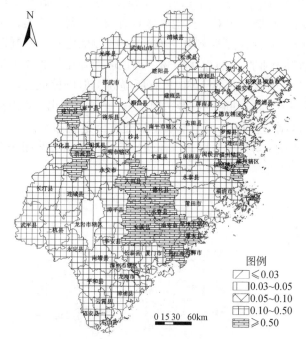

图 4-6　1990 年福建地区专业化指数

表 4-2　不同年份制造业密集区、中间区和分散区的面积与产值比例

年份	密集区			中间区			分散区		
	行政区数/个	面积比例/%	产值比例/%	行政区数/个	面积比例/%	产值比例/%	行政区数/个	面积比例/%	产值比例/%
1990	7	7.02	64.86	6	9.16	10.72	53	83.81	24.43
2005	10	7.66	76.85	9	13.29	13.23	47	79.06	9.91
2008	11	8.24	72.48	21	35.83	16.71	34	55.93	10.81

2）从行业角度分析福建制造业布局

这十年期间，政府政策由发展战备转变为大力发展经济建设。作为地处东南沿海地区的福建，逐步参与到对外开放与国际分工之中。1988 年国务院批准扩大闽南三角经济开放区的范围，1989 年 5 月，设立福州的国家级经济技术开发区以及设立厦门海沧区和杏林区台商投资区。相应地制造业的空间布局也逐步向闽东和闽南方向发展。

基于对资料的整理归并，分析福建省 66 个区县的 27 个制造业行业，得出 H 指数、N 指数和基尼系数 G，结果如表 4-3。

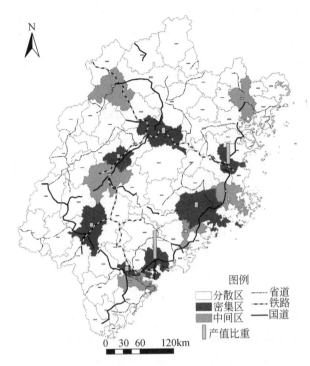

图 4-7 基于 K-均值聚类法的福建省 1990 年制造业空间结构特征

表 4-3 1990 年福建省各行业 H 指数、N 指数和基尼系数 G

行业代码	行业名称	H 指数	N 指数	基尼系数 G
C13	农副食品加工业			
C14	食品制造业	0.063 57	15.73	0.399 5
C15	饮料制造业	0.095 46	10.48	0.251 8
C16	烟草制品业	0.411 82	2.43	0.169 8
C17	纺织业	0.068 67	14.56	0.292 6
C18	纺织服装、鞋、帽制造业	0.129 30	7.73	0.573 0
C19	皮革、毛皮、羽绒及其制品业	0.167 98	5.95	0.628 9
C20	木材加工及竹藤棕草制品业	0.037 11	26.94	0.044 7
C21	家具制造业	0.042 49	23.54	0.322 0
C22	造纸及纸制品业	0.076 80	13.02	0.149 9
C23	印刷业和记录媒介的复制业	0.109 93	9.10	0.514 7

续表

行业代码	行业名称	H 指数	N 指数	基尼系数 G
C24	文教体育用品制造业	0.199 10	5.02	0.694 5
C25	石油加工、炼焦及核燃料加工业	0.182 09	5.49	0.522 0
C26	化学原料及化学制品制造业	0.073 97	13.52	0.240 5
C27	医药制造业	0.140 90	7.10	0.456 8
C28	化学纤维制造业	0.386 31	2.59	0.296 0
C29	橡胶制品业	0.172 80	5.79	0.511 5
C30	塑料制品业	0.099 15	10.09	0.529 8
C31	非金属矿物制品业	0.041 48	24.11	0.064 1
C32	黑色金属冶炼及压延加工业	0.153 70	6.51	0.006 2
C33	有色金属冶炼及压延加工业	0.306 39	3.26	0.374 9
C34	金属制品业	0.080 93	12.36	0.487 6
C35/C36	机械工业	0.089 29	11.20	0.389 0
C37	交通运输设备制造业	0.101 00	9.90	0.366 8
C39	电气机械及器材制造业	0.182 92	5.47	0.623 5
C40	通信设备、计算机及其他电子设备制造业	0.404 20	2.47	0.788 0
C41	仪器仪表及文化、办公用机械制造业	0.266 34	3.75	0.678 0
C42	工艺品及其他制造业	0.136 97	7.30	0.699 9

注：1990 年统计资料中没有 C13 农副食品加工业这一项

　　政府政策支持以及对外开放、参与国际分工对福建省这 10 年制造业的发展起到了极大的推动作用。各区县在这一背景下，综合地区资源禀赋优势，积极寻求适宜本地区发展的产业。

　　根据表 4-3，从总体上看，福建省制造业集聚程度偏低，基尼系数大于 0.5 的行业共 11 个，而基尼系数不足 0.3 的行业有 16 个。根据 H 指数来看，1990 年福建制造业集聚程度比 1980 年有大幅度提高，H 指数的平均值，由 1980 年的 0.1018，上升至 1990 的 0.1563，增长了 53.54%。

　　首先看 H 指数，集中程度较高的行业逐步由劳动密集型向资金、技术密集型产业转变。具体到各个行业，集聚程度最高的行业由 1980 年的化学工业和机械工业，转变为 1990 年的化学纤维制造业、通信设备、计算机及其他电子设备制造业，这些行业分别分布在 3 个地区，占全部地区总数的 5% 左右。集聚程度最低的仍然是资源型产业，如木材加工及竹藤棕草制品业、非金属矿物制品业，它们平均分布地区占全部地区总数的 40% 左右，可谓是零散布局。H 指数小于 0.1

的行业共有 11 个，H 指数在 0.1~0.3 的行业共有 12 个，H 指数大于 0.3 的行业共有 4 个。

对比 1980 年的部分行业，资源和劳动密集型产业、石油加工、炼焦及核燃料加工业集聚程度有所上升；金属机械产业集聚程度有所下降。这是由于逐步脱离计划经济时期的影响，金属机械产业由改革开放前期指定的少数几个区县布局，慢慢形成多个地区分布，并成为地区的重要产业。

其次根据基尼系数分析，可以看到在这 10 年间福建省制造业布局发生较大变化，呈现以下特点：第一，集聚水平有大幅度提高，全省基尼系数平均值为 0.4102，基尼系数大于 0.5 的行业有 11 个，主要集中在电子、机械产业和部分民生工业。行业之间差距较大，如基尼系数最小的黑色金属冶炼及压延加工业仅为 0.0062。第二，对比 1980 年部分行业，主要下降的行业为机械工业和化学工业。

经过 10 年的发展，福建区域开放及相互间的交流合作初见端倪。制造业尤其是重化工业，由改革开放初期带有政府强制性的零星分布，逐步趋于市场调节，多个地市均将其视为支柱产业给予大力发展，以期带动本地区经济发展，促使重化工业布局逐步呈现分散态势。这些行业的企业数和产值均有明显增加，分布地区也相应增多。同时也正由于各地区都争相发展重化工业，因此未能形成有效的集聚规模。第三，就具体行业来看，集聚程度的极值行业与 H 指数分析的结果大体相同，最高的为通信设备、计算机及其他电子设备制造业。

之后，从"密集区、中间区和分散区"三类区域内部产业集聚水平看，区域之间集聚水平差异拉大。密集区内制造业集聚水平最高的为电气电子，其产值达到 49.35 亿元。本地资源依赖型行业——金属与矿物和木草加工业产值较低，分别为 11.40 亿元和 19.61 亿元，极值相差 37.95 亿元。中间区内集聚水平相对较高的是本地资源依赖型行业——食品饮料业（36.6 亿元），最低的是外向度高的行业——文体制造业（0.47 亿元），两者产值相差 36.13 亿元。分散区产值相对较高的是本地资源依赖型行业——食品饮料业，较低的是技术含量高的行业（电气电子），两者产值相差 19.13 亿元。三类区域中，密集区制造业各行业的集中程度高。其中，技术含量高的行业——电气电子行业的集中度占据绝对的优势（92.29%），外向度高的行业（纺织服装、文体制造、化工）在密集区的集聚水平也相对较高，三者集中度均超过 60%。相比于 1980 年，密集区与中间区、分散区的集中度差异扩大。分散区各行业集中度高于中间区，但主要是由于各研究区的累加，而非产业的集聚水平高于中间区（图 4-8）。

对外开放后强化了制造业集聚程度，尤其是电气电子、文体制造和化工等行业的集聚程度获得大幅度提升，集中于由 7 个研究单元组成的密集区。

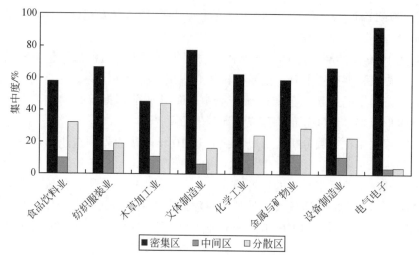

图 4-8　1990 年三个区域制造业八大类行业集中度

注：八大类行业指食品饮料业（农副食品加工业、食品制造业、饮料制造业、烟草制品业）、纺织服装业（纺织业、纺织服装、鞋、帽制造业、皮革、毛皮、羽绒及其制品业）、木草加工业（木材加工及竹藤棕草制品业、家具制造业、造纸及纸制品业）、文体制造业（印刷业和记录媒介的复制业、文教体育用品制造业）、化学工业（石油加工、炼焦及核燃料加工业、化学原料及化学制品制造业、医药制造业、化学纤维制造业、橡胶制品业、塑料制品业）、金属与矿物业（非金属矿物制品业、黑色金属冶炼及压延加工业、有色金属冶炼及压延加工业、金属制品业）、设备制造业（机械工业、交通运输设备制造业）、电气电子（电气机械及器材制造业、通信设备、计算机及其他电子设备制造业、仪器仪表及文化、办公用机械制造业、工艺品及其他制造业）

4.2.3　"二重开放"下的制造业空间结构特征

1）从空间角度分析制造业布局

2005 年随着"对外开放"的进一步发展以及"区际开放"的不断深入，制造业空间集聚程度进一步加强。制造业比重小于 0.3% 的县市从 1980 年的 11 个上升到 1990 年的 20 个，至 2005 年达到 37 个。而制造业比重大于 5% 的县市区从 1980 年的 4 个下降到 1990 年的 3 个，至 2005 年上升到 5 个，为厦门市、晋江市、福州市辖区、泉州市辖区以及福清市（图 4-9，图 4-10）。

从地区间专业化指数来看，各地区间专业化指数较 1990 年有所下降，平均值由 1990 年的 0.2578 降到 2005 年的 0.1780，说明地区间差异逐步降低。另一方面经过近 20 年的发展，各地区逐步弥补了制造业上的空白区域，"别无我有"或"别有我无"的情况逐渐减少。从地区间专业化指数来看，优势产业仍旧不突出，大部分产业（32 个）处于 0.1~0.3（1990 年为 25 个），大于 0.5 以上的地区由 1990 年的 12 个下降到 2 个，而小于 0.3 的地区由 1990 年的 4 个上升到 6 个。

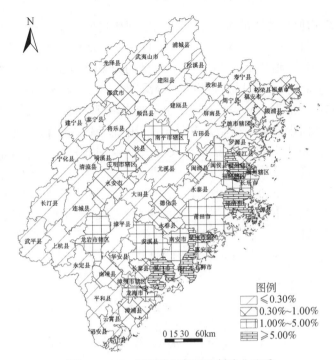

图 4-9　2005 年福建省各区县制造业比重

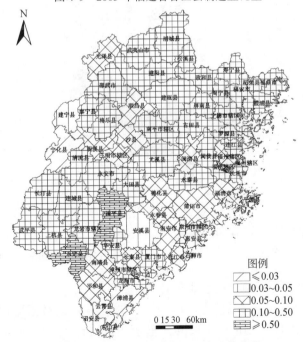

图 4-10　2005 年福建省地区专业化指数

　　从基于 K-均值聚类法的福建省制造业空间格局看：①空间的宏观分布不平衡加剧（图 4-11），制造业高值单元与低值单元极差率扩大。厦门产值依旧最高，占全省制造业产值比重的 23.66%，最低的松溪仅为 0.02%，两者产值极差比达 1183 倍。②"井"字形分布格局开始弱化。三大类型区域趋于连片发展。密集区向沿海地区推进，从福州市辖区至龙海市东部沿海一线成为福建省制造业主体区。中间区向中部地区移动，主要分布于中部地区的市辖区及福州、泉州设区市的县级市，初步形成"小集聚，大分散"空间布局模式。分散区在北部、西部及南部已形成连片状环抱中间区及密集区。③三大类型区产值与面积比依然呈负相关（表 4-2），密集区和中间区面积比重与产值比重明显提升，分散区面积与产值比重均明显下降。密集区、中间区和分散区单位面积产值比重较 1990年的增加倍数分别为 23.21、18.19 和 9.19 倍，可见区际开放后进一步强化了制造业集聚程度，三大区域制造业集聚程度的差异进一步凸显。

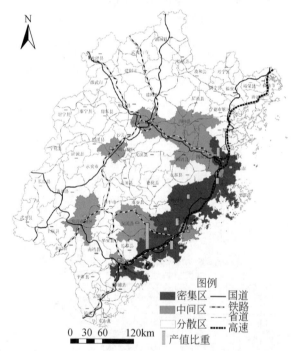

图 4-11　基于 K-均值聚类法的福建省 2005 年制造业空间结构特征

　　2）从行业角度分析福建制造业布局

　　根据式（4-1）、式（4-2）、式（4-4）及式（4-5），对福建 66 个地区，29个 2 位数行业在 2005 年制造业集聚情况进行计算分析，结果如表 4-4。

表 4-4 2005 年福建省各行业 H 指数、N 指数和基尼系数 G

行业代码	行业名称	H 指数	N 指数	基尼系数 G
C13	农副食品加工业	0.058 9	16.980 9	0.477 7
C14	食品制造业	0.065 5	15.275 2	0.514 3
C15	饮料制造业	0.061 5	16.264 3	0.459 1
C16	烟草制品业	0.508 8	1.965 4	0.075 8
C17	纺织业	0.063 7	15.697 1	0.388 1
C18	纺织服装、鞋、帽制造业	0.107 1	9.334 2	0.276 9
C19	皮革、毛皮、羽绒及其制品业	0.179 2	5.580 0	0.251 7
C20	木材加工及竹藤棕草制品业	0.010 0	99.758 2	0.449 6
C21	家具制造业	0.087 7	11.401 8	0.383 6
C22	造纸及纸制品业	0.049 6	20.142 3	0.471 7
C23	印刷业和记录媒介的复制业	0.050 4	19.846 8	0.349 2
C24	文教体育用品制造业	0.282 1	3.544 8	0.230 3
C25	石油加工及炼焦业	0.989 5	1.010 6	0.136 4
C26	化学原料及化学制品制造业	0.233 3	4.285 5	0.713 3
C27	医药制造业	0.048 2	20.737 7	0.393 6
C28	化学纤维制造业	0.263 9	3.789 5	0.187 8
C29	橡胶制品业	0.183 2	5.458 6	0.200 9
C30	塑料制品业	0.053 3	18.749 6	0.406 0
C31	非金属矿物制品业	0.044 5	22.481 9	0.512 0
C32	黑色金属冶炼及压延加工业	0.160 8	6.219 7	0.553 7
C33	有色金属冶炼及压延加工业	0.224 7	4.449 4	0.473 5
C34	金属制品业	0.182 3	5.485 5	0.371 3
C35	通用设备制造业	0.045 7	21.864 9	0.550 2
C36	专用设备制造业	0.099 7	10.029 2	0.381 9
C37	交通运输设备制造业	0.154 5	6.473 6	0.470 8
C39	电气机械及器材制造业	0.125 7	7.955 7	0.503 6
C40	通信设备、计算机及其他电子设备制造业	0.393 0	2.544 4	0.297 9
C41	仪器仪表及文化、办公用机械制造业	0.232 9	4.294 4	0.195 9
C42	工艺品及其他制造业	0.040 7	24.597 4	0.340 3

注：囿于数据，各地区数据中福州、龙岩、南平、宁德四地区数据为 2004 年规模以上工业企业总产值，而其余地市数据则为 2005 年数据

根据表4-4，从总体上看，福建制造业集聚程度有所降低，基尼系数大于0.5的行业共5个，而基尼系数不足0.3的行业有9个。根据 H 指数来看，2005年福建省制造业集聚程度较1990年有一定提高，H 指数均值由1990年的0.1563增至2005年的0.1724。

首先，从 H 指数来看，2005年福建集聚程度较高的行业与1990年差别不大，由1990年的化学纤维制造业及通信设备、计算机及其他电子设备制造业，向石油加工及炼焦化、烟草制品业及通信设备、计算机及其他电子设备制造业转化，且 H 指数均在0.3以上。集聚程度较低的行业仍以资源密集型产业为主，其中木材加工及竹藤棕草制品业、工艺品及其他制造业及非金属矿物制品业的集聚度最低，木竹加工业 H 指数仅0.01。H 指数小于0.1的行业14个，H 指数介于0.1及0.3之间的行业12个，而 H 指数大于0.3的行业较1990年减少一个，仅3个。

对比1990年，资源、资金密集型产业的集聚程度继续上升，而有色金属制造业的集聚程度有所下降。随着区际开放程度的加深，资金流入资源及资金密集型产业，石油化工等行业在省内几个地区的重点发展，使其集聚程度提高。

其次，由2005年基尼系数分析，15年来福建省制造业布局发生了一定变化，呈现以下特点：①整体集聚水平有所下降，全省基尼系数平均值降为0.3799，基尼系数大于0.5的行业仅5个，主要集中在化工、金属、机械、通用设备等产业。与上一时期相比，行业间差距缩小，如基尼系数最小的烟草加工业为0.0758。②与1990年对比，集聚程度下降的行业为工艺品、文体用品、仪器仪表等行业，而集聚度提高的行业主要为化工、金属和机械等行业。

再次，从三类区域内部产业集聚水平看，区域之间集聚水平差异进一步拉大

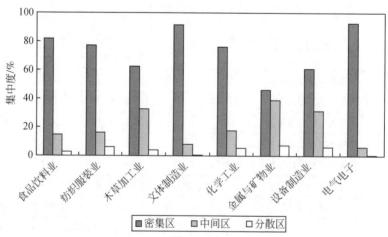

图4-12　2005年三个区域制造业八大类行业集中度
注：八大行业划分标准同图4-8

（图 4-12）。密集区是多数行业的集中区，各行业集中度均高于其他类型区。技术含量高的行业（电气电子）和外向度高的行业（纺织服装、文体制造、化工），在密集区中集中度最高，集中度均超过 80%，其中最高的电气电子行业集中度高达 93.17%。相对来说，资源依赖型的行业（木草加工、金属与矿物）和受原有发展基础影响大的行业（设备制造业）在密集区的集中度较低；中间区的产业集聚程度低于密集区，金属与矿物、木草加工与设备制造行业的集中度相对较高，但其集聚水平依旧明显低于密集区相应行业。纺织服装、文体制造与电气电子等行业的集聚度居中间区最低水平；分散区各制造业行业集中度极低，其中集中度最高的金属与矿物行业的集中度也未达 10%。

区际开放后进一步强化了制造业集聚程度，密集区在空间上形成连片分布，各行业的集聚程度在上一个研究阶段基础上进一步提升。三大区域制造业集聚程度差异更加凸显。

4.2.4 "三重开放"下的制造业空间结构特征

1）从空间角度分析制造业布局

在"二重开放"的基础上，随着对台开放的逐步发展，到 2008 年，福建省制造业呈现出新态势（图 4-13、图 4-14）。首先表现为制造业集聚在进一步加强的同时呈现出走向均衡的态势。制造业产值比重大于 5% 的地区增至 6 个，分别为福州市辖区、福清市、莆田市、泉州市辖区、晋江市和厦门市；不足 0.3% 的地区从 2005 年的 37 个缩小为 28 个。从总体上来看，形成福州、厦门、泉州三强并立局面，三市产值比重分别为 21.3%、20.7%、28.1%，共占福建省制造业的 70.1%，远大于其余地区。其次，制造业明显集中在沿海地区，沿海与内陆山区间差距拉大。南平、龙岩和宁德制造业比重较低，发展缓慢。全省制造业比重在 1% 以上的地区，内陆仅占 4 个，而小于 0.3% 的地区内陆占大多数。再次，区域间差距较大，比重不足 0.3% 的地区有 28 个。尤其是松溪县和政和县，所占比重仅为 0.05% 左右；而比重最大的厦门市为 20.7%，福州市区比重为 8.2%，地区间发展严重不平衡。

各地区专业化指数在小范围内有所差别，最低的是漳浦、云霄、尤溪。内陆山区的部分县市指数较高，这主要归功于资源禀赋型产业（如原材料加工业、林业、金属制品业等）的发展，而沿海地区多不具备这种资源优势。从地区间专业化指数来看，各地区间专业化指数较 2005 年进一步下降，平均值由 2005 年的 0.1780 降至 2008 年的 0.1362，说明地区间差异还在逐步降低。另一特点是以福州市辖区、厦门市辖区、泉州市辖区为核心，邻近县市指数值相对其他地区较

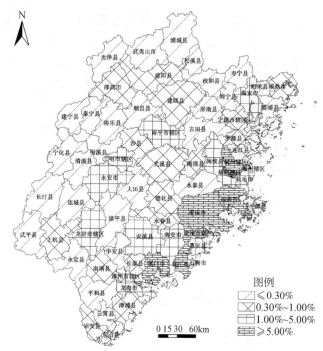

图 4-13　2008 年福建省各区县制造业比重

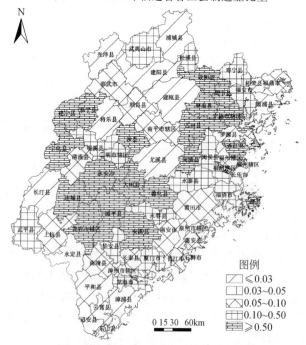

图 4-14　2008 年福建省地区专业化指数

高,尤其是在上下游产业链相对完整的地区,说明沿海三大城市对周围县域具有一定的带动作用,但辐射范围较小。

从基于K-均值聚类法测算的福建省制造业空间格局看(图4-15):①空间分布的不平衡有所降低。制造业最大产值区为厦门市,产值为2889.38亿元,占全省的20.68%;最小值出现在平潭,产值6.38亿元,占全省的0.05%;极值差率较2005年有所降低,为413.6倍。密集区、中间区和分散区单位面积产值较2005年分别增加1.73、0.92和3.04倍(表4-2)。增幅不但较前一阶段下降,并且打破了增幅依次下降的趋势,体现出地区产值布局的空间不平衡性降低。②三大类型区域呈现连片格局。密集区沿沿海形成条带状分布,中间区向中部地区靠拢,松散区区域缩小,三大类型区域形成空间层次分明的连片区域。密集区包含了厦门等11个研究单元,沿"一线四港"(福厦高速公路,厦门港、泉州港、莆田港及福州港)分布,该区面积约为9563.9平方公里,仅占全省总面积的8.2%,但2008年制造业产值占全省总产值约67%,每平方公里产值为10 589.05万元。中间区包含了沙县等21个研究单元,处于福建省的中部地区,呈环状半包状。2008年制造业产值比重约为24%,每平方公里产值为561.44万元。区域内部各研究单元制造业发展水平参差不齐,南平市辖区、沙县、三明市

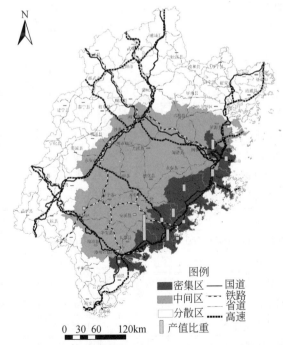

图4-15 基于K-均值聚类法的福建2008年制造业空间结构特征

辖区、永安、龙岩市辖区、漳州市辖区及闽侯县、安溪县制造业产值相对较高，形成"一线三点隆起区"。分散区包括了 33 个研究单元，主要集中分布于福建省的西部、北部及南部，包括漳州港和宁德港，土地面积占全省的 57%，但制造业产值比重仅占 10.81%，每平方公里产值也仅为 232.64 万元。区域内大部分单元制造业产值呈低水平均质分布，仅东北部的福鼎和福安产值相对较高。对台开放进一步扩大后提升了制造业集聚程度，密集区、中间区和分散区形成由东部沿海地区向西部内陆地区依次排列的连片格局。

2）从行业角度分析福建制造业布局

这一时期，福建逐步进入工业化中后期。政府一方面加强区际联系与合作，同时更进一步加强对外开放，尤其是对台渐进开放进入了一个新的历史时期。

根据式（4-1）、式（4-2）、式（4-4）及式（4-5），对福建省 66 个地区，29 个 2 位数行业在 2008 年制造业集聚情况进行计算分析，结果如表 4-5。

表 4-5   2008 年福建各行业 H 指数、N 指数和基尼系数 G

行业代码	行业名称	H 指数	N 指数	基尼系数 G
C13	农副食品加工业	0.074 07	13.50	0.472 7
C14	食品制造业	0.078 51	12.74	0.404 8
C15	饮料制造业	0.097 10	10.30	0.413 1
C16	烟草制品业	0.052 04	19.22	0.013 8
C17	纺织业	0.170 29	5.87	0.496 3
C18	纺织服装、鞋、帽制造业	0.144 20	6.94	0.596 5
C19	皮革、毛皮、羽绒及其制品业	0.185 23	5.40	0.624 9
C20	木材加工及竹藤棕草制品业	0.044 01	22.72	0.077 4
C21	家具制造业	0.115 06	8.69	0.566 1
C22	造纸及纸制品业	0.072 59	13.78	0.402 5
C23	印刷业和记录媒介的复制业	0.151 69	6.59	0.669 9
C24	文教体育用品制造业	0.225 53	4.43	0.588 8
C25	石油加工及炼焦业	0.661 73	1.51	0.631 1
C26	化学原料及化学制品制造业	0.135 28	7.39	0.341 9
C27	医药制造业	0.112 89	8.86	0.425 6
C28	化学纤维制造业	0.287 19	3.48	0.669 5
C29	橡胶制品业	0.039 12	25.56	0.615 8
C30	塑料制品业	0.036 69	27.26	0.597 6
C31	非金属矿物制品业	0.155 08	6.45	0.410 5

续表

行业代码	行业名称	H 指数	N 指数	基尼系数 G
C32	黑色金属冶炼及压延加工业	0.100 75	9.93	0.236 2
C33	有色金属冶炼及压延加工业	0.091 98	10.87	0.274 2
C34	金属制品业	0.152 17	6.57	0.557 5
C35	通用设备制造业	0.107 67	9.29	0.344 4
C36	专用设备制造业	0.103 64	9.65	0.330 2
C37	交通运输设备制造业	0.161 35	6.20	0.482 9
C39	电气机械及器材制造业	0.148 28	6.74	0.374 7
C40	通信设备、计算机及其他电子设备制造业	0.399 90	2.50	0.746 9
C41	仪器仪表及文化、办公用机械制造业	0.231 42	4.32	0.684 5
C42	工艺品及其他制造业	0.106 09	9.43	0.640 3

首先，根据 H 指数可知，集聚程度最高的行业与 1990 年大致相同，集中在石化行业和电子通讯行业。而集聚程度最低的行业由 1990 年的资源依赖性行业转变为传统劳动力密集型行业。H 指数小于 0.1 的行业共有 9 个，比 1990 年减少了 2 个；H 指数在 0.1~0.3 的行业共有 18 个，比 1990 年增加了 6 个；H 指数大于 0.3 的行业共有 2 个，比 1990 年减少了 2 个。对比 1990 的各个行业情况来看，行业间差距逐渐拉大，以机械设备和石油化工为主的行业集聚态势明显，而劳动密集型行业集聚程度较弱。

其次，根据基尼系数分析可知，基尼系数平均值由 1990 年的 0.4102 上升至 2008 年的 0.4721，表明福建制造业集聚水平有了进一步的提高，但这同时也意味着区域间发展不平衡状态加深。对比 1990 年，大部分行业基尼系数呈现上升趋势。

基尼系数大于 0.5 表示该产业在空间上分布不均衡，有集聚现象出现（贺传皎，2005）。为进一步研究各行业的差别，我们根据基尼系数将其划分为大于 0.5 和小于 0.5 两类。

由此可以看出（表 4-6），福建以各区县为单位制造业集聚程度不强，小于 0.5 的行业有 16 个，大于 0.5 的行业有 13 个，呈现出"金字塔"形结构。集聚程度最高的为通信设备、计算机及其他电子设备制造业、仪器仪表，及文化、办公用机械制造业；而集聚程度最低的是烟草制品业、木材加工及竹藤棕草制品业，这与 1990 年基本一致。至 2008 年，福建制造业集聚程度较高的行业主要集中在化学、电子和机械三大产业。

表 4-6 2008 年福建 29 个行业集聚程度分类

分类	行业名称	基尼系数
$G<0.5$	烟草制品业	0.013 8
	木材加工及竹藤棕草制品业	0.077 4
	黑色金属冶炼及压延加工业	0.236 2
	有色金属冶炼及压延加工业	0.274 2
	专用设备制造业	0.330 2
	化学原料及化学制品制造业	0.341 9
	通用设备制造业	0.344 4
	电气机械及器材制造业	0.374 7
	造纸及纸制品业	0.402 5
	食品制造业	0.404 8
	非金属矿物制品业	0.410 5
	饮料制造业	0.413 1
	医药制造业	0.425 6
	农副食品加工业	0.472 7
	交通运输设备制造业	0.482 9
	纺织业	0.496 3
$G>0.5$	金属制品业	0.557 5
	家具制造业	0.566 1
	文教体育用品制造业	0.588 8
	纺织服装、鞋、帽制造业	0.596 5
	塑料制品业	0.597 6
	橡胶制品业	0.615 8
	皮革、毛皮、羽绒及其制品业	0.624 9
	石油加工、炼焦及核燃料加工业	0.631 1
	工艺品及其他制造业	0.640 3
	化学纤维制造业	0.669 5
	印刷业和记录媒介的复制业	0.669 9
	仪器仪表及文化、办公用机械制造业	0.684 5
	通信设备、计算机及其他电子设备制造业	0.746 9

福建近 30 年来制造业集聚态势明显（图 4-16、图 4-17），其中集聚程度高的是资本和技术密集型产业，此外劳动密集型产业和成熟产业的集聚水平也较高，而处于中间类型的产业集聚水平低。

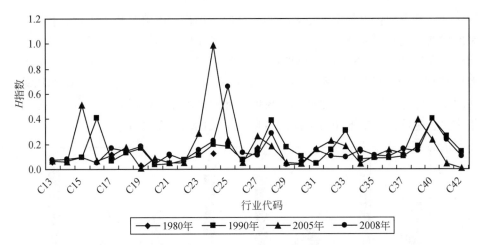

图 4-16 1980 年、1990 年、2005 年、2008 年福建省制造业 H 指数图

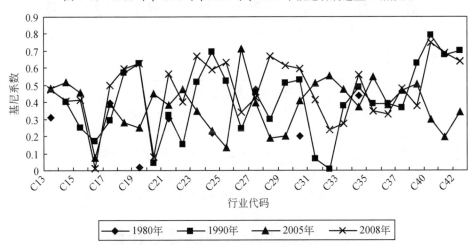

图 4-17 1980 年、1990 年、2005 年、2008 年福建省制造业基尼系数 G 图

制造业各行业集中度在三大区域（密集区、中间区和分散区）空间结构上也表现出明显的区域差异（图 4-18）。技术含量高的行业（电气电子）、外向度高的行业（纺织服装、文体制造和化工）在密集区的集中度占据绝对的优势；本地资源依赖型的行业（食品饮料、木草加工、金属与矿物）和原有发展基础影响大的行业（设备制造业）在密集区的集中度相对较低，布局分散。木草加工业在三个区的集中度差异最小，中间区略高于密集区。密集区是多数行业的集中区，产业集聚程度高。2008 年外向度高的行业和技术含量高的行业在密集区的集中度均超过了 70%。其中，纺织服装主要集聚于石狮、晋江和长乐；文体制造业集于福州市辖区、晋江和厦门；化工则较多集聚在厦门、福清、福州市

辖区和晋江等地；电气电子主要分布于厦门、福州、莆田和长乐等地，依托福州和厦门两个国家级高新技术开发区和五个省级高新区的建设，组成了从福州到厦门的 IT 产业集群（蔡秀玲，2009）。中间区的产业集聚程度次于密集区，本地资源依赖型行业和原有发展基础影响大的行业集中度相对较高，其平均值为36.2%，但与密集区同产业相比仍较低，唯独草木加工业略高。分散区的制造业集中度普遍低，集中度相对最高的木草加工类也仅有22.8%。

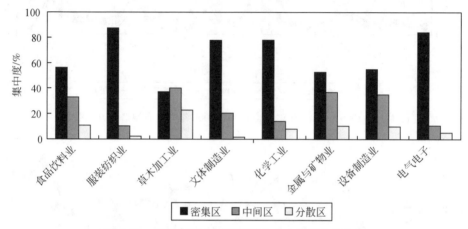

图 4-18　　2008 年三个区域制造业八大类行业集中度

注：八大类行业分类标准同图 4-8

对台开放进一步扩大后降低了制造业集聚程度，密集区、中间区和分散区形成由东部沿海地区向西部内陆地区依次推进的连片格局，除服装纺织、文体制造、化工和电气电子高度集聚于密集区外，其余行业由密集区向中间区与分散区转移。

4.3　福建省制造业的重心迁移

制造业重心是指研究区域内某时间点制造业分布在空间平面上力矩达到平衡的点，通过与区域几何中心的比较来测定区域制造业分布的均衡状况。在一定历史时期内，制造业重心迁移轨迹可以直观、形象地反映出制造业分布的动态演化过程，其迁移方向表明制造业分布演化的方向和趋势（张善余，2003；李文川和孙希华，2007）。因此，采用重心模型可以测算出福建制造业从"一重开放"到"三重开放"的时间序列上的空间分布变化轨迹。

4.3.1　数据来源和研究方法

数据主要来源于历年的福建统计年鉴及福建工业经济统计年鉴，以 1980 ～

2009 年为研究时间段，以福建省 9 个设区市为研究单元。

重心综合反映了制造业的空间布局，在权衡各研究区域制造业权重以后表现为向权重大的方向移动，代表了制造业空间格局变化的主导方向。制造业重心模式的计算公式（曹广忠和刘涛，2007）为

$$
\begin{cases}
X^t = \dfrac{\sum M_i^t x_i}{\sum M_i^t} \\[3mm]
Y^t = \dfrac{\sum M_i^t y_i}{\sum M_i^t}
\end{cases}
\tag{4-9}
$$

式中，X、Y 分别表示福建省制造业重心的经纬度；x_i 和 y_i 分别表示市级区域几何中心的经纬度；M_i 表示各市的制造业产值；t 为计算年份。经济重心计算方法同式（4-9），即将 M_i 替换成各市 GDP 即可。

4.3.2 福建省制造业重心迁移轨迹

从典型年份制造业不均衡指数的计算结果（表 4-7）可以看出，1980 ~ 2009 年，制造业不均衡指数呈现波动上升趋势，1990 年和 2000 年为波峰，1980 年、1994 年和 2009 年为波谷。表明福建省制造业空间分布趋势是集中、分散两种状态交替出现，并不断趋于集中。

表 4-7　1980 ~ 2009 年福建制造业不均衡指数

项目	1980 年	1990 年	1994 年	2000 年	2005 年	2009 年
不均衡指数	2.191	2.596	2.462	3.044	2.993	2.789

从制造业重心计算结果可以看出（图 4-19），研究时段内福建省制造业的空间分布变化明显，主要由西北部向东南方向逐渐偏移。东西方向变动较小，约为 0.085 度；南北方向变动相对较大，约为 0.344 度。制造业重心的具体位置从德化县的北部移动至永春县的东北部，移动的直线距离约为 39 公里。1980 ~ 1989 年，制造业重心主要向东南部移动，向东移动幅度略大于向南；1989 ~ 1990 年，福建制造业重心向西北部移动；至 2000 年，制造业重心持续以相对较大的幅度向东部、南部移动，期间虽有向西移的趋势，但是幅度较小，奠定了研究时期福建制造业重心的东南空间区位；此后至 2009 年，全省制造业重心在波动中向西北方向移动，但是移动幅度相对较小。相对于整个研究时期，1998 ~ 2009 年的制造业重心总体移动范围均在东南部区域。

综上分析，说明 20 世纪 80 年代以来福建省制造业移动的南北向、东西向变

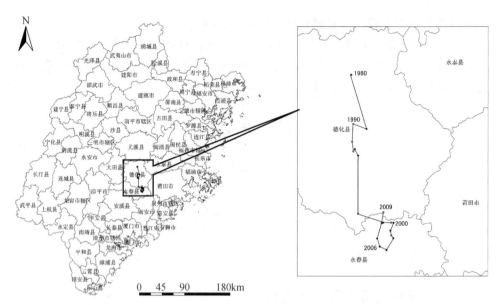

图 4-19   1980～2009 年福建省制造业集聚重心迁移

化不均。全省制造业空间集聚程度与区位分布波动变化，聚集变化幅度比分散变化幅度高；总体上向东、向南集聚比向西、向北聚集程度高；并且南北向分布变化大于东西向变化，向南集聚的趋势远较向东集聚来的显著。

4.3.3　福建省制造业重心与经济重心关系

从福建省制造业重心与经济重心的整体空间格局来看（图 4-20），两者均呈

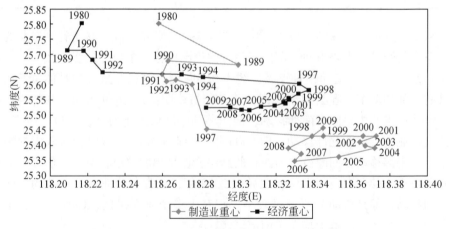

图 4-20   1980～2009 年福建制造业重心和经济重心

现重心逐渐向东南方向转移的趋势，特别是 1990～1998 年，两者表现出较高的相似性。经济重心迁移轨迹变化相对平稳，制造业重心迁移则有明显的震荡现象。表明福建省制造业发展与经济发展步调较为一致，对经济整体发展具有重要贡献，但制造业发展时空差异相对较大。

从经度方向看（图 4-21），制造业重心与经济重心时空差异较大。经济重心呈现逐渐向东持续转移趋势，至 1998 年之后略有向西摆动，但不影响向东移动的总体趋势；制造业重心呈东西向震荡波动，且变化幅度大于经济重心，除 1993～1997 年，研究期内其余时段均位于经济重心以东。这表明福建省经济稳定力在增强，东西经济发展差异呈减小趋势，而东西部设区市制造业发展差异呈现拉大趋势，区域差距较难调和。从纬度方向看（图 4-22），制造业重心均位于经济重心以南，两者时空差异较小，出现缓慢移动，1980～1994 年，向同一方向收敛；1994～2005 年，制造业重心与经济重心空间距离相对拉大；从 2005 年之后，两者又出现收敛趋势。这表明福建省南北部经济差异和制造业差异比东西部小，经济稳定性更强，同时，南北部制造业对于经济发展的贡献率更高。

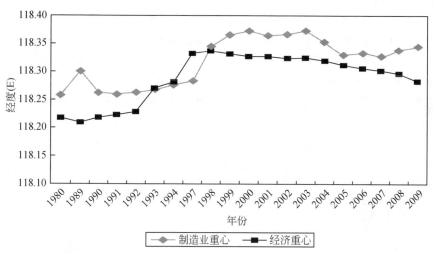

图 4-21 1980～2009 年福建省经度向制造业重心和经济重心

4.3.4 福建省制造业重心变化阶段性特征

1）"一重开放"时期制造业重心迁移（1980～1989 年）

1980 年福建省制造业重心位于福建省西北区域，这是由于改革开放前福建经济格局呈现典型的封闭型计划经济特征。1980 年福建 9 地市中，沿海地区除福

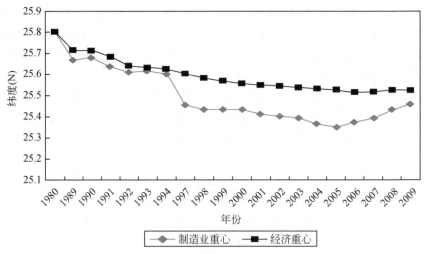

图 4-22　1980～2009 年福建省纬度向制造业重心和经济重心

州外，其余地区（厦门、泉州、漳州、莆田、宁德）制造业总产值都低于位于内陆山区的三明和南平（图 4-23）。在计划经济背景下，三明、南平和龙岩作为福建省后方战略的小三线建设区，获得了最多的工业投资（李文溥和焦建华，2008）。这是特殊时期遗留的经济格局，缘于国家特殊的产业布局政策，以及海峡两岸不稳定的政治局面，导致的省内重点制造业项目偏居西部内陆，同时在很大程度上抑制了东部地区的发展。改革开放至 80 年代中期，厦门特区政策扩大到全省，福州成为全国 14 个沿海开放港口之一，厦门、同安、泉州、漳州部分县市等 11 个县（市）辟为闽南三角经济开放区，成为沿海经济开放带的重要组

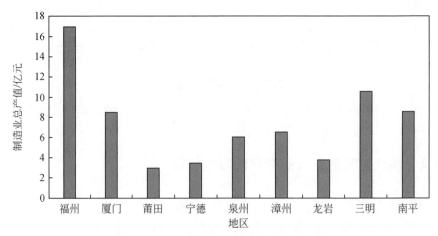

图 4-23　1980 年福建 9 地市制造业总产值

成部分（李文溥和焦建华，2008；林珊和龚伟平，2008），市场规律对经济发展的引导作用日益显现，福建西部交通不便、劳动力不足、信息闭塞、市场狭小等因素促使制造业逐渐向东部沿海地区转移。这一阶段，制造业重心向南偏东移动了约 15.7 公里，平均每年约 1.74 公里，移动速度较为平稳。

2）"二重开放"时期制造业重心迁移（1990~2001 年）

随着改革开放的不断深入，区域之间的要素流动日益频繁，在外来资本以及本地民营企业发展的推动下，拥有丰廉的劳动力、便利的交通条件和比邻市场等优势的福建东南部地区制造业快速发展，特别是以福州、泉州、厦门为主的设区市，逐渐形成了制造业专业化产业集聚区域。这一时期，制造业重心向西北、西南、东南、东北方向震荡迁移。从 1990~2001 年，迁移主方向为东南，迁移速度较快且时段差异较大，平均每年约 2.05 公里。速度最快期间为 1997~1998 年，约 7.6 公里，最慢期间为 1999~2001 年，平均每年约 0.823 公里。对外开放与区际开放导致的要素流动打破了福建省制造业整体西偏的格局，市场的内在规律引导资本向条件较好的东部地区集聚。

3）"三重开放"时期制造业的重心迁移（2002~2009 年）

这一阶段，福建制造业重心由西北向东北方向移动，2002~2005 年，迁移主方向为西南向，但是幅度较小，至 2009 年，制造业重心仍位于研究期的南偏东方向，表明制造业东西部及南北差异有所减小。随着福建"十一五"的"以福州、三明、莆田、南平、宁德的发展壮大闽东北一翼，以厦门、漳州、泉州、龙岩的发展壮大闽西南一翼，推进海峡西岸经济区一体化发展"这一政策的纵深推进，制造业的区域差异呈缩小趋势，特别是东部沿海区域。同时，随着海峡两岸经济互惠政策的增多以及国家倡导海峡西岸先进制造业基地的建设，福建省各设区市逐步有序引导其制造业的稳步发展。

4.4　福建各地区制造业专业化分析

首先根据对各地区政府、企业座谈访问获得的信息，对该地区具体情况作出定性的判断，然后采用衡量地区专业化最常用的指标区位商，计算出优势产业。

$$Q = \left(\frac{d_i}{\sum_{i=1}^{n} d_i} \right) \Big/ \left(\frac{D_i}{\sum_{i=1}^{n} D_i} \right) \tag{4-10}$$

式中，d_i 为某区域 i 产业产值；D_i 为全省 i 产业产值；n 为产业个数。区位商越大表明该产业的地方性越强，相对比较优势也越明显（表 4-8、表 4-9、图 4-24、图 4-25）。

表 4-8 1990 年福建各市制造业区位商

行业代码	福州	厦门	莆田	泉州	漳州	宁德	南平	三明	龙岩
C14	0.60	0.78	1.79	4.98	2.22	1.43	0.52	0.30	0.55
C15	0.98	0.65	0.85	4.74	0.85	3.97	1.37	0.29	0.56
C16	0.09	1.93	—	0.66	0.39	—	0.00	0.13	6.35
C17	0.76	0.61	0.15	5.13	0.91	0.89	1.98	1.63	0.90
C18	0.50	0.42	6.75	13.19	1.38	0.59	0.33	0.14	0.15
C19	1.18	1.20	2.24	5.99	0.76	0.62	0.65	0.22	0.16
C20	0.63	0.07	0.49	0.72	0.35	0.56	3.40	3.33	0.82
C21	0.55	0.30	2.18	7.42	1.75	0.25	1.62	1.03	0.71
C22	0.51	0.40	0.62	3.32	0.82	1.04	2.83	1.80	0.94
C23	1.49	0.90	0.86	3.33	0.81	0.90	0.61	0.61	1.02
C24	1.90	1.34	0.02	3.93	0.55	0.96	0.20	0.16	0.24
C25	2.10	0.94	0.03	—	—	1.07	0.75	—	2.34
C26	0.63	1.00	0.30	1.92	0.87	1.00	1.23	1.72	1.62
C27	1.32	1.09	0.00	3.67	0.98	2.97	0.34	0.75	0.05
C28	0.10	1.95	—	—	—	—	1.10	4.24	—
C29	0.47	1.83	0.67	6.25	0.66	1.33	1.28	0.08	0.12
C30	1.48	0.65	0.84	6.73	1.16	0.57	0.29	1.20	0.51
C31	0.80	0.48	0.24	4.75	1.01	0.82	1.20	1.93	2.08
C32	0.81	0.01	0.53	0.86	0.48	0.65	0.58	5.06	2.89
C33	0.51	1.24	0.07	—	0.19	—	3.98	0.90	—
C34	1.02	0.69	0.35	8.24	1.97	0.96	0.52	0.66	0.19
C35/C36	1.00	0.91	0.16	5.56	1.13	1.32	0.71	0.91	1.19
C37	1.24	0.40	1.29	5.85	0.82	1.27	1.20	0.85	1.43
C39	1.69	0.97	0.19	3.67	0.72	0.64	1.36	0.13	0.10
C40	1.74	2.10	0.13	0.98	0.16	0.12	0.09	0.11	0.03
C41	0.93	2.22	0.59	3.89	0.84	0.08	0.06	0.08	0.02
C42	1.88	0.47	1.84	10.70	0.99	0.85	0.26	0.06	0.09

表 4-9 2008 年福建各市制造业区位商

行业代码	福州	厦门	莆田	泉州	漳州	宁德	南平	三明	龙岩
C13	1.11	0.66	2.22	0.51	2.46	1.06	0.71	0.48	0.91
C14	0.57	0.32	0.74	1.28	3.10	0.81	2.99	1.10	0.33

续表

行业代码	福州	厦门	莆田	泉州	漳州	宁德	南平	三明	龙岩
C15	0.57	1.13	2.33	0.92	0.98	2.27	0.38	0.59	0.75
C16	—	2.10	—	—	—	—	—	0.12	14.08
C17	1.63	0.39	0.42	1.32	0.20	0.03	0.05	2.24	0.62
C18	0.41	0.36	1.45	2.45	0.42	0.08	0.22	0.15	0.53
C19	0.39	0.19	2.50	2.53	0.15	0.10	0.02	0.05	0.07
C20	0.37	0.05	0.43	0.10	0.83	1.07	16.51	7.19	1.91
C21	1.02	0.67	1.46	0.42	3.96	0.16	2.45	0.31	0.54
C22	0.38	0.45	1.36	1.41	2.08	0.34	0.30	1.51	0.50
C23	1.34	1.36	1.20	0.97	0.78	—	0.32	0.14	0.76
C24	0.46	2.11	1.59	0.56	2.42	0.22	—	0.04	0.26
C25	0.15	0.08	—	2.99	0.49	—	—	0.09	0.32
C26	0.41	1.63	0.50	0.44	0.95	0.39	2.38	2.99	1.44
C27	2.00	0.67	0.38	0.32	0.73	2.59	10.41	1.19	0.44
C28	2.05	0.61	0.39	1.28	0.02	0.17	—	0.13	—
C29	0.13	1.80	3.84	1.21	0.03	0.14	—	0.48	0.07
C30	1.82	0.95	1.59	0.72	0.50	1.47	—	0.33	0.24
C31	0.75	0.34	0.19	1.87	0.58	0.64	0.31	1.22	2.05
C32	1.22	0.18	0.09	0.38	1.64	1.64	—	3.81	1.43
C33	0.80	1.16	0.27	0.48	3.20	2.02	2.20	0.66	3.90
C34	0.71	1.44	1.82	0.51	1.60	1.15	0.04	0.29	0.22
C35	0.96	0.78	0.39	0.78	0.25	3.06	0.45	2.10	1.21
C36	0.56	1.26	0.67	0.77	3.52	5.38	1.10	1.24	5.32
C37	1.47	1.65	0.36	0.24	1.68	2.30	1.85	0.45	1.03
C39	1.03	1.42	0.08	0.33	1.09	3.68	2.18	0.19	0.41
C40	1.75	2.70	0.38	0.10	0.13	0.01	—	0.03	0.09
C41	1.39	0.97	5.90	0.12	1.39	0.33	0.40	0.08	0.13
C42	1.06	0.50	1.67	2.00	0.04	0.13	—	0.16	0.20

福州作为省会城市,一直是福建制造业发展的重要城市之一。在改革开放初期,福州主要发展石油化工、文教用品、机械制造业、塑料制造等小规模工业。至 2008 年,福州制造业较为突出的行业主要有化纤、医药、通信设备、纺织、交通运输设备、仪器仪表及印刷业等。主要分布在市辖区和福清、闽侯、长乐等

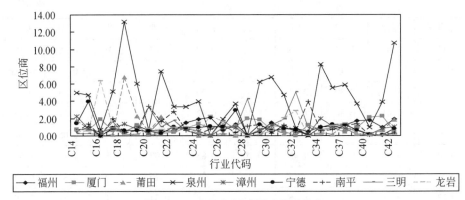

图 4-24　1990 年福建制造业区位商

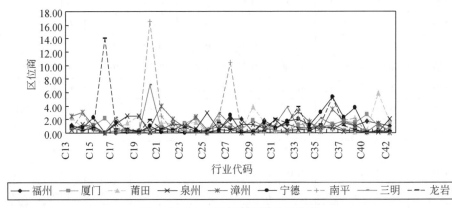

图 4-25　2008 年福建制造业区位商

地，例如马尾地区的造船厂、冠捷电子、LG、飞毛腿、福州青口的东南汽车、福清的福耀玻璃等，均为全国知名品牌。

　　厦门成为经济特区以来制造业得到快速发展，尤其是 20 世纪 90 年代后，仪器仪表、通信电子设备、化纤、文教用品等行业迅猛发展。至 2008 年，凭借其自身优越的地理区位和人才优势，厦门在制造业的发展上侧重于高新技术产业，其通信设备、交通运输、化学工业、电气机械、电子设备迅猛发展。在闽台合作深化的背景之下，厦门市凭借独特的对台及特区优势，使两岸光电信息产业的合作加深，目前已有多家台资企业，如友达光电、冠捷科技等知名企业入驻高新产业园区，形成集聚效应，推动地区制造业发展。

　　莆田原本工业基础比较薄弱，因此在劳动密集型产业和技术较为简单的行业有所发展，且素有"中国鞋都"之城。1990 年，其纺织服装、鞋帽制造业区位商高达 6. 75，可见该产业在当地发展的专业化程度。而皮革毛皮羽毛（绒）及其制造业、家具制造业、食品制造业的专业化发展，亦得益于当地丰廉的劳动力集聚。近年来，仪器仪表、橡胶制品等制造业专业化发展程度大大提升，而皮革毛皮羽毛（绒）、饮料及农副产品等轻工业方面亦延续其地区专业化优势而不断发展。

三明作为福建省老工业基地，在改革开放初期是福建省钢铁工业和机械工业的重点集聚地区，全区专业化程度最高的行业包括黑色金属冶炼、化纤、木材加工、非金属矿物、造纸等，其区位商均在 1. 8 以上。但随着开放程度进一步加深和三明市地理区位条件的变化，原本布局在此的重化工业逐步呈现向沿海地区转移的趋势。木材加工及竹藤棕草制品业成为地区专业化程度最高的制造业，区位商高达 7. 19；黑金冶炼、化学化工、纺织业及通用设备制造业区位商亦居各行业前列，但其专业化程度较上一时期均有所下降。目前三明市充分利用历史上的固定资产沉淀和重化工业人才优势，重点发展以下产业：①以福建三明不锈钢复合材高科技有限公司、三明市龙腾金属制品有限公司、福建鑫宇有色金属制品有限公司为龙头的金属材料及深加工产业。②主要布局在三明市辖区和大田、将乐工业园的汽车、机械装备及零部件产业。③依托区域资源优势，重点发展稀土产业、铅锌产业和氟产业的矿产深加工产业。④充分利用丰富的森林资源及现有的初加工产品，发展林产工业产业集群。⑤重点发展新型产业——生物医药及生物产业。

泉州在改革开放初期，工业基础薄弱，进入 90 年代后发展迅速，现今已形成福建省制造业发展的重要地区之一。改革开放初期，以纺织服装、鞋帽制造业的专业化程度最高，区位商值高达 13. 19，泉州市的这一行业专业化程度也居同期福建省内所有行业最高。而工业品、金属、家具及塑料制品等制造业也是该区颇具优势的主导产业。至 2008 年，地区专业化发展程度最高的行业转为石油炼焦、皮革、纺织服装及工业品制造业。完整的石化产业链促进地区石化炼焦行业发展的同时，亦很好地支撑了皮革、服装、制鞋等下游产业的发展。在规模以上工业中，纺织鞋服、建筑建材、工艺制品、食品饮料、机械制造业五大传统产业共完成产值 2827. 32 亿元，现价增长 25. 7%，占全市规模以上工业产值的 66. 2%。石油化工、电子信息、汽车及配件、修船造船和生物医药业五大新兴产业共完成产值 541. 70 亿元，现价增长 19. 1%，占规模以上工业产值的 12. 7%。

漳州在改革开放初期工业集聚薄弱，主要以发展劳动密集型的轻工业为主。食品、金属、家具、纺织及塑料制品业是当时漳州地区专业化程度最高的行业。随着开放程度加深和区域合作密切，制造业得到迅速发展，专用设备制造业和有色金属制造业等专业化水平逐步提升。而地区良好的农业发展条件，亦促使区域食品和农副食品加工等行业迅速发展。目前，漳州主要做大做强"3+4"产业，即食品、机械和电子信息三大主导产业和船舶、石化、钢铁、能源四大战略产业。其中食品产业是漳州市一大支柱产业，在福建乃至全国都具有重要的地位，目前已带动食品机械、印刷包装和储运业的发展。拥有紫山集团、福建糖业集团、泰山企业、裕兴果蔬、港昌集团、顺发水产、海魁水产等一批知名骨干企业。2008 年全市规模以上食品工业总产值 254.79 亿元，占全部规模工业产值的 20.5%，产品辐射范围达到汕头、厦门、泉州、龙岩等周边地区。其中，罐头食品是漳州与农业关联度最强的优势产业。

南平在改革开放初期的制造业发展以轻工业为主。基于本地优势资源，主要优势行业包括有色金属冶炼、木材及竹藤加工、造纸及纸制品制造业。至 2008 年，地区木材制造业仍延续其优势地位，而医药、食品、家具及化学原料制造业则成为这一时期南平地区的优势行业，主要以福建南平南孚电池有限公司、福建南平太阳电缆股份有限公司、福建省南纸股份有限公司为主要龙头企业，但其中南孚企业溢出效应不明显，企业所需原料基本来自区外，产品销售全国各地区，本地与之配套的企业不多。而南纸计划将与厦门合资建厂，已成为福建重点发展项目，列为"2010 年福建重点工业生产项目"之一。

龙岩在改革开放初期，大部分为资源产业，利用本区优势资源发展烟草制品、黑金冶炼、石油炼焦及非金矿物冶炼。如利用优质的高岭土资源，建设陶艺工业园，将资源充分利用，提高附加值。至 2008 年，地区专业化程度最高的行业仍为烟草制品业，区位商达 14.08。而专用设备、有色金属、非金属矿物制造业的专业化水平亦显著提高。龙岩机械产业主要是由龙头企业（福建龙岩龙工机械配件有限公司）带动，生产装载机、挖掘机、铸锻、轴承等，目前与这些生产相配套的产业也较为齐全，如原料主要来源于三明钢铁厂，同时也在全国范围内调运。一些大的零部件（如轮胎）则与区外配套。从事环保机械产业的主要是福建龙净环保股份有限公司，引进大量国外人才和技术，发展新型产业。该企业目前主要向外地扩张，政府也鼓励企业走出去，但其主体还在龙岩，生产基地一部分也在龙岩。

宁德在改革开放初期，以饮料、食品、橡胶制品制造业为优势产业，其专业化水平最高。至 2008 年，宁德市在机械制造业方面的发展逐显其优势，专用设备、电气机械、通用设备及交通运输制造业等专业化水平明显提升，区位商均较 1990 年（平均 1.13）显著提高，分别达到 5.38、3.68、3.06 及 2.3。电机业和船舶业是宁德市一直以来的主导产业。其中，电机业主要依靠计划经济时期国有企业的基础，目前大多为土生土长的民营企业，大多数规模较小，产值上亿的企业仅 100 多家。船舶业主要依托军工厂带动发展，不过目前存在企业规模偏小、产业链短、配套少的问题。宁德地区的经济中心是福安市,其拥有优良的临海港口,2008 年福安市 GDP 占宁德全市 23.8%,工业产值占 36.5%,出口占 63.8%。下一阶段规划制造业产值达到 1000 亿,其中电机业和船舶业 700 亿,镍合金 200 亿,大唐工贸集中区 100 亿。

目前福建制造业分布主要集中在东部沿海地区,这与改革开放 30 年来对外开放、区际开放与对台开放不断加强有关。东部地区区位条件优越,便于对外交流。而台湾作为福建贸易往来的重要合作伙伴之一,对福建制造业集聚也产生了一定的影响。

4.5 小   结

本章利用制造业产值比重分布图、地区专业化水平、赫芬达尔指数、基尼系数以及 K-均值聚类法等,分别从地区和行业的角度对福建 66 个区县在计划经济时期 (1980 年)、改革开放前十年对外开放时期 (1990 年)、区际开放时期 (2005 年) 以及对台开放时期 (2008 年) 四个不同历史时期下,制造业集聚程度和分布情况进行分析。

在计划经济时期,福建省集聚水平较低,制造业零散分布,呈现 "遍地开花" 的格局,地区专业化指数较低,大部分地区没有明显突出的优势产业。在这一时期,制造业的选址主要是由政府政策决定,集中分布于闽西北 "小三线" 地区,泉州、漳州、莆田等地工业基础薄弱。这一时期集聚程度最高的行业是机械工业和化学工业,集聚程度最低的依次为森林工业、食品工业、建筑材料及其他非金属制品业、缝纫业、造纸及文教用品工业以及煤炭和炼焦工业。对外开放时期福建制造业开始逐步向东南沿海地区转移,地区相对专业化水平不断提高,各区县充分利用现有优势,发展适宜本地区的行业。这期间集聚程度最高的行业为通信设备、计算机及其他电子设备制造业,最低的为纺织业。区际开放以及对台开放时期,制造业已明显在东部沿海地区集聚,集聚程度最高的为通信设备、计算机及其他电子设备制造业以及仪器仪表及文化、办公用机械制造业,而集聚程度最低的是烟草制品业和木材加工及竹藤棕草制品业。

采用 K-均值聚类法,测算出 1980 年、1990 年、2005 年和 2008 年福建制造业集聚程度,划分出密集区、中间区和分散区。1980 ~ 2008 年,制造业密集区呈现从中西部地区向沿海及闽西市辖区等地区逐渐推进的趋势,中间区由点状逐步转为面状分布,分散区部分研究单元向中间区发展。至 2008 年,密集区、中间区和分散区三大类型区域依次沿东部沿海中心地带、中部地区、西部(包括南、北两翼)形成空间层次分明的连片区域。同时,密集区和中间区面积不断扩大，分散区相对萎缩。此外密集区、中间区和分散区三类区域制造业产业集聚水平空间差异不断扩大。1980~2008 年密集区的总产值与中间区和分散区不断拉开差距，制造业各行业向密集区集中。

利用重心模型测算 1980~2009 年（部分年份数据缺失）福建制造业重心和经济重心变化，结果显示，20 世纪 80 年代以来福建制造业重心南北向、东西向分布不均趋势显著，且重心逐渐向东、向南转移。比较制造业重心与经济重心可见，制造业与经济协调发展，对经济整体发展具有重要贡献。同时，从福建省制造业重心变化的时空特征分析得出：福建省制造业重心的空间迁移轨迹与区域开放有着密切的联系，即随着区域对外开放、区际开放、对台开放层面的层层递进与深入，福建制造业的发展重心也从内陆西部地区向中部、东南部沿海地区逐渐推进。

最后本文从定性与定量两个方面，以实地调研情况结合区位商的方法综合分析，得出福州和厦门优势产业主要为技术和资本密集型行业；泉州和莆田等地优势产业多为资本和劳动密集型行业；南平、龙岩和三明优势产业则以资源和劳动密集型行业为主；宁德地区制造业水平相对较低，基础较薄弱，主要以电机业和造船业为主。总体看来，福建已在沿海地区形成以电子信息业、机械制造业和石油化工工业三大主导产业。而与此同时，台湾主要对外投资集中在电子工业、化学工业和机械工业，与闽东南形成产业对接。

参 考 文 献

蔡秀玲 . 2009. 福建加快建设海峡西岸先进制造业基地路径选择 . 福建师范大学学报（哲学社会科学版），5：42-48.

曹广忠，刘涛 . 2007. 北京市制造业就业分布重心变动研究——基于基本单位普查数据的分析 . 城市发展研究，14（6）：8-14.

范剑勇 . 2008. 产业集聚与中国地区差距研究 . 上海：格致出版社 .

贺灿飞，谢秀珍，潘峰华 . 2008. 中国制造业省区分布及其影响因素 . 地理研究，（3）：623-635.

贺传皎 . 2005. 深圳市产业集聚发展空间布局研究 . 哈尔滨：哈尔滨工业大学 .

李文川，孙希华 . 2007. 基于 GIS 的山东省人口重心迁移研究 . 山东师范大学学报（自然科学版），22（3）：83-86.

李文溥，焦建华 . 2008. 从开放走向市场——沿海开放地区经济体制转轨的一个案例研究 . 中国经济史研究，（4）：43-51.

李新运，郑新奇，闫弘文 . 2004. 坐标与属性一体化的空间聚类方法研究 . 地理与地理信息科学，20（2）：38-40. .

林珊，龚伟平 . 2008. 福建对外开放 30 年历程探索 . 福建商业高等专科学校学报，（6）：52-55.

刘春霞 . 2006. 产业地理集中度测度方法研究 . 经济地理，（5）：742-747.

刘涛，曹广忠 . 2010. 北京市制造业分布的圈层结构演变——基于第一、二次基本单位普查资料的分析．地理研究，29（4）：716-726.

文玫．2004．中国工业在区域上的重新定位和聚集．经济研究，（2）：84-94.

曾丽云，韦素琼，耿静嬛．2011．2004-2008 年福建省制造业空间结构及变化分析．经济地理．
    31（10）：1680-1685.

张善余．2003．中国人口地理．北京：科学出版社．

Cheng L K，Kwan Y K. 2000. What are the determinants of the location of foreign direct investment?
    The Chinese experience. Journal of International Economics，51(2)：379-400.

第5章 "三重开放"下福建省制造业集聚的影响因素分析

5.1 影响福建省制造业集聚的因素选择

传统的经济地理理论认为造成产业集聚的主要原因是不同区域之间经济地理因素的差异，如资源禀赋和发达的交通网，特别是沿海便利的港口条件，均会促使产业发生集聚（袁海，2010）。新经济地理学将规模报酬递增纳入到制造业产业集聚影响因素的研究框架中，强调外部规模、产业链、运输成本、需求因素和劳动力的外部性对于企业区位选择的重要作用，进而对区域制造业集聚产生的影响（Henderson，1974；Krugman，1991；Venables，1996）。根据传统经济地理理论和新经济地理学理论，选取以下因素作为制造业集聚的主要影响因素。

（1）本地产业链。制造业是一个关联性十分强的产业，其产业联系会对产业区位选择和地方企业集聚的形成产生重要的作用，产业联系不仅强调物质联系"短距离"所带来的由运费较少、成本较低等形成的外部规模经济，同时也强调非实体的信息和知识联系，其所涵盖的不仅仅是制造业产业内部的上、中、下及横向联系，也包括了制造业与外部其他行业更宽泛的联系（王缉慈，2001）。因此，一个地区企业数量越多，该地区的制造业产品与服务市场的需求和供应也越大，企业间的纵向和横向联系程度越高，也就越能吸引制造业的区域集聚。

（2）本地人力资本。20世纪80年代东南沿海地区改革开放初期，依靠劳动力成本优势吸引外资，发展加工出口贸易产业，引进管理经验和先进技术，引导区域经济快速发展；21世纪初以来，劳动密集型产业和资源密集型产业逐渐失去成本优势，而高素质劳动力已成为制造业产业结构转型升级的助推器。因此，在制造业发展的不同时期，劳动力数量和质量的时空分布差异是影响制造业空间集聚的重要作用。

（3）本地市场需求。市场效应是产业集聚向心力的重要来源，大容量市场更容易吸引企业进入该区域，企业的进入又进一步促进了该区域市场的扩大，进而增强产业的集聚（Krugman，1991；李文溥和焦建华，2008）。区域内部市场容量及市场空间距离是影响制造业集聚的重要因素。

（4）本地基础设施。主要是指交通、通信对产业联系的地理影响。交通和通信的发展有效降低了空间联系的经济成本和时间成本,扩大了产业联系的地理范围。但交通和通信的发展将导致产业空间趋向集聚还是分散,与产业不同的发展阶段以及不同的产业特性有关。目前制造业空间集聚的趋向并未因交通与通信的发展而消失。对于传统制造业而言,空间的接近仍是节约运输成本的关键。对于高新技术产业而言,知识创新是生产系统活力的根本来源,信息与知识联系成为产业联系的重要内容,企业之间在近距离互动当中,隐含的经验类知识才能更为准确地传递,并不断得到发展(王缉慈,2001)。因此,本地区以交通和通信为代表的基础设施因素依然是影响制造业区域集聚的重要因素。

(5)产业政策。区域制造业发展离不开政府政策的支持。波特的"菱形构架"理论认为,政府可以通过产业政策的变化影响区域的要素条件、企业战略、结构和竞争、需求条件及产业链等四个方面,进而影响区域制造业整体发展。即政府在经济发展中可以实行产业倾斜政策,通过制定鼓励投资政策、建设基础设施、发展人员培训和教育等措施创建有利于制造业发展的良好环境。

(6)对外开放。外商直接投资通过增加区域的资本变量、技术变量以及优化区域经济的市场要素配置,促进区域制造业集聚水平的提高。较多学者通过实证研究认为外商直接投资与区域制造业集聚水平之间存在循环累积因果效益(梁琦,2003;徐康宁和陈奇,2003;曹群,2006;林巍,2007)。福建是中国东南沿海对外开放较早的地区,同时也是台商投资历史较早、投资密度较大的区域之一。外资与台资对福建的大规模投入,对当地产业发展的影响值得进一步研究。

5.2 影响制造业集聚的因子模型构建

5.2.1 数据来源

数据来源于《福建统计年鉴》(1983～1984年,1986～2011年)及台湾经济主管部门投资审议委员会统计的1991～2010年《核准华侨及外国人、对外投资、对中国大陆投资统计年报》。

5.2.2 研究方法

灰色关联分析方法常用于分析系统多因素间的相互作用关系。计算各比较序列与参考序列的灰色关联度,并按照大小排出关联序,关联度越大,即比较序列的变化趋势和速率与参考序列越相近,二者的关系越紧密(唐宏等,2011)。采用建立灰色关联模型,测算影响福建省制造业集聚因子的关联度,其公式(唐宏

等，2011）为

$$\xi_i(k) = \frac{\min\limits_i \min\limits_k |Y(k) - X_i(k)| + \rho \max\limits_i \max\limits_k |Y(k) - X_i(k)|}{|Y(k) - X_i(k)| + \rho \max\limits_i \max\limits_k |Y(k) - X_i(k)|} \qquad (5\text{-}1)$$

$$r_i = \frac{1}{n} \sum_{k=1}^{n} \xi_i(k) \qquad (5\text{-}2)$$

式中，$\xi_i(k)$ 表示第 k 年指标 X_i 与因变量 Y 的关联系数；r_i 为 X_i 与 Y 的关联度；$\rho = 0.5$ 为分辨系数，用于降低最大值失真影响，使关联系数差异明显。通过比较各关联度 r_i 的大小，分析各影响因素与因变量的相关程度。当 $0 < r_i < 1$，说明 Y 与 X_i 有关联性，r_i 值越大，关联性越强。当 $0 < r_i \leqslant 0.35$ 时，关联性弱；当 $0.35 < r_i \leqslant 0.65$ 时，关联度中；当 $0.65 < r_i \leqslant 0.85$ 时，关联度较强；当 $0.85 < r_i \leqslant 1$ 时，关联度极强（唐宏等，2011）。

根据新经济地理学理论，选取以下因素作为制造业集聚的主要影响因素：产业链、人力资本、市场需求、基础设施、产业政策、对外开放、区际开放和对台开放（表5-1）。以制造业产值作为因变量指标。鉴于影响因子对制造业空间格局影响的滞后性，以及数据的可获性，确定"三重开放"的时间断面为1990年、2005年和2008年。

表 5-1　福建省制造业空间集聚影响因素的变量指标选取及说明

影响因素	变量解释
产业链	本地区工业企业数衡量制造业产业前向后向关联（X_1）
人力资本	制造业在岗职工占全社会在岗职工人数比例（X_2）；高中及高中以上学历在校生人数（X_3）；从事科技研究的人员数（X_4）
市场需求	人均 GDP（X_5）；港口货物吞吐量（X_6）；进出口额占 GDP 比重（X_7）
基础设施	公路通车里程（X_8）；铁路营业长度（X_9）；邮电通信业务量（X_{10}）
产业政策	制造业固定资产投资占全社会固定资产投资比例（X_{11}）
对外开放	对外贸易依存度（X_{12}）；地区外资依存度（X_{13}）；对外经济合作（X_{14}）
区际开放	商品流动（X_{15}）；资本流动（X_{16}）；人口流动（X_{17}）
对台开放	台商对福建制造业投资额（X_{18}）

注：对外贸易依存度为出口额与 GDP 的比值；地区外资依存度为实际利用外资与全社会固定资产投资的比值；对外经济合作为地区对外经济合作完成的营业额在地区 GDP 中所占份额；商品流动采用地区货运量与地区运输线路总长度的比值；资本流动采用地区人均固定资产投资中的自筹资金额；人口流动采用地区实际人口增长率与自然增长率的差来表示

根据"三重开放"定义、大陆与台湾经贸发展史以及台商对福建制造业投资发展历程，对福建制造业集聚影响因素分三个时段研究：①1980～1990年，

侧重研究改革开放（对外开放）背景下，福建制造业集聚的主要影响因素；②
1991～2000 年，区际开放背景下，制造业集聚因子的变化；③2001～2010 年，
关注海峡两岸发展提升时期，福建制造业发展所面临的挑战和机遇。

5.3 "三重开放"下福建省制造业集聚影响因素分析

根据式（5-1）、式（5-2），计算结果表明（表 5-2），福建制造业产值与三
个研究时段 18 项指标的关联度都高于 0.77。

表 5-2 1980～2010 年福建制造业空间集聚影响因素的灰色关联度结果

因素	X_1	X_2	X_3	X_4	X_5	X_6	X_7	X_8	X_9
R（1980～1990）	0.9297	0.8894	0.9508	0.8635	0.9938	0.9872	0.9408	0.9071	0.8955
关联序	10	15	6	17	3	4	9	12	14
R（1991～2000）	0.8839	0.9215	0.9697	0.9850	0.9581	0.9911	0.8891	0.9268	0.9270
关联序	15	11	4	3	7	2	14	10	9
R（2001～2010）	0.8759	0.8342	0.9003	0.8584	0.9284	0.9370	0.8465	0.8522	0.8396
关联序	6	13	4	7	3	2	10	9	11

因素	X_{10}	X_{11}	X_{12}	X_{13}	X_{14}	X_{15}	X_{16}	X_{17}	X_{18}
R（1980～1990）	0.9962	0.9115	0.9448	0.9460	0.8686	0.8985	0.9971	0.9861	
关联序	2	11	8	7	16	13	1	5	
R（1991～2000）	0.9642	0.9677	0.9018	0.8296	0.8679	0.8945	0.9954	0.8486	0.9537
关联序	6	5	12	18	16	13	1	17	8
R（2001～2010）	0.8014	0.8796	0.8534	0.8007	0.7750	0.8230	0.9552	0.7812	0.8358
关联序	15	5	8	16	18	14	1	17	12

（1）产业链。研究结果表明，本地区工业企业数与福建制造业的空间集聚
具有较好的正相关关系。但这种关联程度随着对外开放、区际开放和对台开放的
层层推进，影响力逐渐减弱（表 5-2），其关联度在三个研究时段中从 0.9279 降
低到 0.8759，排名从第 10 位下降到第 15 位，而后又上升到第 6 位。福建早期工
业基础薄弱，以轻纺工业为主，当时有限的产业集聚对制造业空间进一步集中产
生了较大影响。随着经济的发展与制造业重化度的上升，重工业对产业链与技术
链配套要求较高。福建原有的以中小企业为主的产业上下游关联程度以及产业集
聚效益远不能满足发展的需要，难以满足大企业的配套要求（魏澄荣，2007），
市场作用下完善的社会化分工协作格局还没有真正形成，因此导致产业链对制造
业集聚程度的影响趋于降低。通过对福建省龙岩、三明、宁德和泉州等地市数十
家企业的座谈访问，发现本地配套产业滞后影响大中型企业集聚已构成企业进一

步发展的共同障碍因素之一。

    案例： 大型民营工程机械企业龙工（福建）机械有限公司是福建省机械工业的龙头企业，1993 年在龙岩市创建。由于龙岩本地区产业配套、信息和人才等限制，2000 年龙工集团将大部分生产线转移至上海，在上海市松江工业园区创办了中国装载机行业第一个在沪生产基地——上海龙工机械有限公司，同年跻身中国装载机行业前 3 名。2003 年，龙工牌装载机产销超过 8000 台，销售额 26.3 亿元，国内市场占有率 13.8%，出口创汇 230 万美元，利税 2 亿元，产品销往除台湾外的全国 31 个省、市、自治区，主销华北、华东、西北以及印度、蒙古、俄罗斯、越南、缅甸等周边国家。2010 年年底，龙岩市兴建龙工配套产业园，创建 12 家配套企业，旨在为龙工集团在本地的发展提供产业配套。目前福建本地的龙工集团公司的原料多来源于福建省内，例如，钢板主要来自三明钢铁厂，其需求量约占三钢总产量的 30% ~ 40%，除了发动机、轮胎和部分标准件（螺丝、螺帽等）外，其余元件均可在附近配套，龙工在当地配套比例按价值算约占 80% 以上。福建龙工企业产品主要供应华南地区和西南地区市场，将来在保持国内市场占有率 20% 基础上，主要开拓国际市场。

    （2）人力资本。改革开放初期，福建省作为我国较早实行对外开放的沿海省份之一，在区域劳动力资源丰富、土地相对廉价的基础上，实行"两头在外""大进大出"的外向型加工贸易经济，吸引和集聚了大量劳动力。据统计，近些年福建劳动力供给的 40% ~ 50% 来自省外（李文溥和陈贵富，2010）。对外开放初期（1980 ~ 1990 年），劳动力的集聚与福建以劳动密集型为主导的产业发展产生了互为促进的循环累积因果效应，制造业在岗职工占全社会在岗职工人数比例与制造业集聚关联度达 0.8894。区际开放时期（1991 ~ 2000 年），区际要素流动得以加强，促进了福建省劳动力的进一步集聚，制造业在岗职工占全社会在岗职工人数比例与制造业集聚关联度上升到 0.9215，大量劳动力在福建沿海地区的集聚。配合交通设施的完善，推动了福建沿海地区制造业快速增长。20 世纪 90 年代后期福建制造业逐步由劳动密集型转向资本密集型产业，但劳动密集型产业在福建制造业结构中仍占据相对优势和较大的比重，这与福建省制造业的劳动力成本上升较慢，制造业工人平均工资水平较低，保持了劳动密集型产业强大的竞争优势有关。因此，2001 ~ 2010 年制造业在岗职工占全社会在岗职工人数比例与制造业集聚关联度仍保持在 0.8342，但对制造业影响的位次下降。近几年来随着内陆地区的发展以及全国劳动力成本的普遍上升，福建劳动力资源的数量与成本优势已逐渐不再明显，同时制造业结构的调整升级对劳动力素质的需求也日显迫切。这一变化可以从高中及高中以上学历在校学生数指标与从事科技研究人员数指标的影响度的层层提升得以体现。这说明福建制造业结构转型期，尽管高素质劳动力市场还未完全形成，但劳动力素质比劳动力数量的作用更为凸显。劳动力素质在推动制造业发展中发挥着越来越重要的作用，科技人员队伍的成长是制造业产业结构调整的关键要素之一。以电子信息产业为例，电子信息产业是典型的技术密集、知识密集型产业，厦门和福州高密度的电子信息产业聚集与当地高素质劳动力和丰富的科技人员集聚密切相关。

（3）市场需求。人均 GDP 与制造业集聚的关联序在第一与第三阶段位居第三，三个阶段平均关联度为 0.9601，港口货物吞吐量与制造业集聚的关联序在后两个阶段均居第二，三个阶段平均关联度达 0.9718，这说明福建制造业的市场需求是其空间集聚的重要影响要素。首先，"一重开放"初期，福建省成为我国东南沿海开放较早的地区之一，国际市场的产业转移及生产外包为福建制造业的发展营造了较大的产销市场。90 年代的区际开放既给福建制造业发展带来了机遇，也带来了挑战。福建凭借其位于经济发展较快的亚太经济圈中部的区位优势以及拥有众多优良深水港湾的资源条件，成为长三角、珠三角和台湾三大市场圈 800公里运输半径的交集区，而这三个市场圈集聚了中国 70% 左右的经济总量（蔡秀玲，2009）；在经历"一、二重开放"后，福建依靠邻近市场优势，发展外向型加工工业以及承接国内外产业转移，进一步促进其制造业发展。其次，区域内人均 GDP 的不断提高，地区经济不断发展有力地提升区内市场需求能力，扩大区内市场量。在 2001~2010 年，市场需求的三项指标与制造业平均关联度虽然较前两个阶段有所下降（第一阶段为 0.9739，第二阶段为 0.9461，第三阶段为 0.9040），但其仍是促进制造业发展的一个关键性因素。随着第三重开放的进一步深入，大陆东部沿海及内陆区位条件较好的地区逐渐成为福建对台贸易的竞争对手，这种激烈的市场竞争压力成为促进福建制造业空间布局变化的潜在影响因素之一。

（4）基础设施。以公路通车里程、铁路营业长度和邮电业务量为解释变量，与制造业集聚的灰色关联分析表明，除了邮电业务影响力下降外，公路与铁路等基础设施的完善是福建省制造业发展的重要影响因素之一。20 世纪 90 年代以来，福建基础设施建设渐显成效，突破了长期以来的交通和电力瓶颈，特别是"十一五"期间进出省高速公路和电力建设，极大拓展了福建的发展空间和经济腹地，为促进临港制造业的集聚发展创造了良好的基础和条件（蔡秀玲，2009）。沈海高速福建段和福银线福建段，以及"八纵九横"的省级干线和 5 条国道所构成的公路干线网覆盖并辐射全省各设区市，打通了福建省内区域之间的交通脉络和对外要素运输通道，为区际要素流通开辟了通道。同时，电力电网建设覆盖全省，形成了环形网架电网，为制造业的发展提供了较为稳定与充足的能源支持。福建的基础设施建设对制造业的空间集聚起到了正面的推动作用。

（5）产业政策。政府对制造业的产业倾斜政策加快了福建制造业发展进程。

相关分析显示（表5-2），1980～1990年、1991～2000年以及2001～2010年三个阶段的制造业固定资产投资与制造业发展之间的关联程度较高，影响位次呈现不断上升趋势，从第11位上升到第5位。改革开放之后，福建的产业政策在鼓励大中小项目发展的同时，还积极争取港澳侨台等外资，成立厦门经济特区、福州（马尾）经济技术开发区、福清融侨、东山经济技术开发区，以及杏林、海沧、集美台商投资区，形成包括38个县（市、区）在内的沿海经济开放区。政府这些举措一方面完善了区域的基础设施建设，另一方面所实施的优惠政策，增强了外资的区域吸引力，有力推动了制造业在沿海地区的集聚发展。2009年，国务院发布《国务院关于支持福建省加快建设海峡西岸经济区的若干意见》，提出将以福建为主体的海峡西岸经济区建设成为东部沿海先进制造业的重要基地。随着海峡西岸经济区的建设上升到国家层面，对未来福建制造业发展以及空间布局的变化将产生更大的推动作用。

（6）对外开放。包括对外贸易依存度（X_{12}）、地区外资依存度（X_{13}）以及对外经济合作（X_{14}）3个因子。对外开放因子始终保持对制造业发展较高的关联度，并且在第一阶段的综合作用最为显著，此后两个阶段影响度有所下降。3个因子平均关联度从1980～1990年的0.9739下降到1991～2000年的0.9461，以及2001～2010年的0.9040，平均关联序也从第10位下降到第15位以及第14位。1980年厦门作为全国四个国务院批准的经济特区之一获得率先开放；1984年厦门特区范围扩大到全岛，逐步实行了自由港某些政策；1992年又批准设立厦门象屿保税区，并成为享有省级经济管理权限的城市之一。福州于1984年作为全国14个沿海开放城市之一实行对外开放，获得扩大地方审批权限和给予外商投资者优惠等各项政策。早期一系列开放政策的实施，极大地促进了福建省制造业在沿海率先开放的地区集聚。此后随着政策的普惠化，对外开放因素对福建沿海地区制造业空间集聚的影响逐渐减弱。交通运输条件的改善，以及区际开放与对台开放因素的影响，又进一步促使制造业不断向沿海地区集聚。

（7）区际开放。包括商品流动（X_{15}）、资本流动（X_{16}）与人口流动（X_{17}）3个因子。区际开放因子中资本流动始终位于所有影响因子的第1位，商品流动和人口流动因子前两个阶段保持强劲关联势头，在第三阶段有所下降，尤其是人口流动因子的关联度逐步下降。从3个因子的平均关联度看，1980～1990年和1991～2000年分别达到0.9606和0.9128，2001～2010年下降到0.8531。区际开放所带来的资本、劳动力与商品流动，使得生产要素不断向条件优越的沿海地区集聚，加之相应的政府产业政策的引导，导致福建省制造业高度集聚于沿海地区。2004年随着"海峡西岸经济区"战略的提出，福建省综合交通体系的完善，以及制造业逐步向资本密集型产业的转型，生产要素在进一步向沿海地区集聚，同时开始走向均衡。

（8）对台开放。台商对福建制造业投资与福建制造业发展及空间布局变化有较强的相关性。早在 20 世纪 80 年代初期，台商就开始对福建进行投资，但直至 1987 年对居民开放大陆探亲，台商对福建的投资才开始规模化（王成超和黄民生，2008）。至 1991 年，台商对福建制造业投资总件数累积达 4063 件，年均投资件数达 239 件，投资总金额数累积达 42.2 亿美元，年均投资额达 2.5 亿美元，主要投向以劳动密集型为主的制造业。台资为正处于起步阶段的福建制造业发展带来了资本、技术和管理经验等生产要素，在一定程度上促进了福建制造业向条件较好的沿海地区集聚。1991~2000 年，福建台资与制造业集聚的关联度达 0.9537。90 年代中后期至 2010 年，台商投资逐渐从劳动密集型产业、资本密集型产业转向技术密集型产业，其中以电子信息产业投资比重上升最为显著（图 5-1），台商加大对福州和厦门地区电子信息产业的投资也是构成制造业集聚沿海地区的重要原因之一。但是同时，这一阶段台资出现向北转移趋势，福建台资与制造业集聚关联度下降至 0.8358，相应地同时关联序也由上一阶段的第 8 位下降至第 12 位。总体上看，这一时期两岸关系转缓，在经济层面上达成多项共识，经济合作进一步深化，两岸经贸发展不断提升，福建也因此拥有更多的发展机会。

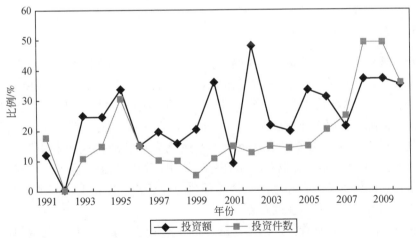

图 5-1　1991~2010 年台商对福建电子信息产业投资件数及投资额分别占制造业投资的比例

5.4　典型案例区制造业集聚影响因素实证研究

5.4.1　"三重开放"典型案例区的选择

鉴于"三重开放"下福建省域层面的制造业集聚影响因素的分析，为考察不同区域背景以及不同制造业发展模式的微观影响因子，选取晋江安海镇和福州马尾区（即福州经济技术开发区）两个典型区域，对其制造业集聚影响因素进行深入探讨。

案例区选择的理由：①两区域均位于福建沿海地区。福建东部沿海地区是中国较早对外开放的区域之一、也是对台开放的前沿阵地，同时还是福建制造业空间集聚显著的区域，其作为"三重开放"案例区更具典型性。②马尾区作为国家级经济技术开发区、台商投资区，是国家政策影响较为凸显的区域。在海峡两岸这种特殊政治背景下，其对两岸政策变化反应也较为灵敏。而安海镇是福建省四大名镇之一，与金门岛隔海相望，改革开放后，经济（特别是制造业）发展迅速，成为全国经济百强镇。因此，马尾区和安海镇作为国家级开发区和全国经济百强镇，以其作为"三重开放"典型研究样区具有代表性。③马尾区制造业是国家政策引导下的外部嵌入型发展模式，晋江安海镇制造业是民营企业自发发展形成的内生型发展模式，均为福建制造业的典型模式之一。选择马尾区和安海镇作为"三重开放"研究区域具有可推广性。

5.4.2　晋江安海镇制造业集聚影响因素研究

5.4.2.1　研究区概况

晋江是福建民营经济活动最为活跃的地区，也是泉州地区民营经济发展的一个典型代表，其以中小企业为主的区域特色发展模式被称为"晋江模式"，与"苏南模式""珠江模式"和"温州模式"并称为中国农村经济四大发展模式。晋江民营经济从乡镇企业发展而来，"一镇一品"的发展模式在培育壮大晋江中小企业的同时，也形成了以家庭企业和专业化为基础的特色产业集群（王梅，2006）。近年来晋江不少民营企业出现外迁端倪，如七匹狼、贵人鸟、安踏等著名品牌开始将其研发中心和市场营销等部门向外迁移，仅将生产基地留在晋江，这一现象成为目前备受关注的热点。

安海镇位于福建省晋江市西部，是著名侨乡和历史文化古镇，与金门岛隔海相望，地势呈东北向西南倾斜，境内最高的灵源山海拔达 305 米，属于亚热带海洋性季风气候，区域面积为 67.66km^2，辖 41 个行政村。安海镇是福建省经济发展重镇，经济综合实力从 2001 年至今均居福建省十强镇前列。2010 年安海镇拥有 1 个省级的安平综合开发区，8 个镇级的工业、商贸小区和 40 多个村级工业小区，乡镇企业 1230 多家，规模以上企业 108 家，年产值超亿元企业 17 家。区域内制造业行业门类繁多，从最初的"一镇一品"发展到今天形成以机械制造、文具玩具、食品、皮革、服装、纸业等为支柱产业的沿海经济发达乡镇，集聚了省内、国内众多品牌企业。2006 年,恒安、晋工、兴业、福源、三益、兴源、美斯达、好利来等 8 家企业被确定为市级产业集群核心企业(晋江市工商行政管理局,2008;董瑞婷,2010)。

5.4.2.2 影响因素选择

企业选址与迁移的影响因素主要有区位因素、内部因素和外部因素。区位因素是指企业选址或迁移所确定目标区位的发展条件和特征,主要包括扩张空间、交通区位条件、基础设施、公用设施、与市场和供应商的距离等(祁新华等,2010),即迁入地对企业的吸引因素。内部因素包括企业经营管理的质量、组织目标、营业额增长率、利润等企业组织的硬指标,也包括决策者的行为偏好和人际脉络等软变量。企业性质也会影响企业的选址与迁移(Bárcena-Ruiz and Garzón,2009)。外部因素则主要包括目标区的劳动力市场情况、地区经济条件、市场规模、竞争对手、技术进步和地方政府政策等(Nakosteen,1987)。

影响企业选址与迁移的主导因素随研究深入不断发生变化。在研究早期,迁入地的劳动力成本优势是推动企业迁移的重要原因;随着经济发展与研究深入,交通因素、高科技支持等才是促进企业未来迁移的最关键因素(Hu et al.,2008)。

本文以安海镇企业的迁移意愿为研究对象,因此主要考虑影响企业外迁的内部因素和外部因素(表5-3),而对迁入地的区位因素不作讨论。

表 5-3 企业迁移影响因素框架

	分类	因素	指标
企业迁移影响因素	内部因素	企业的区位、用地与规模	企业现有区位布局
			企业规模结构
			企业生产用地用房来源
		企业家个人及认知特征	企业创办人来源
			企业家创办企业考量
			企业家创业前工作经历
	外部因素	劳动力要素	劳动力主要来源
			员工招聘相对容易程度
		产品市场竞争力	研究与开发机构的设立
			主营产品的技术含量
		企业间竞争协作关系	与本地企业的合同关系
			企业竞争压力来源
			本地企业集聚因素

5.4.2.3 数据来源与样本属性

根据中国经济普查企业数据库的企业名录，以安海镇制造业各门类的企业数比例，确定每个门类所要调查的企业数，再从各门类企业中随机抽取相应数量的企业作为调查样本（共 103 家）。于 2011 年 7～8 月份，对企业家或企业负责人进行问卷调查与座谈访问，就企业迁移意愿、企业搬迁情况等相关问题进行深入了解，最终获得有效问卷为 102 份。

问卷涉及的企业类型主要包括集体企业、私营企业、三资企业、台资企业，其中私有企业占 70.59%，三资企业（中外合资企业、中外合作企业和外商独资企业）占 7.84%，股份合作制企业和集体所有制企业分别仅占 1.96%。问卷中涉及的企业类别与安海镇以私营乡镇企业为主的多种经济成分并存的经济结构相一致。

样本中企业主要分布于村镇级工业开发区，占 76.47%（78 家）；省市级工业区仅有 4 家（3.92%）。位于相对集聚地区（部分企业集聚地规模小，未形成工业区）的企业有 13.73%（14 家），而区位相对独立的企业有 6 家（5.88%）。上述数据与安海镇实际企业布局相一致（图 5-2）。

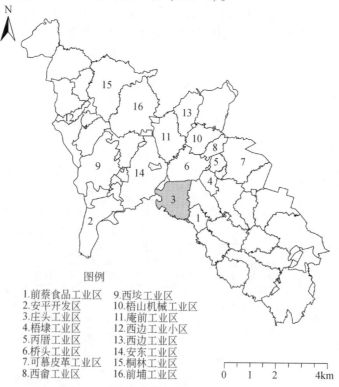

图例
1.前蔡食品工业区　9.西垵工业区
2.安平开发区　　　10.梧山机械工业区
3.庄头工业区　　　11.庵前工业区
4.梧埭工业区　　　12.西边工业小区
5.丙厝工业区　　　13.西边工业区
6.桥头工业区　　　14.安东工业区
7.可慕皮革工业区　15.桐林工业区
8.西畲工业区　　　16.前埔工业区

0　1　2　　4km

图 5-2　安海主要村镇级别工业区分布图

以企业从业人员数作为企业规模划分指标。根据企业规模划分标准①，安海镇以小型企业为主，从业人数小于 150 人的企业数比重最大，占 71.57%（表5-4），150~300 人的企业比重次之（15.69%）。小企业多数由家庭式作坊发展而来，早期发展势头迅猛，涵盖大部分制造业门类。但在发展后期，部分行业由于技术创新滞后（如玩具行业）或环境污染问题（如皮革行业）逐渐式微。有些行业则获得较好发展，如从业人数在 300~500 人的企业（占 8.82%）大多为机械工业，产业链逐渐完善，形成了以晋工机械、盛达机器、中德顺集团等为龙头企业的产业集聚。

表 5-4 企业不同规模比例

企业从业人数/人	比例/%
0~150	71.57
150~300	15.69
300~500	8.82
>500	3.92

5.4.2.4 信度分析

数据信度是指数据的可靠性，即由多次测验所得结果的一致性或稳定性，或估计问卷所得数据测量误差的多少，以此反映真实数据的可信程度。本文采用 Cronbach 的一致性系数（α 系数）来分析数据的信度（表5-5），即若 $\alpha>0.9$ 表示数据的信度很好；$0.7<\alpha<0.9$ 表示信度相对较高；$0.6<\alpha<0.7$ 表示数据可信；若 $\alpha<0.6$ 则视为该数据不可信。

表 5-5 数据信度分析结果

影响因素	复相关系数	α 系数
企业的现有区位布局	0.5810	0.6873
企业规模结构	0.5670	0.6543
企业生产用地用房来源	0.5012	0.6704
企业创办人来源	0.6402	0.6231
企业家创办企业考量	0.5981	0.6703
企业家创业前工作经历	0.6315	0.6302

---

① 根据 2003 年 5 月国家统计局制定并执行的《统计上大中小型企业划分办法（暂行）》，工业企业从业人数在 300 人以下为小型企业，300~2000 人为中型企业，2000 人及以上为大型企业

影响因素	复相关系数	α 系数
劳动力主要来源	0.560 1	0.605 1
员工招聘难易程度	0.686 4	0.613 6
研究与开发机构的设立	0.523 6	0.650 5
主营产品的技术含量	0.698 4	0.671 0
与本地企业的合同关系	0.826 3	0.682 4
企业竞争压力来源	0.675 2	0.603 2
本地企业集聚因素	0.813 2	0.650 8

从表5-5所显示结果来看，各影响因子的 α 系数均在0.6以上，表明本研究所采用数据符合信度要求水平。且从复相关系数来看，与本地企业的合同协作关系（0.8263）和本地企业集聚因素（0.8132）相对于其他影响因素来说相关性最高。

5.4.2.5   企业迁移意愿

受访的102家企业中85.29%的企业没有外迁意愿。他们认为，在产业链完整的工业区里，工厂之间已形成从加工到半成品再到组装成品的链条式结构，协作与业务关系熟悉，这与表5-5的复相关系数结果相符合。仅有15家企业（占14.71%）基于未来发展空间的考虑，以及为企业上市做准备，有迁移意愿。企业搬迁的意向地区，福建省内大多倾向于厦门市（尤其是以产品出口为主的企业大多选择了厦门海关），省外则倾向于浙江和广东等沿海地区。大部分企业无迁移意愿，体现了晋江市中小企业的黏着性和根植性特点。

5.4.2.6   基于 Probit 模型的中小企业迁移影响因素分析的模型构建

1）Probit 模型的设定与变量说明

为进一步分析影响安海镇中小企业迁移的各因子作用方向及程度，构建企业迁移影响因素的 Probit 模型，对受访的102家企业进行深入分析。模型具体表达式为

$$Y^* = \alpha + \beta X + \mu \tag{5-3}$$

$$Y = \begin{cases} 1 & \text{当 } Y^* > 0 \text{ 时，表示企业愿意迁移} \\ 0 & \text{当 } Y^* \leq 0 \text{ 时，表示企业不愿意迁移} \end{cases} \tag{5-4}$$

式（5-3）中，μ 表示扰动项，并服从标准正态分布。因此影响企业迁移行为的二元离散选择模型可以表示为

$$\text{prob}(Y = 1 \mid X = x) = \text{prob}(Y^* > 0 \mid x) = \text{prob}\{[\mu > -(\partial + \beta x)] \mid x\}$$

$$= 1 - \Phi\left[-(\alpha + \beta x)\right] = \Phi(\alpha + \beta x) \qquad (5\text{-}5)$$

式中，Φ 为标准正态累积分布函数；Y^* 是不可观测的潜在变量；Y 则是实际调研的因变量，表示企业迁移行为的意愿，Y 为 0 时企业不愿意迁移，Y 为 1 时企业愿意进行迁移；而 X 则是实际调研的自变量（表 5-3）。各个自变量说明见表 5-6。

表 5-6 Probit 模型的自变量说明

自变量代码	自变量说明	先验判断
x_1	企业现有区位布局（村镇级工业开发区=1，省市级工业区=2，相对集聚区=3，相对独立区=4）	负向
x_2	企业规模结构（0~150人=1，150~300人=2，300~500人=3，>500人=4）	正向
x_3	企业生产用地用房来源（自买自建=1，政府划拨土地=2，租用别人厂房=3，乡镇集体土地=4）	负向
x_4	企业创办人来源（本地=0，外地=1）	不确定
x_5	企业家创办企业考量（本地优势=1，回报家乡=2，其他=3）	不确定
x_6	企业家创业前工作经历（务农=1，政府机关工作=2，其他企业工作=3，其他=4）	不确定
x_7	劳动力主要来源（本地员工=0，外来员工=1）	负向
x_8	员工招聘相对容易程度（容易=1，一般=2，较难=3，很困难=4）	负向
x_9	研究与开发机构的设立（是=1，否=0）	正向
x_{10}	主营产品的技术含量（成熟技术的大路货=1，仿制=2，合作开发=3，技术转让=4，自主开发=5）	正向
x_{11}	与本地企业的合同关系（原料购买=1，设备购买维修=2，产品代销=3，信息咨询=4，技术委托合作=5）	负向
x_{12}	企业竞争压力来源（海外同行=1，国内同行=2，本地三资企业=3，本地同行=4）	不确定
x_{13}	本地企业集聚因素（政府优惠政策=1，健全的基础设施=2，市场信息灵通=3，靠近市场=4，相关行业集中=5）	负向

2）数据处理结果

本文运用统计软件 Eviews 6.0，采用极大似然估计法对模型进行估计计算，同时利用怀特检验方程来矫正数据方差，数据处理结果如表 5-7。

表 5-7　数据处理结果

自变量	模型 I		模型 II	
	估计参数	z 统计值	估计参数	z 统计值
x_1	−0.004	−0.428	−0.004	−0.446
x_2	0.310	0.698	0.324	0.718
x_3	−0.146 **	−1.176	−0.143 **	−1.178
x_4	−0.079 **	1.473	−0.079 **	1.492
x_5	−0.014	−0.063	—	—
x_6	−0.031	−0.327	—	—
x_7	−0.021	−0.116	−0.021	−0.127
x_8	0.157 **	1.198	0.156 *	1.196
x_9	0.357	1.054	0.356	1.067
x_{10}	0.198 ***	1.234	0.198 ***	1.257
x_{11}	−0.136 **	−1.092	−0.137 **	−1.094
x_{12}	0.289	0.963	0.286	1.021
x_{13}	−0.167 **	−1.265	−0.172 ***	−1.259
R^2	0.359		0.364	
对数似然值	−88.152		−88.213	
最大似然比	30.147 ***		30.052 ***	

*** 、** 、* 分别表示 1%、5%、10% 的显著性水平

表 5-7 中模型 I 是第一次估计的计算结果，模型 II 则是剔除与被解释变量之间相关性很小的解释变量后再一次进行估计的处理结果。从模型估计的结果来看，模型 I 和模型 II 都通过了似然比显著性的检验，同时截面数据 R^2 分别达到了 0.359 和 0.364。总体而言，本次所使用 Probit 模型及其检验结果均具有统计学意义。

5.4.2.7　中小企业迁移影响因素分析

从表 5-7 模型 II 估计结果来看，企业生产用地用房来源、企业创办人来源、员工招聘相对容易程度、主营产品的技术含量、与本地企业的合同关系和本地企业集聚因素 6 个影响因子对安海镇中小企业的迁移有显著影响。企业现有区位布局、企业规模结构、劳动力主要来源、研究与开发机构的设立等几个因子对企业迁移行为的影响虽不显著，但其影响方向与先验判断一致。企业家创办企业考量、企业家创业前工作经历、企业竞争压力来源 3 个因子的影响并不显著，但数

据显示，前两者的影响方向为正，后者的影响方向为负。

1）企业生产用地用房来源对中小企业的迁移行为具有强显著性负向影响

土地成本和生产用房是企业区位选择的重要因素，尤其对初创企业影响较大。调查数据显示，91.18%的企业在创立初期选择利用自家空余土地或闲置房以降低成本，因而导致76.47%的企业位于村镇级工业开发区。以自买土地自建生产用房或者利用自家闲置房屋为主的中小企业对土地具有一定依赖性，随着企业用地需求扩大与土地价格攀升，土地资源紧缺在一定程度上制约了企业发展。大部分受访企业表示，目前企业发展前景已受到用地制约，但在外地寻找规模大且价格适宜的土地进行企业迁移所要付出的代价更高，企业承担的风险更大。因此在面临生产规模扩大所带来的用地紧张问题时，选择迁移的企业极少，多数企业均偏向于在临近地区高价租用别人的厂房来满足生产的用地用房需求。由此可见，目前土地供需矛盾还未达到迫使大量企业外移的程度。

2）企业创办人来源对中小企业迁移行为具有强显著性负向影响

普雷德的行为区位理论认为，企业家的行为偏好会影响企业区位选择，而个人行为偏好主要受到其认知特征影响。受访企业中，97.06%（99家）的企业创办人为安海镇本地人；93.14%（95家）的企业认为本地人在本地创办企业具有一定的优势，其中76.47%（78家）的企业认为，人脉关系会影响企业发展的资金、市场信息以及企业之间的业务协作关系。依赖于相似的风土人情与心理习惯、相近的社会关系以及相同的社会准则所建立的人际关系网络，具有一定根植性，有利于建立企业间相互信任关系，降低市场交易成本，促进企业交流合作。

表5-8 企业家创业前工作经历比例

企业家创业前工作经历	比例/%
外企工作	3.92
政府机关工作	1.96
其他企业工作	41.18
务农	16.67
其他	36.27

从表5-8可以看出，企业家创办企业前，41.18%（42家）曾在其他企业工作，且多数为同行业企业。闽南人"宁为鸡头，不为凤尾"的思想根深蒂固，在积累一定资金与经验后独立创业。选择"其他"的受访企业创办人均为直接创业，比重占36.27%。这部分企业一般创办时间较早，多由80年代或90年代的乡镇企业发展而来。仅有6.86%（7家）的企业是华侨投资赞助，其创办企业的考量更多为回报家乡。以本地人为主的企业家对本地人脉及情感的依赖，使其

更愿意在本地区将企业做大做强，因此也影响了企业向区外的扩张与迁移。

这种基于地缘、亲缘、业缘及一定文化背景的社会人际关系网已深深嵌入安海的企业经济关系，企业间信任和合作关系已根植于区域环境中，难以被其他地区复制，同时也提高了企业迁移的机会成本。在调查过程中也发现本地企业家由于多受限于乡土根植意识而缺乏突破区域界限的创新意识，存在对企业未来发展趋势的前瞻性不足导致故步自封的局限。

3）员工招聘难易程度对中小企业迁移行为具有显著性正向影响

劳动力要素是企业区位选择中的重要因素，对于以中小型制造业为主的安海企业而言，劳动力成本依然是企业家关注的重要问题之一。本书调查的企业以农副产品加工业、食品制造业、纺织鞋帽制造业、皮革制造业、设备制造业等劳动密集型企业为主，对劳动力的数量要求高于质量要求。在企业的劳动力构成中，高级技工和科研人员所占的比重相对较低，仅为8.54%和3.12%，内部管理人员为18.37%，比重最高的是普通生产线工人（69.97%）。而大多数的生产线工人以外来员工为主，占62.23%，本地员工仅占37.77%（本地员工中21.06%为企业家的亲朋好友，多为高学历的企业管理人员），外来普通员工招聘的难易将影响企业的发展。但在企业目前员工招聘的难易问题上，83.33%（85家）的受访企业认为员工招聘相对容易，尚未达到"民工荒"的严重程度；仅有12.75%（13家）企业认为员工招聘较难。

随着经济发展，劳动力成本上升是一个普遍现象，外来工人所占比重相对较大也导致了较高的员工流动性。规模较大的知名企业，由于具备按时发放工资的稳定性，以及生活环境较好等原因，普通员工招聘相对容易，但也存在专业性技术员工以及研发人员招聘困难的问题。中小型企业虽然所需员工数量较少，但限于所能提供的工资水平及环境条件，普通员工的招聘也将出现困难。目前企业普通员工的招聘尚可满足劳动密集型企业的发展，因此劳动力要素短缺未构成企业迁移的推力。

4）主营产品的技术含量对中小企业迁移行为具有较强显著性正向影响

产品的技术和知识含量决定其市场竞争力的高低，从而决定企业能否在瞬息万变的市场中站稳脚跟并长久发展。但安海受访企业中仅有37.25%设置了独立的研究与开发机构，仅28.67%的企业具有自主开发产品的能力，大多数企业的产品市场竞争力较低。仅30.07%的企业开发了技术含量较高的产品（以自主开发、技术转让、合作开发为主），如晋工机械、兴业皮革、恒安集团等，其产品在全省乃至全国市场都具有较强竞争力。而大部分企业（69.93%）主营产品为技术含量相对较低的成熟大路货和仿制产品（表5-9），说明缺少自主知识产权的产品是目前安海企业发展的主要障碍之一。

表 5-9　企业主营产品的技术含量比例

企业主营产品的技术含量	比例/%
成熟技术的大路货	59.44
自主开发	28.67
合作开发	1.40
仿制	10.49

在深入访谈中，多数企业家已经认识到，在企业发展战略上，除了通过降低成本、提升营销手段和现代化管理外，企业最根本出路在于改进主营产品的设计，提高产品质量和市场竞争力，但囿于人才、技术和资金等因素，企业对产品技术改造投入严重不足。因此在未来发展中，若本地区的知识技术条件不再能满足市场日新月异的需求，企业有可能会迁移到大城市等技术发达地区。

5）与本地企业的合同关系对中小企业迁移具有强显著性负向影响

中小企业在空间上的临近关系使企业之间关系相对密切，共同使用本地区的基础设施在一定程度上降低了企业成本，同时也有利于各企业间分工合作和形成良性竞争关系。

从表 5-10 可以看出，企业之间的合同关系以原料购买（85.29%）和设备购买维修（34.31%）为主。企业间正规渠道的信息交流相对较少，技术合作程度较低。受访企业表示，企业发展过程中与本地区其他企业在企业内部相关问题、企业发展战略研究等方面交流较少，同行业企业间除偶尔使用共用设备及合作生产外，在工人培训、市场营销、产品技术等方面合作程度低，不利于企业的共同发展。

表 5-10　企业间的合同关系比重

企业间的合同关系	比重/%
原料购买	85.29
设备购买维修	34.31
信息咨询	3.92
技术委托合作	20.59
产品代销	6.86

注：该选项为复选，因而总百分比大于 100，如 27.45%（28 家）企业间的合同关系既有原料购买，又有设备购买维修

交易费用理论认为，企业在空间的集聚使交易对象和空间范围相对稳定，有利于减少经营环境的不确定性；同时，企业与地方社会网络的根植性关系，有利

于其减少摩擦，降低交易成本，从而吸引企业的进一步集聚（李小建，2006）。区域同行业的企业集聚，可以通过合作购买原料的方式，降低生产成本，同时也便于企业灵活调整生产规模，在订单旺季时联合生产，或者上游企业释放一定订单给中下游企业。便利的合同协作关系使得企业间相互依赖性增强，对中小企业的迁移产生具有负面影响。

6）本地企业集聚因素对中小企业迁移具有较强显著性负向影响

以马歇尔的外部经济概念为基础的传统经济理论认为，集聚力来自于企业之间的外部规模经济（Henderson，1974）。这种外部规模经济包含着相关信息共享、健全的城市基础设施共用、完善的产业链以及市场等。安海企业布局的小集聚态势不仅会导致本地区中小企业之间的竞争压力（企业竞争压力大多源于本地同行（53.45%），国内同行次之），也吸引了越来越多同行业企业在同一工业区集聚。企业家在谈到工业区内企业集聚的原因时，45.16%的受访企业表示，选择安海镇的关键因素是上下游产业链的完善，企业间产销合作更加快捷、便利，为企业节约了大量运输时间和交易成本；其次分别有28.49%和16.13%的企业认为靠近市场和信息灵通是区位选择的主要因素，企业和市场的空间就近性决定了市场信息反馈的有效性及快捷性。实际上，相对完善的产业链、信息灵通和靠近市场等因素是紧密联系、不可分割的，共同构成了吸引安海企业空间布局的外部规模因素，是安海企业空间集聚的关键因素，同时也是企业迁移的负面因素。

7）地方文化对企业集聚的正面影响

古代海外贸易的发展形成了安海历史上的儒商传统（陈桂炳，2007），李光缙的景璧集（卷3）《寓西兄伯寿序》记载一些自泉州府城徙至安海的人士，也一改其"世治书，不喜贾"的家风，"行贾周流四方"。可见，儒商文化自古便深深根植于安海镇的地域文化之中。调查的102家企业中，有97.1%企业是安海人创办的，安海人在本地办厂已成为一种普遍的现象，这是"重商"地域文化的体现。这种文化有效地推动着安海经济的发展，同时也间接对安海企业的空间集聚的形成起到了促进作用。

5.4.2.8 结论

西方产业经济集聚理论分析框架中的劳动力、资本、技术、交易成本、外部规模、政策等因素在"三重开放"的不同时期，不同程度地影响安海企业的空间集聚。对安海镇中小企业集聚（或迁移）影响因素的实证分析表明，企业生产用地用房来源、企业创办人来源、员工招聘难易程度、主营产品的技术含量、与本地企业的合同关系、本地企业集聚因素、地方文化因素7个因素对企业的集聚（或迁移）具有不同程度的显著影响。外部规模，特别是较为完善的产业链是促进安海企业集聚的最关键因素。其次，交易成本是安海本地及部分外地企业家选择安海的重要因素之一。研究表明，这两个因素是安海经济发展历程中自身所积累的制造业发展优势及区域特色。外部规模仍是依托对外开放和区际开放的市场背景，而对台开放作用相对不明显；劳动力因素在"一重开放"初期到2005年左右成为吸引企业空间集聚的因素之一，但2006年之后，随着劳动力的逐渐流失及成本的升高，其对企业的吸引力也在慢慢弱化。同时资本、技术及优惠政策因素对安海制造业集聚的作用也不明显。但资本及土地等要素投入的地理惯性对企业的进一步集聚影响颇大。值得一提的是，安海镇制造业集聚影响因素有别于西方产业经济集聚理论的是，区域特有的儒商文化是集聚发挥作用的内在促进力之一，是形成安海企业集聚的地域文化背景。

晋江市中小企业大多倾向于就地集聚在乡镇级别工业开发区，企业迁移相对滞后。这种滞后性一方面体现出目前晋江市经济发展的阶段性特征，另一方面对企业发展利弊兼具。企业迁移意愿的不活跃在短期内对地方经济的波动具有缓冲作用，避免产业发展的空心化现象；同时，以劳动密集型为主的企业若地域根植性较强可能对晋江市未来实现产业升级和促进区域经济发展产生一定的制约作用。

5.4.3　福州市马尾区制造业集聚影响因素研究

5.4.3.1　区域概况

马尾区位于福建省东部沿海地区，东濒闽江口，西临福州晋安区，南与长乐、福州仓山区隔江相对，东北接连江县，辖马尾港，属亚热带海洋性季风气候。马尾区隶属福建省福州市辖区，1985年1月经国务院批准设立为福州经济技术开发区，是我国首批14个国家级技术开发区之一，同时也是集国家级开发区、保税区、台商投资区、科技园区、显示器件产业园、出口加工区、生态工业园区、国家科技兴贸出口创新基地等不同经济功能于一体的产业聚集区域。1996年马尾地区生产总值43.00亿元，2009年增长到202.42亿元，年均增长率为12.65%。马尾地区生产总值占福州市辖区生产总值的比重由1996年的13.76%上升到2005年的35.80%，而后下滑到2009年的15.24%。

2011年，福建省提出将马尾打造为"宜居宜业、开放现代"的新城建设规划，促使马尾新城成为福州"东扩南进、沿江向海"拓展的重要载体。在新城产业发展规划方面，实行"腾笼引凤""退二进三"战略，着眼于扩大现有企业规模、提升能力的基础上，鼓励扶持企业增资扩股，积极招商引资、引进企业总部、研发中心、工业设计、电子商务等项目，以产业发展支撑新城建设。马尾新城建设将可能引发企业迁移，打破区域旧的制造业格局，产业结构及产业空间格局的优化整合将对未来马尾制造业集聚发展产生影响。

5.4.3.2   数据来源

数据主要来源于 3 个方面：①福建统计年鉴、福州统计年鉴、福州经济技术开发区年鉴（2000，2004，2011）。②2011 年 10 ~ 11 月，走访马尾区经济发展局和科技区管委会等多个政府部门，就马尾区企业发展及空间布局等相关问题进行座谈。③2011 年 11 月，走访马尾区具有代表性的 11 家大型企业，就企业基本发展概况、企业区位选择影响因素及发展理念等问题做深入访谈，并参与政府召开的企业座谈会，对受访企业进行问卷调研。

5.4.3.3   马尾企业发展概况

马尾区是集电子信息制造、冶金机械、食品加工、水产饲料、轻工纺织、生物医药和交通设备制造七大产业集群于一体的工业园区（图 5-3）。马尾区以电子信息产业的发展尤为突出，是我国电子工业布局最集中、密度最高的电子产业基地之一，也是全国四大电子信息产业带的重要组成部分。1999 ~ 2010 年，马尾区规模以上制造业企业从 98 家发展到 199 家，其中电气电子行业企业从 26 家增至 52 家。同时，马尾也是福建省台商投资集聚区，至 2006 年，国家级经济技术开发区的台资企业达 219 家，总投资达 15 亿美元。

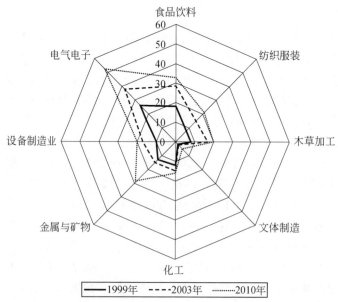

图 5-3   1999 年、2003 年和 2010 年马尾区规模以上制造业企业数

马尾区企业主要分布于福州经济技术开发区内（图5-4），以制造业为主，沿区内主要交通干线集中布局。企业用地紧凑、有序，空间联系性强，表现出较强的规划性，呈现出一种"大集聚，小分散"的发展态势。

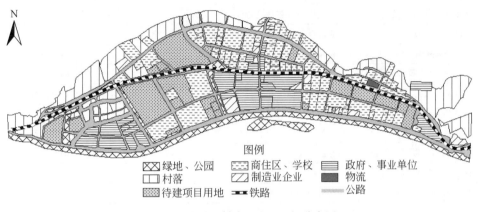

图例
  ◫ 绿地、公园　　▣ 商住区、学校　　▤ 政府、事业单位
  ▢ 村落　　　　　▨ 制造业企业　　■ 物流
  ▦ 待建项目用地　╍ 铁路　　　　　　公路

图5-4　马尾区制造业企业空间分布图

5.4.3.4　受访企业基本性质

1）企业所有制结构及建立时间

11家受访企业中，有4家国有企业，主要集中在冶金机械、交通设备制造和木材加工业；2家香港投资企业，分别为农副食品业和木草加工业；3家台商投资企业，为电子信息制造、轻工纺织和食品制造业；外商投资企业和股份有限公司各一家，均为电气电子业。马尾区大中型企业主要为国有企业及省外投资企业。三重渐进开放为马尾吸引大型的外资、台资和港资企业的进驻创造有利的外部条件，促使马尾区成为以外部嵌入型与高新技术型为一体的产业集聚类型。

受访企业中，仅1家企业建于1985年前，其余10家均在经济技术开发区成立之后建立，其中8家企业创立于90年代，2家企业建立于2000年后。

2）企业产业类型及其规模

受访企业基本涵盖了马尾区的七大产业（表5-11），同时，也是该区域各行业的龙头企业，一定程度上代表了马尾制造业整体发展态势。其中主要有3家电气电子企业，涉及电子信息、生物制药、环保三大行业，集聚了国内领先的显示器生产技术、物联网核心技术、多项生物和环保核心技术和产品的新大陆集团；2家食品加工企业、2家冶金机械制造企业、2家交通运输设备制造业企业、1家轻工纺织企业、2家木材加工及竹藤棕草制品企业。2010年，11家企业的制造业产值和销售均超亿元。

表 5-11   受访企业名单及性质

企业名称	行业	性质
新大陆集团	通信设备、计算机及其他电子设备制造业、医药制造业	股份有限公司
飞毛腿电子有限公司	电气机械及器材制造业	外商投资
华映科技集团	通信设备、计算机及其他电子设备制造业	台商投资
顶益食品有限公司	食品制造业	台商投资
中国国际钢铁制品有限公司	黑色金属冶炼及压延加工业	国有企业
福建高龙实业有限公司	农副食品加工业	香港投资
福建省东南造船厂	交通运输设备制造业	国有企业
福建清禄鞋业有限公司	皮革、毛皮、羽毛（绒）及其制品业	台商投资
中铝瑞闽铝板带有限公司	有色金属冶炼及压延加工业	国有企业
福建大地管桩有限公司	木材加工及竹藤棕草制品业	香港投资
福人木业有限公司	木材加工及竹藤棕草制品业	国有企业

马尾区企业空间布局主要受政府规划引导，企业用地主要来源于政府划拨或者工业园区和功能区规划用地。企业规模以大中型企业为主，其中企业职工数在300~2000人的企业有6家，职工数2000人以上的有5家。此外，有5家企业50%以上职工来源于省外。

5.4.3.5　受访企业未来发展规划

从调查结果来看，由于与当地建立了密切且稳定的社会网络关系，受访的大部分企业未来发展空间仍在马尾区或者周边地区。约7家企业计划在马尾区发展总部经济，其中包括目前总部设在台湾的华映科技集团。大企业的生产部门一般分为两类：核心生产部门和次要生产部门。核心生产部门是指技术含量高、技术专有性强及产品附加值高的生产部门。次要生产部门是指生产技术的专有性较弱、产品附加值较低的生产部门（樊杰等，2009）。受访企业在马尾区就地保留核心生产部门的基础上，1家制鞋企业已将生产线部分迁到连江县，3家企业拟在马尾区外增设生产部门，其余企业则希望能就地扩大生产规模。在调研过程中发现，大型电子信息产业的生产组织方式有一个共同的变化趋势：不断缩小次要生产环节的生产规模，更多地将该环节外包给配套企业进行生产。

5.4.3.6　马尾区企业集聚影响因素分析

影响马尾区制造业集聚的因素有很多，借助 Porter 的菱形构架（钻石体系）可以解释马尾区制造业集聚的影响因素及其相互作用。Porter 在《国家竞争优势》中创立了竞争优势理论，构建了国家竞争优势的动态模型（即钻石体系），指出企业通过对其所在行业发展状况的分析，确定如何构建自己的竞争优势，国家则通过分析产业发展的环境，找出影响产业竞争优势形成的因素，制定相关政策，促进产业发展。Porter 同时认为钻石体系各个关键要素相互强化或限制，导致国家（区域）竞争优势的消长，在这一动态过程中，钻石体系会促进产业集聚。钻石体系是分析产业集聚的一个有效框架（戈亚群等，1999；祁新华等，2010；李国平等，2003），马尾区制造业集聚影响因素的分析也可以在此框架下结合区域自身特点分析各关键要素的构成和具体作用。

根据 Porter 的理论模型，结合马尾区制造业发展历程，将钻石体系理论以及对台优势分析框架置于对外开放、区际开放与对台渐进开放的"三重开放"逐步递进的时代背景下，分析各要素在不同开放层面对马尾区制造业集聚发展过程所发挥的作用，特别强调政府的作用，尤其是政府在营建官产学合作网络以及区域发展环境方面的重要作用（图 5-5）（戈亚群等，1999）。

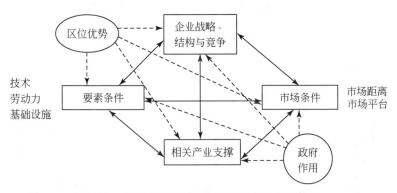

图 5-5 马尾区制造业集聚影响因素的钻石体系

1）要素条件——技术、劳动力、基础设施

影响制造业集聚发展的基本生产要素包括人力资源、技术资源、资本资源等，对于电子信息等高科技产业，知识与高科技要素显得尤为重要。此外交通通信、信息网络、餐饮、就医、就学、住宿等公共基础设施和生活配套设施也十分重要。

马尾区在劳动力数量与质量方面略显不足。从劳动力质量上看，11 家受访企业中，高级技术工人比例最高的是食品加工业，达 30%；高级技术工人人数最多是的电子电气企业，约 576 人；科研人员比例最高的企业是木草加工业，达 30%（与被访问企业职工总人数不高有关）；科研人数最多的是电子电气企业，约 352 人。"二重开放"促进了国际及区际人力资源的流动，大多数企业的人才，特别是科研人员基本是依靠高薪从外部引进（包括引用国外科研人员）、区外高校招聘或企业内部培养，或通过在北京等地区的分公司派遣。同时，两岸相互开放机制的不断完善鼓励了两岸人才交流，部分马尾区台资企业及本地企业从台湾引进人才。从劳动力数量上看，企业普通员工大多数来源于省内外。将招工情况分为难、中、易三个等级，有7家企业表示在马尾区招工较难，4家企业认为一般。其中有两家企业已出现员工短缺现象，一家是劳动密集型企业，另一家是电子信息企业。后者已尝试与区外周边院校建立合作关系以解决企业"用工难"问题。

技术优势较强，对制造业集将产生一定吸引力。近几年来，马尾区的高新技术研发发展迅速（图5-6）。2010年专利批准数是2009年的2.42倍，创下了历史最高水平，表现出较强技术创新潜力。受访的11家企业中有5家企业在马尾区设有研发机构，其中，2010年新大陆集团成功研制了全球第一颗二维码解码芯片。马尾区企业较强的科技研发能力，以及所形成的技术创新氛围在一定程度上吸引了同行企业，同时高新技术企业（特别是电子信息产业）的低端产品的生产外包也有利于核心生产部门专注于对技术的研发与升级。

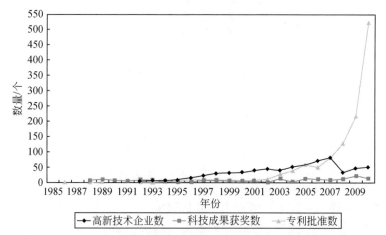

图5-6　1985～2010年马尾区高新技术企业、科技成果获奖及专利批准数量

注：2008年起高新技术企业数为新口径认定后的单位数

各类基础设施建设对马尾区制造业产业集聚的影响程度参差不齐，在基础设施方面建设相对滞后，对外通道衔接配套不够完善。50%以上的受访企业认为马尾区的交通状况不能很好地满足其日常生产需要。运输的时间与经济成本均较高，居住区与工业区混杂，道路承载车流能力低，大型货车难以通行。仅5家企业认为马尾区交通条件较好，能满足生产所需。关于通信条件，50%以上的企业认为较好，仅有18%的企业分别认为"一般"及"不好"。在生活服务设施方

面，第三产业和生活基础设施配套建设的滞后无形中制约了马尾区制造业集聚的进一步发展。马尾区第三产业和生活基础设施配套滞后，餐饮业"两端"发育"中部"薄弱，即街区路边摊和高档酒店发育，缺乏大众、平价餐饮店，迫使较多企业自建食堂，增加了企业的人力和物力成本。大型商场少。2010 年，马尾区限额以上零售业商铺仅 18 家，其中包括 1 家超市。住房配套不完善，大部分房屋为马尾当地居民自建房，难以满足大量外来普通务工人员的居住需求。马尾区与福州主城区交通联系不便，班车车次少、营运时间短，福州—马尾公交线路不到 10 条。娱乐设施、大型医院及学校等基本生活配套设施不全。

2）市场条件——市场距离近，市场平台好

港口是地区对外开放的龙头，通过与腹地交通线的连接，沟通了区域内外的物流、人流、资金流和信息流，形成港口-腹地系统空间结构。交通经济带的"汇水"功能在港口-腹地系统的形成及发展过程中，对经济要素起到集聚的推动作用，对区域外向型经济具有海向推动功能（董晓菲等，2010）。马尾区辖马尾港，靠近福清市江阴港。作为马尾港的腹地，马尾区水上交通为其制造业发展拓宽了区外乃至国际市场。江阴港北可达上海、天津、大连，南可到广州、深圳、香港，均在 800 海里内；东进台湾，最近航线仅为 100 海里，最远为 170 海里；将马尾区纳入长三角、珠三角、海峡东岸三大经济圈的辐射范围，无形中缩短了其与国内三大经济市场的距离，促使马尾区更易于有效把握"三重开放"所带来的经济发展机遇，近距离接触国际市场、接受长三角与珠三角的经济辐射，以及把握台商投资商机。调研中发现，受访企业的产品、原料对外进出口通道基本依靠马尾港及江阴港。

在地区消费市场方面，马尾区所在的福州市是福建的省会城市，作为全省的政治、文化及经济中心，汇聚了不同水平的消费人群及机构，构成一个多元的消费市场。

3）企业战略、结构与竞争

企业战略、结构与竞争可以理解为同行业的竞争迫使企业不断更新产品，提高生产效率，调整组织、管理结构等经营战略（贾文艺和唐德善，2009）。同行业竞争所产生的经济和技术溢出效应推动区域产业集聚的发展。1999~2009 年，马尾区规模以上制造业企业从 98 家发展到 199 家，大量不同所有制结构、不同规模的同行业企业通过激烈竞争，推动马尾区制造业的发展。大规模企业争夺的不仅是本区域市场，更多的是国内市场乃至国际市场。中小规模企业则在夹缝中依靠自身的经营战略，争夺不同层次的市场份额求取生存，或者为大企业配套获得发展。研究发现，受访企业中 2 家企业的主营产品依靠合作开发，5 家依靠自主开发，2 家依靠自主开发与生产成熟大路货产品，2 家主要依靠成熟大路货。

大部分受访企业表示提高产品质量、改善售后服务、改进产品设计是其与其他企业竞争的重要发展战略。"三重开放"所带来的国际、区际与海峡两岸的市场竞争压力促使马尾区企业,特别是大规模企业,依靠自身的科研投入与合作开发实现产品附加值提升与企业自我发展,这种技术溢出效应易吸引更多中小企业。

4)相关支撑产业

马尾区的制造业产业门类较为齐全,但各个行业产业链发展差异明显,大部分产业链上下游环节相互配套不够完善,仅部分发展较好的制造业行业竞争优势比较明显,相对有能力带动整个产业群体的进一步发展。

如电子信息产业集聚,以台资企业——华映光电和华映显示器为龙头的电子信息产业高速发展,配套企业达20多家,实现了"百亿电子城",成为全球最大的单一显示管生产基地。以新大陆为代表的物联网产业目前上下游企业配套不完善,缺乏物联网生产、当地终端应用及金融等配套企业。企业拟与福州大学合作建立物联网学院,致力于人才及企业产业配套的培养。同时,新大陆企业将进行芯片研发与应用,但基于马尾区无明显效益的配套企业,将不考虑在此进行投产。以中铝瑞闽铝板为代表的有色金属冶炼及压延企业规模不断发展,吸引了较多相关中小配套企业,但产业链配套建设受用地限制。这说明,马尾区的产业链发展不完善,一些大规模企业(包括台资企业)有能力吸引中小配套企业,但受区域资源环境限制,无法较好地带动产业链的发展。马尾区的台资企业是其制造业发展的重要组成部分,是未来完善马尾区产业链的一个巨大推动力。"三重开放"为马尾区吸引大型外资、台资企业创造了有利的外部条件,间接促进了制造业产业集聚的进一步发展。

5)政府作用

政府的扶植和推动与马尾区制造业产业集聚发展密切相关,政府的政策引导、财政支持、用地规划等各项直接举措是马尾区制造业,特别是电子信息产业等高科技产业发展的重要原因。同时马尾区一直致力于交通、通信基础设施以及生活配套设施的建设和完善,并积极推进企业产学研的发展。1999年,马尾区全年开发新产品40项,其中国家火炬计划项目8项,总投资2.68亿元,科技扶持贷款额度1.08亿元,给予地方匹配资金1620万元;省级高新科技火炬项目7项,总投资4090万元,区财政安排科技三项费用502.5万元。2010年,17个项目入选国家火炬计划或省级自主创新产品,数字家居智能终端等7个项目获科技型中小企业创新基金扶持。同时,政府积极鼓励企业申报专利。面对区际开放及对台开放,马尾区政府采取了一系列招商引资的优惠举措,吸引了华映、清禄等一批台资和省外注资企业。受访的11家企业有7家均认为马尾区政府的行为及国家级开发区的发展潜力是当初企业考虑入驻马尾区的重要原因之一。

6）区位优势

20 世纪 80 年代中后期，台湾制造业开始面临发展瓶颈。地价上涨、劳动力成本上升、社会福利提高等因素，迫使中小企业纷纷向岛外转移生产体系。此时正值大陆改革开放，继而两岸关系缓和，台资企业开始转向大陆投资。马尾凭借特殊的地理位置和港口优势，以及相同的语言、相近的风俗习惯和亲密的血缘关系、国家级开发区平台以及惠台政策等因素成为台商投资大陆的首选地区之一。1999 年批准外商直接投资（含港、澳、台直接投资）合同数 61 项，其中台商直接投资占 24.59%；2003 年批准 85 项，台资占 17.65%；2009 年批准 29 项，台资占 6.9%（注：批准外商直接投资合同数 1999 年制造业占约 40 项，2003 年制造业占 80 项，2009 年制造业占 23 项）。近年来台商在马尾区投资额有所下降，特别是 2008 年海峡两岸政府层面上的经济开放领域的放宽，台商投资从福建、广东地区向内陆及沿海北部区域延伸，马尾区对台优势逐渐减弱，台商投资减少。

马尾区福州经济技术开发区成立初期，台商投资推动了马尾区制造业的发展，随着"三重开放"的发展，这种推动力逐渐弱化，台商投资向发展条件较好的区域延伸。

5.4.3.7 小结

马尾区作为"三重开放"制造业空间集聚的典型案例区，可以借助波特的菱形构架解释其产业集聚的影响因素，研究表明：技术、劳动力、各类基础设施、企业战略、结构与竞争、相关支撑产业、政府作用以及对台优势等因素在不同开放程度影响下，对马尾制造业集聚作用不同。对外开放、区际开放以及对台开放所带动的区域间要素流动为马尾区制造业集聚带来了劳动力、技术、资金等资源。层层开放不断推进的经济背景引导马尾区企业的发展，政府在企业发展过程中采取一系列行之有效的措施，有力地促进了企业的进一步发展和产业的空间集聚。同时，对台优势是马尾区在"三重开放"中推动制造业发展的关键因素。

5.4.4 不同区域制造业空间集聚影响因素的特征比较

作为福建"三重开放"制造业集聚典型案例区，安海镇与马尾区的制造业集聚发展受全省大环境影响的同时，也体现出小区域的发展特色，其制造业集聚的影响因素也具有区域特色。

福建省省域层面与案例区镇级及区级层面制造业集聚影响因子的异同点比较。

相同点：①产业集聚影响因素随着三重开放的逐步推进，对区域制造业集聚产生不同程度的影响。②区域制造业影响因素的分析，是建立在西方产业经济集聚理论分析架构的基础上综合考虑区域特色。其中，人力资本、市场需求、基础设施、政府作用以及对台开放等因素在不同程度上均对制造业集聚与发展产生影响，是全省（包括典型区域）制造业集聚发展的关键因素。

差异性：①福建省省域层面产业间的相关支撑性关系网对福建省制造业的空间集聚的推动作用十分微弱。相反的，安海镇制造业相对完整的上下游产业链，吸引了安海制造业企业的集聚。马尾区也建立了一定的制造业产业配套体系，但是产业链成熟度相对安海镇弱，只在一定程度上促进了马尾区制造业的集聚与发展。②对台开放响应程度不同。相比福建省省域中观尺度，安海镇制造业集聚发展对对台开放反应并不明显，但这并不代表着第三重开放对安海镇制造业集聚没有影响，国家层面乃至上级行政区域的开放政策均会直接或者通过对其他因素间接影响作用于安海制造业的空间集聚格局，这种作用有时还会表现出时间上的滞后性。③两个典型案例区制造业空间集聚的影响因子也体现出不同的特色：安海大量的民营企业社会文化根植性异常凸显，在这里，区域经济网络与社会网络得到精确的结合；而在马尾区的制造业发展过程中，政府的作用以及台资的影响始终贯穿其中，企业发展带有很强的规划性。

5.5　小　　结

本章基于传统经济地理学理论和新经济地理学理论，采用灰色关联模型探讨福建制造业集聚的影响因素。研究表明：产业链、人力资本、市场需求、基础设施、产业政策、对外开放、区际开放以及对台开放等因子均是影响福建制造业集聚的重要因素。但这些因子在"一重开放"、"二重开放"和"三重开放"的不同时期对福建制造业发展所起到的作用是不尽相同的。"一重开放"时期和"二重开放"前期，福建丰富且廉价的劳动力资源推动了劳动密集型产业的发展，对产业集聚的形成起到了正面作用。"二重开放"后期和"三重开放"时期，劳动力数量优势逐渐弱化，对于高素质劳动力的迫切需求成为福建省制造业产业结构转型的关键，同时也是吸引技术、知识密集型产业的动力，特别成为进一步承接台湾电子信息产业的关键性因素。市场需求在福建制造业集聚发展过程中发挥着重要的作用，这种作用受不同开放程度的经济格局所影响。"一重开放"、"二重开放"和"三重开放"逐步扩大了福建制造业的市场，市场需求在"一重开放"和"二重开放"时期表现较多的是发展外向型加工工业以及承接国内外外来产业转移，随着对台开放的推进，由于对台贸易领域的扩大，福建制造业不仅获得了更大的发展市场,同时也面临着国内市场竞争的进一步加大。改革开放以来,福建省基础设施不断建设完善,产业政策倾向制造业发展。2009 年,国家明确提出建设海峡西岸经济区先进制造业重要基地,对福建制造业的集聚发展起到推动作用。同时,对台开放对福建省制造业集聚的发展也发挥了一定的促进作用。这种作用在"三重开放"萌芽期及前期表现明显,但是随着全国层面上"三重开放"的推进,这种推力受到了来自国内市场竞争压力的挑战。

参 考 文 献

蔡秀玲. 2009. 福建加快建设海峡西岸先进制造业基地路径选择. 福建师范大学学报(哲学社会科学版), 5: 42-48.

曹群. 2006. FDI 与地方产业集群发展的效应分析. 商业研究, (6): 144-146.

陈桂炳. 2007. 泉州学视野中的泉商文化. 黎明职业大学学报, (4): 10-13.

董瑞婷. 2010. 安海名镇产业璀璨闪耀海西. http://news. ijjnews. com/system/2010/12/27/000055965. shtml [2013-05-28].

董晓菲, 王荣成, 韩增林. 2010. 港口-腹地系统空间结构演化分析——以大连港–辽宁经济腹地系统为例. 经济地理, 30 (11): 1761-1766.

樊杰, 王宏远, 陶岸君, 等. 2009. 工业企业区位与城镇体系布局的空间耦合分析——洛阳市大型工业企业区位选择因素的案例剖析. 地理学报, 64 (2): 131-141.

戈亚群, 刘益, 傅琪波. 1999. "国家竞争优势"理论之浅见. 中国软科学, (1): 62-69.

贾文艺, 唐德善. 2009. 东海县硅产业竞争力分析——基于波特钻石模型分析. 江苏商论, (6): 142-144.

晋江市工商行政管理局. 2008. 推行服务产业集群核心企业若干措施的通知. 晋工商〔2005〕58 号.

李国平, 孙铁山, 卢明华. 2003. 北京高科技产业集聚过程及其影响因素. 地理学报, 58 (6): 927-936.

李文溥, 陈贵富. 2010. 工资水平、劳动力供求结构与产业发展型式——以福建省为例. 厦门大学学报(哲学社会科学版), (5): 5-13.

李文溥, 焦建华. 2008. 从开放走向市场——沿海开放地区经济体制转轨的一个案例研究. 中国经济史研究, (4): 43-51.

李小建. 2006. 经济地理学. 北京: 高等教育出版社.

梁琦. 2003. 中国工业的区位基尼系数——兼论外商直接投资对制造业集聚的影响. 统计研究, (9): 21-25.

林巍. 2007. 浙江发展 FDI 产业集群的路径选择. 当代经济管理, (2): 86-89.

祁新华, 朱宇, 张抚秀, 等. 2010. 企业区位特征、影响因素及其城镇化效应——基于中国东南沿海地区的实证研究. 地理科学, 30 (2): 220-228.

宋国恺. 2008. 外来流动人口与城市化发展道路——以福建晋江为例. 甘肃社会科学, (6): 22-25.

唐宏，张新焕，杨德刚，等 . 2011. 近 60a 三工河流域耕地利用动态变化与驱动力分析 . 干旱区地理，34（5）：843-850.

王成超，黄民生 . 2008. 台商投资大陆地区的区位选择及其空间拓展研究 . 人文地理，104（6）：71-77.

王缉慈 . 2001. 创新的空间：企业集群与区域发展 . 北京：北京大学出版社 .

王梅 . 2006. 如何提升泉州中小企业产业群竞争力 . 商业时代，（2）：85-86.

魏澄荣 . 2007. 扩大利用外资 提升福建制造业配套能力 . 亚太经济，（3）：113-116.

徐康宁，陈奇 . 2003. 外商直接投资在产业集群形成中的作用 . 现代经济探讨，（12）：3-7.

袁海 . 2010. 中国省域文化产业集聚影响因素实证分析 . 经济经纬，（3）：65-67.

Audretsch D B, Feldman M P. 1996. R&D spillovers and the geography of innovation and production. The American economic review, 86（3）：630-640.

Bárcena- Ruiz J C, Garzón M B. 2009. Relocation and public ownership of firms. Journal of the Japanese and International Economies, 23（1）：71-85.

Henderson J V. 1974. Optimum city size：the external diseconomy question. The Journal of Political Economy, 82（2）：373-388.

Henderson J V. 1974. The sizes and types of cities. The American Economic Review, 64（4）：640-656.

Hu W, Cox L J, Wright J, et al. 2008. Understanding firms' relocation and expansion decisions using self-reported factor importance rating. The Review of Regional Studies, 38（1）：67-88.

Krugman P. 1991. Increasing Returns and Economic Geography. The Journal of Political Economy, 99（3）：483-499.

Nakosteen R A, Zimmer M A. 1987. Determinants of regional migration by manufacturing firms. Economic Inquiry, 25（2）：351-362.

Venables A J. 1996. Equilibrium locations of vertically linked industries. International Economic Review, 37（2）：341-359.

第 3 篇
交通体系完善与福建
制造业空间集聚

第 6 章　福建省综合交通网络的空间分布格局

6.1　福建省综合交通运输业的发展概况

福建以发展大港口、大通道、大物流为目标，以建设大型海港、空港为依托，以快速铁路、高速公路和国省道为骨架，构建综合交通运输网络。目前，福建已经初步建成了由公路、水路、铁路和民航等多种交通方式共同构成的海陆空立体交通通道（图 6-1）。已有赣龙（江西）、梅坎（广东）、峰福（江西）、鹰厦（江西）、温福（浙江）等出省铁路通道，铁路建设持续推进。2008 年年底铁路运营里程为 1618.4km，铁路密度为每平方公里 0.0130km，高于全国平均水平每平方公里 0.0083km，在全国排序中位于第 17 位，但铁路货运量、客运量、货物周转量和旅客周转量都低于全国平均水平（表 6-1）。

公路网络的货运量、客运量、货物周转量和旅客周转量虽然都低于全国平均水平，可发展迅猛。"两纵两横"国道、"八纵九横"省道网络的改造逐步进行。2008 年公路密度达每平方公里 0.7128km，其中等级公路密度为每平方公里 0.5346km，高速公路里程为 1767km。拥有沈海高速 G15、长深高速 G25、泉南高速 G72、厦蓉高速 G76、福银高速 G70 等高速公路，"三纵八横"高速公路网逐渐成形。国道 G104、G319、G324、G020、G205、G010 穿行，省道 S301、S302、S304、S205、S206、S203、S309 等均衡分布，县道纵横交错，共同构成完整的交通网络。

福建海岸线曲折漫长，约占全国海岸线长度的 1/6，内河航道里程 3245 公里，密度达每平方公里 0.0261km。拥有厦门湾、福州港、湄洲湾、三都澳等众多优良港湾。2008 年第三次全国港口普查结果显示福建省共有 8 个港口（沿海港口 6 个）、30 个港区（沿海港区 28 个），全省货物吞吐量 27 422.11 万 t（内河港口货物吞吐量 352.05 万 t），集装箱吞吐量 742.52 万标箱。在全国排名中港口货运量第 6、客运量第 8、货物周转量第 8、旅客周转量第 10，港口优势明显。随着以福州港、湄洲湾港及厦门港为主体的海峡西岸北部、中部、南部三大港口群的整合发展，港口发展潜力将更加巨大。

福建省有 5 座机场：厦门高崎国际机场、福州长乐国际机场、泉州晋江机

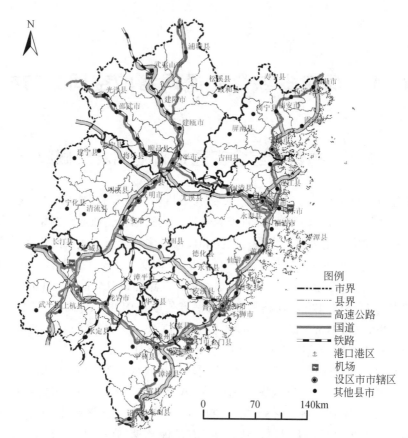

图 6-1　2008 年福建省行政区划及交通设施分布图

场、武夷山机场、连城冠豸山机场。其中厦门高崎国际机场、福州长乐国际机场为全国枢纽机场，飞行区等级为 4E 级，航线遍及内地及港澳地区和东南亚、欧洲等地区，是实现海峡两岸"三通"的重要门户。泉州晋江、武夷山、连城冠豸山机场将扩能升级。闽南、宁德、莆田、漳州等新建机场也已纳入规划。目前民航货运量、货物周转量低于全国平均水平，但客运量、旅客周转量高于全国平均水平，在全国层面也具有优势。

表 6-1　2008 年福建省综合交通运输状况

指标名称	全国平均值	福建	排名
铁路货运量/万 t	10 656.6	3 642.0	25
公路货运量/万 t	61 830.9	38 367.0	21

续表

指标名称	全国平均值	福建	排名
水运货运量/万 t	9 500.3	15 193.0	6
民航货运量/万 t	23.8	20.6	8
铁路客运量/万人	4 715.9	2 066.0	24
公路客运量/万人	86 519.8	68 409.0	14
水运客运量/万人	655.9	1 305.0	8
民航客运量/万人	926.1	1 613.4	5
铁路货物周转量/(亿 t/km)	809.9	204.2	26
公路货物周转量/(亿 t/km)	1 060.3	483.6	20
水运货物周转量/(亿 t/km)	1 621.4	1 708.4	8
民航货物周转量/(亿 t/km)	3.9	1.6	—
铁路旅客周转量/(亿人/km)	250.9	108.3	23
公路旅客周转量/(亿人/km)	402.5	338.1	12
水运旅客周转量/(亿人/km)	1.9	1.7	10
民航旅客周转量/(亿人/km)	93.0	113.7	—
铁路密度/(km/km^2)	0.008 3	0.013 0	17
内河航道密度/(km/km^2)	0.012 8	0.026 1	10
公路密度/(km/km^2)	0.390 0	0.712 8	16
等级公路密度/(km/km^2)	0.290 5	0.534 6	16

6.2　可达性研究方法与数据来源

交通网络在区域发展中起着非常重要的作用，而区域交通可达性是评价交通网络状况的一项综合性指标。可达性反映的是交通网络中各节点相互作用机会的大小（Hansen，1959）。一般来讲，可达性是指利用一种特定的交通系统从某一区位到达活动地点的便利程度（Morris and Dumble，1978），是空间经济结构再组织的"发生器"（Maćkiewicz and Ratajczak，1996）。可达性的涵义与交通成本（交通费用、旅行时间、舒适度等）、端点区位特性（吸引力）和端点的选择相关（李平华和陆玉麒，2005）。

目前可达性的研究对象包括公路（曹小曙等，2005）、铁路（金凤君和王姣娥，2004）、港口（吴威等，2006；张莉和陆玉麒，2006）、航空（应习文和石京，2006）等交通方式，研究内容包含了交通网络空间格局的演变（金凤君，

2001；金凤君和王姣娥，2004）、交通网络的区域效应（陆大道，1995；罗鹏飞等，2004）、区域选址（Moseley，1979；Dobson，1979；Owen and Daskin，1998；张文忠等，2005；张颖等，2006）等各方面。可达性度量采用的方法包括距离法（Ingram，1971）、累积机会法（Wachs and Kumagai，1973）、重力模型法（周一星，2003）、基于矩阵的拓扑法（Gauthier，1968；Wheeler and O′Kelly，1999）、基于空间句法的拓扑法（Hillier，1996；Jiang et al.，1999）等。本文采用加权平均旅行时间指标，对公路（区内可达性和区外可达性）、铁路、水运和航空等各种交通方式及区域综合交通网络的可达性进行探讨，研究福建交通可达性的分布格局。

6.2.1　评价内容及研究方法

福建省区内联系主要是通过公路运输网络，到区内节点的可达性表现为以公路交通网络为基础的可达性。干线公路、铁路、水运和航空运输主要承担着区际长途运输的功能，其站点是区域对外联系的门户，故节点的区外联系可达性表现为节点到这些门户的便捷程度（陆玉麒和俞勇军，2003；吴威等，2006）。

1）综合交通可达性

区域综合可达性根据公路（包括区内联系、对外联系）、铁路、港口和机场在区域经济发展中的贡献，由各交通方式可达性指标通过权重赋值获得。

$$A_i = w_1A_{i1} + w_2A_{i2} + w_3A_{i3} + w_4A_{i4} + w_5A_{i5} \tag{6-1}$$

公路、铁路、港口和机场可达性采用加权平均旅行时间指标：

$$A_{ix} = \frac{\sum_{j=1}^{n} T_{ij} \cdot M_j}{\sum_{j=1}^{n} M_j} \tag{6-2}$$

式中，A_i 为节点 i 的综合交通可达性指数；A_{i1}、A_{i2}、A_{i3}、A_{i4}、A_{i5} 分别为公路区内可达性、公路对外可达性（干线公路可达性）、铁路可达性、港口可达性和航空可达性的加权平均旅行时间；w_1、w_2、w_3、w_4、w_5 分别为公路区内联系、公路对外联系、铁路、水运和航空运输在综合交通体系中的权重。福建公路网络主要承担省内短途运输功能，因此区内运输和对外运输的比例设为 0.75、0.25。公路、铁路、港口和机场的权重确定依据福建省 2002～2008 年各交通方式客货运周转量的加权数占全部客货运周转量加权数的比重，并结合专家打分法确定（其中各种运输方式的客货运周转量以 0.40、0.60 加权获得）。由此确定的公路区内联系、公路对外联系、铁路、水运和航空运输的权重为：0.31、0.10、0.13、0.36、0.09。A_{ix} 为 i 节点在 x（$x = 1$，2，3，4，5）交通网络中的可达性，以加权平均旅行时间表示；T_{ij}为节点 i 到节点 j 的最短旅行时间距离；M_j为节点 j 的质量。

2）区内可达性

利用式（6-2），依据中华人民共和国行业标准《公路工程技术》（JTGB01-2003）、《中华人民共和国铁路技术管理规程》以及实际情况，设定等级公路的时速。高速公路为 100km/h，国家级道路为 80km/h，省级道路为 70km/h，县级道路为 50km/h，其他道路为 30 km/h。选取福建省 9 个设区市市区为经济活动中心，利用 Arcinfo 的网络分析模块，计算各县市到经济活动中心的最短旅行时间。M_j采用 $\sqrt{总人口 \times GDP}$。

3）区外可达性

干线公路可达性采用各县市到高速公路出入口的时间距离来表示。而铁路、水运和航空运输站点因等级不同对服务水平有较大影响，因此在计算各节点到不同等级站点的最短旅行时间后，利用站点等级为赋权因子加权求出平均旅行时间以此作为可达性指标。如果到上一级站点最短旅行时间小于到下一级站点最短旅行时间，则舍去与低等级站点的联系，而将该等级站点的权重计入到上一级站场（吴威等，2006）。

对研究区内火车站点、港口港区、民用机场进行服务水平分级和权重的确定。铁路可达性研究主要考虑县级以上铁路站点，依据各站点所在县市的行政等级分为三个层次：第一层次为福州站和厦门站；第二层次为其他设区市市区站点；第三层次为县级站点。按到站的列车车次数确定站场等级权重分别为：0.46、0.32、0.22。根据 2008 年福建省发展和改革委员会与福建省交通厅联合编制的《福建省沿海港口布局规划（2008~2020 年）》、2005 年厦泉漳城市联盟的《厦泉漳城市发展走廊规划研究》，将港口港区分为三个等级：第一等级包括东渡港区、闽江口内港区和泉州湾港区；第二等级包括江阴港区、海沧港区、嵩屿港区、招银港区、围头湾港区和湄洲湾南岸港区；第三等级为其他港区。按各等级港区货物吞吐量平均值确定等级权重：0.58、0.30、0.12。将福建省民用机场分为干线机场（厦门高崎国际机场、福州长乐国际机场）和支线机场（泉州晋江机场、武夷山机场、连城冠豸山机场），按各机场起降架次结合 AHP 法确定等级权重为 0.86、0.14。

6.2.2　数据来源及处理

以福建为研究区域，县市为研究单元。研究区域包括 67 个行政单位（金门县除外），其中将各设区市市辖区合并为一个单元。根据 2009 年 1 月中国旅游出版社出版的《中国高速公路及城乡公路网地图集》，矢量化获得2008年的等级公路数据。各个等级公路的平均速度参照《中华人民共和国公路工程技术标准（JTGB01-2003）》《中华人民共和国铁路技术管理规程》标准设定。火车站到站列车次数依据列车时刻表取得。港口港区资料来源于2008年福建省港航管理局统计数据。机场数据采用中国民用航空局的《2008年民航机场生产统计公报》。货运周转量、客运周转量来自2009年《福建统计年鉴》。

6.3　福建省单交通方式可达性空间格局

6.3.1　公路区内可达性

福建省公路可达性呈明显的圈层结构，从沿海中部到内陆及南北两端加权平均旅行时间逐步增加（图6-2）。厦门、泉州、莆田和福州地区加权平均旅行时间最小，其内部高速G15线、国道G324线、省道S203线和S206线纵向分布，与横向的G316和S306等交通路线构成密集的交通网络，可达性水平高。"宁德—罗源—闽清–大田–南靖–漳浦"一线构成第二圈层，龙岩市得益于G76线和G319线，虽地处福建省西部地区但与其他设区市联系紧密，加权平均旅行

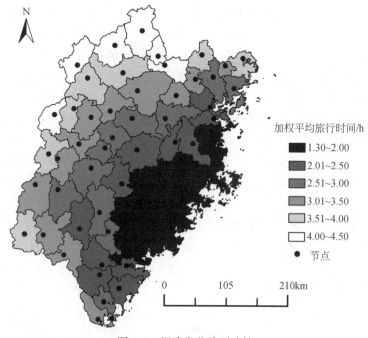

图6-2　福建省公路可达性

时间较小；"福安-古田-南平-三明-漳平"一线处于第三圈层，加权平均旅行时间处于 2.51~3.00h，G25 线和 G205 线为这一圈层可达性的提高起着重要作用。漳平和华安虽然区位条件好，但地形复杂，路网等级不高。"周宁-建瓯-将乐-长汀-永定"为第四圈层，其内省道 S309 线、S205 线、S204 线和 S302 线穿行。诏安地处福建省沿海最南部，省内可达性水平低，与其他边缘县市构成外围圈层。福鼎市为沿海经济较发达的城市，但地处福建与浙江两省交界的边远位置使其在省内可达性水平较低。

6.3.2　公路对外可达性

福建干线公路加权平均旅行时间低值区大致呈"井"字形分布（图 6-3）。沿海沈海高速 G15 和中部长深高速 G25 贯穿南北，形成沿海和中部两个南北向可达性优势带。横向的 G76、G70 和 G72 等高速公路与纵向高速公路网络相连提高了全省的干线公路可达性水平。宁化、清流、漳平、屏南、政和等县市与高速公路进出口距离较远，且区域公路网络不发达，干线公路可达性较低。

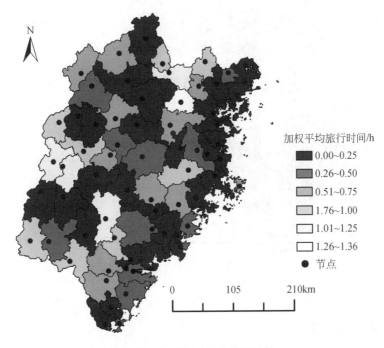

图 6-3　福建省干线公路可达性

6.3.3　铁路可达性

　　福建省铁路可达性以厦漳泉和福州两区域为核心，以铁路网络、干线公路为轴，向四周逐步降低（图 6-4）。中部地区的德化、大田、永春和仙游没有铁路站点，形成加权平均旅行时间高值区。平均加权旅行时间的低值区主要分布在以厦漳泉和福州为中心的区域，厦门、漳州、长泰、泉州、福州、长乐、连江公路网络密集，附近铁路站点等级高，可达性水平高。龙岩和南平为内陆重要铁路节点，峰福铁路和鹰厦铁路在南平相遇，赣龙铁路和梅坎铁路在龙岩交汇并与鹰厦铁路相接，形成完整的福建铁路交通网络。与公路交通网络相比，沿海纵向铁路线的缺失使得铁路可达性沿海与内陆的差异程度低于公路可达性，随着福厦铁路、温福铁路和厦深铁路的完工，沿海地区铁路可达性将显著提高。

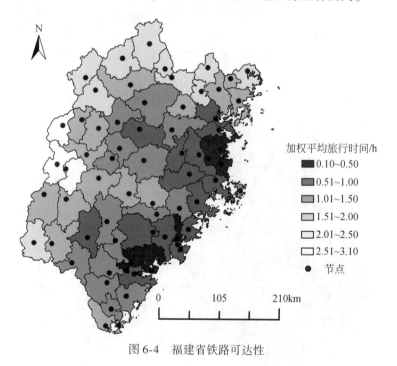

图 6-4　福建省铁路可达性

6.3.4　港口可达性

　　福建省港口可达性分层明显：沿海地区>中部地区>内陆边缘地区（图 6-5）。2008 年第三次全国港口普查结果显示，福建省拥有沿海港口 6 个、沿海港区 28

个，沿海港口在区域经济发展与货物集散中起着关键作用，沿海港口可达性水平远高于内陆地区。其中与厦门港、福州港和泉州港相近的厦门、连江、福州、长乐、泉州、晋江、石狮加权平均旅行时间最小。沿海地区南北两端的柘荣、福鼎、云霄、诏安附近港区等级不高，港口可达性受影响。中部地区的三明和南平有内河港区的作用。龙岩虽然港口港区等级较低，但公路交通水平较高，因此中部地区港口可达性高于内陆边缘地区，但仍与沿海地区差距明显。内陆边缘地区远离主要港口，公路交通可达性较差，港口可达性低。

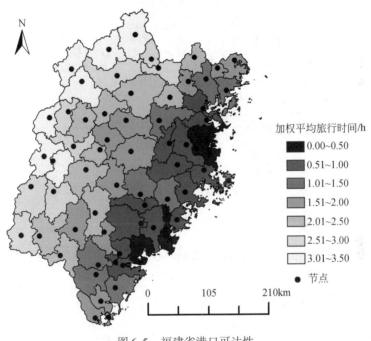

图 6-5　福建省港口可达性

6.3.5　机场可达性

机场可达性格局以厦门高崎国际机场和福州长乐国际机场所在地为核心，依托 G15 线和 G324 线等干线公路，形成沿海加权平均旅行时间低值区，可达性水平向内陆地区逐步减小（图 6-6）。机场可达性的加权平均旅行时间小于 1.5h 的区域以两个枢纽机场为中心，大致呈南北对称。在研究区内陆，南部区域机场可达性高于北部区域，高速 G25 线和国道 G205 线经过的县市与值区 2.01～2.50h 一致。连城和武夷山虽有机场，但基本处于小规模经营，其机场可达性没有明显改善。

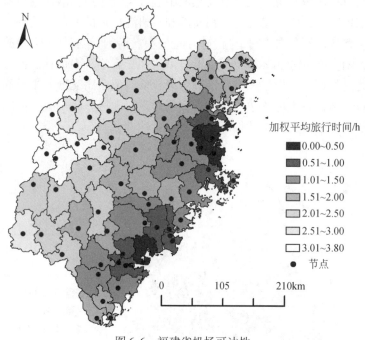

加权平均旅行时间/h
- 0.00~0.50
- 0.51~1.00
- 1.01~1.50
- 1.51~2.00
- 2.01~2.50
- 2.51~3.00
- 3.01~3.80
- ● 节点

图 6-6　福建省机场可达性

6.4　福建省综合交通可达性格局及特征

6.4.1　福建省综合交通可达性格局

根据式（6-1）得出的各县（市）综合交通加权平均旅行时间显示，福建综合可达性格局呈带状分布，由沿海向内陆递减（图6-7）。在沿海中段形成一个综合可达性优势带：连江–福州–长乐–福清–莆田–惠安–泉州–南安–晋江–石狮–厦门，该区域公路交通网络密集，拥有国际机场、高等级铁路枢纽站点和港口港区，水陆空多种交通运输方式联运效率较高。但沿海南北两端的福鼎、柘荣和诏安，由于与省内其他中心城市相距较远，综合可达性不高。综合可达性次优带紧邻优势带，大致包括宁德、闽清、永泰、仙游、安溪、漳浦等县市，成带状分布，加权平均旅行时间值区在 1.01～1.50h。顺昌、沙县、三明、永安一线为综合可达性第三带，有铁路站点分布且 G25 线和 G205 线穿行，形成 2.01～2.50h 综合可达性值区分布带。松溪、武夷山、光泽、建宁、宁化等县（市）受武夷山脉的限制且地理位置偏远，可达性水平低。

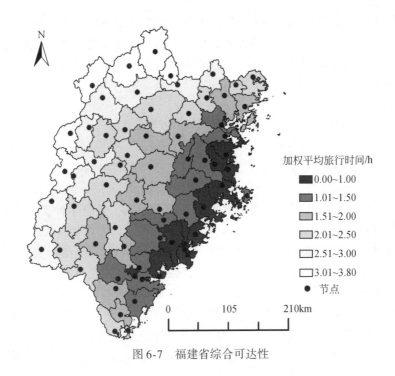

图 6-7　福建省综合可达性

6.4.2　福建省交通可达性的综合特征及均衡性分析

对各县市按设区市进行合并，分别求取各交通方式可达性平均值。福建省综合可达性排名：厦门（0.9308）>泉州（0.9563）>莆田（0.9832）>福州（1.0197）>漳州（1.5243）>宁德（2.0261）>龙岩（2.3026）>三明（2.4244）>南平（2.5149），设区市可达性由沿海中部城市向南北递减，并向内陆地区进一步降低。从各交通方式来看：厦门公路可达性最高，莆田、泉州次之；莆田、厦门、福州公路对外可达性较好；铁路、港口港区及航空的可达性仍以厦门为最高，福州、泉州次之，南平可达性最差。

以县市为基本单元对福建省各交通方式的均衡性进行分析，用变差系数衡量。按变差系数大小进行排名：公路对外联系（0.8478）>港口（0.5720）>铁路（0.5017）>航空（0.4891）>综合交通（0.4270）>公路对内联系（0.3217）。公路对外可达性值的两极分化明显，均衡性最差，邻近高速公路进出口的县市加权平均旅行时间较小。福建港口主要分布于沿海，货物吞吐量大的港区集中于厦门、泉州和福州，因此港口港区均衡性差。铁路规模小、密度低，分布不均衡，在宁德地区、南平东北部及漳州地区南部没有站点，且铁路支线不完善，未能与大多数港口连接形成"港铁联运"。机场密度比较低，内陆地区的三明、宁德、莆田设区市无机场分布，但由于南平和龙岩设区市有两个低等级的机场，使得航空网络的均衡性高于铁路。公路对内可达性在内陆地区的路网等级偏低，地质不良路段多，运输能力较差，但与其他交通方式相比，其路网均衡性最好。

6.5 小　　结

以县（市）为研究单元，采用加权平均旅行时间指标探讨公路（区内与区外联系）、铁路、港口、航空等交通方式及区域综合交通网络的可达性空间格局，结果表明：福建省交通网络主要由公路、铁路、港口、航空 4 种交通方式构成，其中公路等级较低，铁路路网规模较小，公路、铁路的密度低于全国平均水平；港口方面优势明显，在罗源湾、湄洲湾、厦门湾、东山湾等多处具备建设万吨级以上的深水港口；航空网络也逐步完善。在各交通方式可达性格局上，公路区内可达性呈明显的圈层结构，从沿海中部到内陆及南北两端地区的加权平均旅行时间逐步增加。公路对外可达性沿着高速公路呈"井"字形分布。而铁路、港口和机场可达性空间分布的格局大体类似：可达性高值区以福州、厦门-泉州这两片区域为中心，向南北两端县（市）递减，再向内陆县（市）继续降低；福建中部的德化、大田、尤溪等地受历史基础及地形的影响，形成可达性"凹陷区"。综合交通网络的可达性形成明显的由沿海向内陆递减的 4 个带状的区域差异。从各交通方式的均衡性来看，公路对外可达性均衡性最差，港口、铁路、航空、综合交通依次次之，公路区内可达性均衡度最高。

参 考 文 献

曹小曙, 薛德升, 阎小培. 2005. 中国干线公路网络联结的城市通达性. 地理学报, 60（6）: 903-910.

金凤君. 2001. 我国航空客流网络发展及其地域系统研究. 地理研究, 20（1）: 31-39.

金凤君, 王姣娥. 2004. 20 世纪中国铁路网扩展及其空间通达性. 地理学报, 59（2）: 292-302.

李平华, 陆玉麒. 2005. 可达性研究的回顾与展望. 地理科学进展, 24（3）: 69-78.

陆大道. 1995. 区域发展及其空间结构. 北京: 科学出版社.

陆玉麒, 俞勇军. 2003. 区域双核结构模式的数学推导. 地理学报, 58（3）: 406-414.

罗鹏飞, 徐逸伦, 张楠楠. 2004. 高速铁路对区域可达性的影响研究——以沪宁地区为例. 经济地理, 24（3）: 407-411.

吴威, 曹有挥, 曹卫东, 等. 2006. 长江三角洲公路网络的可达性空间格局及其演化. 地理学报, 61（10）: 1065-1074.

应习文, 石京. 2006. 大型枢纽机场可达性量化的初步研究. 交通运输系统工程与信息,

6 (6):136-142.

张莉, 陆玉麒. 2006. 基于陆路交通网的区域可达性评价——以长江三角洲为例. 地理学报, 61 (12): 1235-1246.

张文忠, 刘旺, 孟斌. 2005. 北京市区居住环境的区位优势度分析. 地理学报, 60 (1): 115-121.

张颖, 王铮, 周嵬, 等. 2006. 韦伯型设施区位的可计算模型及其应用. 地理学报, 61 (10): 1057-1064.

周一星. 2003. 城市地理学. 北京: 商务印书馆.

Dobson J E. 1979. A regional screening procedure for land use suitability analysis. Geographical Review, 69 (2) 224-234.

Gauthier H L. 1968. Transportation and the growth of the Sao Paulo economy. Journal of Regional Science, 8 (1): 77-94.

Hansen W G. 1959. How accessibility shapes land use. Journal of the American Institute of Planners, 25 (2): 73-76.

Hillier B. 1996. Space is the machine: a configurational theory of architecture. Cambridge: Cambridge University Press.

Ingram D R. 1971. The concept of accessibility: a search for an operational form. Regional studies, 5 (2):101-107.

Jiang B, Claramunt C, Batty M. 1999. Geometric accessibility and geographic information: extending desktop GIS to space syntax. Computers, Environment and Urban Systems, 23 (2): 127-146.

Maćkiewicz A, Ratajczak W. 1996. Towards a new definition of topological accessibility. Transportation Research Part B: Methodological, 30 (1): 47-79.

Morris J M, Dumble P L, Wigan M R. 1979. Accessibility indicators for transport planning. Transportation Research Part A: General, 13 (2): 91-109.

Moseley M J. 1979. Accessibility: the rural challenge. London: Methuen.

Owen S H, Daskin M S. 1998. Strategic facility location: A review. European Journal of Operational Research, 111 (3): 423-447.

Wachs M, Kumagai T G. 1973. Physical accessibility as a social indicator. Socio- Economic Planning Sciences, 7 (5): 437-456.

Wheeler D C, O' Kelly M E. 1999. Network topology and city accessibility of the commercial Internet. The Professional Geographer, 51 (3): 327-339.

第7章 福建省制造业的地理集聚

7.1 2008 年福建省制造业发展概况

福建省自改革开放以来，制造业已取得了长足的发展。特别是 2004 年建设海峡西岸经济区战略构想的提出，以及建设"海峡西岸先进制造业基地"目标的设立，为福建制造业的发展指明了道路。至此，福建以电子信息、装备制造、石油化工和传统优势产业为重点，培育发展高技术产业，改造提升传统优势产业，制造业呈现出更加良好的发展势头。2008 年福建制造业全部企业工业总产值为 16 407.60 亿元，在全国各省制造业全部企业工业总产值中排名第 9。制造业企业单位数 65 386 个（在全国中排名第 10）。从业人员数为 442.72 万，在全国居第 6。主要集中在福州市（16.83%）、厦门市（16.01%）和泉州市（38.77%）。其中各行业中就业比重较高的是皮革毛皮羽毛（绒）及其制品业（13.99%）、纺织服装鞋帽制造业（11.80%）、非金属矿物制品业（8.99%）、纺织业（6.49%）等劳动密集型行业；其次是通信设备、电气机械、交通运输设备、通用设备等装备制造业行业；石油加工和烟草等行业从业人员数最少（图 7-1）。

福建为外商及港澳台直接投资活跃区，特别是港澳台的投资，极大促进了福建省制造业的发展。2008 年外商资本占实收资本的 42.18%，次于广东、上海、江苏。港澳台资本占实收资本的 20.85%，仅次于广东（28.53%）。此外，制度政策也为福建制造业的发展提供各种支持，至 2008 年福建共有各类开发区 86 家，其中国家级开发区 21 家（含经济技术开发区、高新技术产业园区、保税区、保税物流园区等），省级开发区 65 家，为工业集中、产业集聚发挥了重要作用。

7.2 研究方法与数据分析

7.2.1 研究内容与数据来源

根据《国民经济行业分类与代码》（GB/T4754-2002），选取 28 个制造业部门（C13~C41）为研究对象。不同类型的制造业具有自身独特的产业特性，其空间分布格局的影响因素存在差异。将各制造业行业与国际贸易标准分类（SITC）进行对照，采用资源集约度产业分类方法将其分为资源密集型行业、劳动密集型行业、资本密集型行业（韩燕和钱春海，2008）（表 7-1）。制造业行业资料来源于 2009 年《福建经济与社会统计年鉴》、福建省各县（市）的统计年鉴及 2008 年福建省经济普查资料。

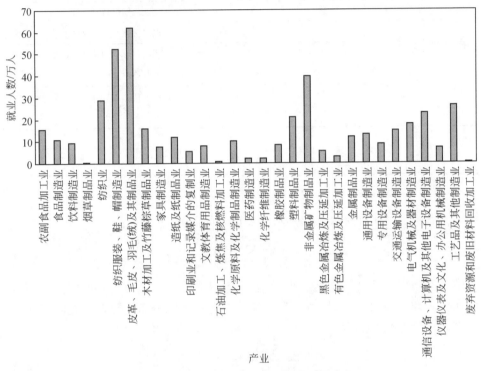

图 7-1　2008 年福建省制造业就业人数分布

表 7-1　制造业资源集约度产业分类

项目	资源密集型行业	劳动密集型行业	资本密集型行业
行业名称	农副食品加工业	纺织业	文教体育用品制造业
	食品制造业	纺织服装、鞋、帽制造业	石油加工、炼焦及核燃料加工业
	饮料制造业	皮革、毛皮、羽毛（绒）及其制品业	化学原料及化学制品制造业
	烟草制品业	木材加工及竹藤棕草制品业	医药制造业
		家具制造业	化学纤维制造业
		造纸及纸制品业	塑料制品业
		印刷业和记录媒介的复制业	黑色金属冶炼及压延加工业

项目	资源密集型行业	劳动密集型行业	资本密集型行业
行业名称		橡胶制品业	有色金属冶炼及压延加工业
		非金属矿物制品业	通用设备制造业
		金属制品业	专用设备制造业
			交通运输设备制造业
			电气机械及器材制造业
			通信设备、计算机及其他电子设备制造业
			仪器仪表及文化、办公用机械制造业

7.2.2　研究方法

本研究采用基尼系数测量福建制造业行业地理集中程度:

$$G_i = \frac{1}{2n^2 \bar{s_i}} \sum_{k=1}^{n} \sum_{j=1}^{n} |s_{ij} - s_{ik}| \tag{7-1}$$

式中, s_{ij}、s_{ik} 是地区 j 和地区 k 在行业 i 中所占的份额; n 为地区个数; $\bar{s_i}$ 是各地区在行业 i 中所占份额的均值。为了检验制造业空间分布是否存在空间自相关, 用 Moran's I 系数来测量。

$$I = \frac{n \sum_i \sum_{j \neq i} d_{ij} (x_i - \bar{x})(x_j - \bar{x})}{(\sum_i \sum_{j \neq i} d_{ij}) \sum_i (x_i - \bar{x})^2} \tag{7-2}$$

式中, 当地区 i 与 j 相邻时, d_{ij} 取1, 否则取0; x_i 或 x_j 为地区 i 或 j 占整个产业的比重。Moron's I 值为正, 说明产业集中分布在相邻区域。此外, 为了确定不同类型制造业在不同区域的集聚程度, 用产业平均集中率度量, 其计算公式为

$$\begin{cases} v_i = \sum_k v_i^k / k \\ v_i^k = E_i^k / \sum_i E_i^k \end{cases} \tag{7-3}$$

式中, k 为行业数量; v_i^k 为地区 i 的第 k 行业产值占全省该行业生产总值的比例; E_i^k 为地区 i 的第 k 行业产值; V_i 表示地区 i 的产业平均集中率, 取值范围在 $0 \sim 1$, 值越大, 则该地区的制造业平均占有份额越高、制造业越集中。

7.3　福建省制造业集聚程度的度量

7.3.1　福建省制造业的行业集聚

由表 7-2 可知，县级两位数制造业基尼系数显著大于市级制造业基尼系数，制造业在县级层次的集聚程度更为显著。在市级层面上，集中程度较高的行业包括市场依赖性较高的行业（石油加工及炼焦化、化学纤维制造业、橡胶制品业、文教体育用品制造业等产业）、对"知识外溢"和"技术外溢"等外部性依赖强的行业（通信设备、计算机及其他电子设备制造业，仪器仪表及文化、办公用机械制造业，电气机械及器材制造业）、劳动力指向性高的行业（服装纺织的皮革、毛皮、羽毛（绒）及其制品业，纺织服装鞋帽制造业）。这些产业全球化水平较高，需要充分利用集聚经济以获得更好的发展，因此在空间分布上较为集中。福建省南平地区自然资源丰富，木材加工发展迅速，木材加工及竹藤棕草制品业集聚水平也较高。集中程度较低的为饮料制造业、农副食品加工业、造纸及纸制品业、通用设备制造业、食品制造业、塑料制品业、交通运输设备制造业等技术含量较低且入行较为容易的产业，他们在资源禀赋优异、资本丰足的地区获得快速发展。而且由于产品附加值低，为了节约生产成本，在土地租金、企业竞争等因素的制约下呈空间扩散状态（翁媛媛等，2009）。

表 7-2　2008 年福建两位数制造业基尼系数

行业分类	市级聚集程度	县级聚集程度
农副食品加工业	0.310 6	0.621 3
食品制造业	0.374 5	0.626 3
饮料制造业	0.297 6	0.639 0
烟草制品业	0.853 3	0.972 4
纺织业	0.421 2	0.737 1
纺织服装、鞋、帽制造业	0.535 6	0.736 5
皮革、毛皮、羽绒及其制品业	0.664 1	0.791 9
木材加工及木竹藤棕草制品业	0.664 5	0.663 8
家具制造业	0.489 0	0.709 2
造纸及纸制品业	0.322 6	0.618 4
印刷业和记录媒介的复制业	0.376 5	0.808 6
文教体育用品制造业	0.505 9	0.805 8

续表

行业分类	市级聚集程度	县级聚集程度
石油加工及炼焦化	0.736 4	0.938 5
化学原料及化学制品制造业	0.394 8	0.604 3
医药制造业	0.439 4	0.862 2
化学纤维制造业	0.641 8	0.914 7
橡胶制品业	0.637 0	0.816 0
塑料制品业	0.370 5	0.618 2
非金属矿物制品业	0.369 3	0.620 3
黑色金属冶炼及压延加工业	0.520 6	0.697 4
有色金属冶炼及压延加工业	0.429 6	0.787 8
金属制品业	0.437 9	0.729 0
通用设备制造业	0.341 9	0.797 6
专用设备制造业	0.449 2	0.693 6
交通运输设备制造业	0.388 9	0.782 0
电气机械及器材制造业	0.503 2	0.810 4
通信设备、计算机及其他电子设备制造业	0.690 1	0.890 1
仪器仪表及文化、办公用机械制造业	0.624 2	0.822 8

在县级层面上，除了木材加工外，各类型制造业集聚程度表现得更为显著，特别是设备制造业、电气电子、纺织服装、化工和文体制造业等行业。而烟草制品业受自然条件的制约，只在少数县（市）获得发展，有色金属冶炼及压延加工业的集聚程度也比较高。食品制造业、饮料制造业、农副食品加工业、造纸及纸制品业、非金属矿物制品业、化学原料及化学制品制造业等产业聚集程度较低，这些行业具有较强的资源与市场的依赖性，入行容易，并受地方保护主义的影响，分布分散。

对县级制造业基尼系数取平均值，以 0.75 为界将其分为集中与分散。对各类型制造业的 Moran's I 值进行计算和检验，可将其分为集聚与离散。将制造业分为 4 种类型：①集中-集聚：皮革毛皮羽毛（绒）及其制品业、文教体育用品制造业、橡胶制品业、有色金属冶炼及压延加工业、通用设备制造业。②集中-离散：烟草制品业、石油加工及炼焦化、印刷业记录媒介的复制业、医药制造业、化学纤维制造业、电气机械及器材制造业、交通运输设备制造业、仪器仪表及文化办公用机械制造业、通信设备、计算机及其他电子设备制造业。③分散-集聚：农副食品加工业、食品制造业、饮料制造业、纺织业、纺织服装鞋帽制造业、木材加工及竹藤棕草制品业、家具制造业、造纸及纸制品业、塑料制品业、非金属矿物制品业、金属制品业。④分散-离散：化学原料及化学制品制造业、黑色金属冶炼及压延加工业、专用设备制造业。

7.3.2　福建省制造业的区域集聚

7.3.2.1　福建省全部制造业平均集中率

28 个制造业行业的平均集中率高值区由沿海的闽侯、福州、长乐、福清、莆田、泉州、厦门、莆田、漳州，及内陆的龙岩、永安、三明、沙县、南平等县市组成，呈环状分布（图 7-2）。邵武、福安远离环状高值区，但其制造业的发展在全省也占有重要地位。制造业平均集中率低值区呈岛状分布，包括光泽、松溪、政和、周宁、屏南、霞浦、永泰、平潭、清流、华安、武平等县市。从各设区市（表 7-3）来看：厦门制造业平均集中率为 20.2260，远高于其他地区；泉州地区的平均集中率高值区最为密集，其中平均集中率最低的德化县也达到 0.3311；福州地区除永泰、平潭外，其他县市制造业发展水平都较好，特别是福州、长乐、福清、闽侯；莆田地区凭借仪器仪表及文化办公用机械制造业、金属制品业和饮料制造业等产业的良好发展，制造业平均集中率处于较高水平；宁德

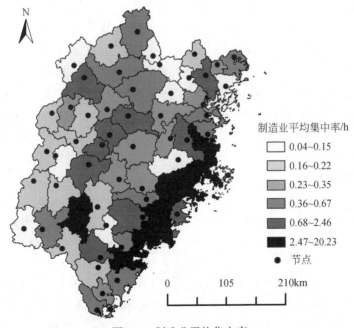

制造业平均集中率/h

- □ 0.04~0.15
- □ 0.16~0.22
- ▨ 0.23~0.35
- ▨ 0.36~0.67
- ▨ 0.68~2.46
- ■ 2.47~20.23
- ● 节点

0　　　　105　　　　210km

图 7-2　制造业平均集中率

地区的宁德、福安、福鼎等经济较好的县市制造业平均集中率也较高；南平地区是内陆制造业发展水平最高的设区市，邵武的木材加工及竹藤棕草制品业、橡胶制品业、化学原料及化学制品制造业优势明显，浦城、武夷山、建瓯、建阳、顺昌制造业平均集中率都较高；三明地区的制造业集中于三明、沙县、永安；龙岩地区除龙岩、上杭外，其他县市制造业平均集中率都较低。

表 7-3　福建省制造业平均集中率

产业平均集中率	制造业	资源密集型行业	劳动密集型行业	资本密集型行业	产业平均集中率	制造业	资源密集型行业	劳动密集型行业	资本密集型行业
浦城县	0.408 5	0.249 6	0.307 0	0.526 4	清流县	0.130 2	0.054 0	0.237 2	0.075 6
武夷山市	0.178 7	0.546 1	0.262 1	0.014 1	永泰县	0.086 2	0.144 0	0.091 7	0.065 7
寿宁县	0.164 4	0.060 4	0.170 3	0.190 0	永安市	1.160 0	0.429 0	1.853 3	0.873 8
松溪县	0.087 6	0.167 7	0.078 0	0.071 5	福清市	4.511 4	3.516 6	2.920 6	5.931 9
福鼎市	0.663 5	1.388 0	0.227 8	0.767 6	平潭县	0.035 7	0.065 3	0.000 0	0.052 6
政和县	0.072 7	0.133 0	0.094 3	0.040 0	大田县	0.263 0	0.010 8	0.292 3	0.314 1
光泽县	0.125 6	0.441 3	0.146 3	0.020 6	长汀县	0.184 8	0.084 3	0.321 9	0.115 7
柘荣县	0.333 4	0.060 8	0.021 5	0.634 2	连城县	0.222 7	0.227 2	0.278 5	0.181 5
建阳县	0.608 9	0.399 0	0.734 7	0.579 1	莆田市	6.411 2	7.213 6	8.167 2	4.927 6
福安市	1.282 7	1.177 5	0.046 4	2.195 7	德化县	0.331 1	0.000 0	0.787 2	0.099 9
邵武市	0.688 2	0.286 5	1.178 2	0.452 9	永春县	0.616 9	0.495 9	1.141 2	0.277 0
周宁县	0.137 8	0.111 7	0.050 2	0.207 8	漳平市	0.222 4	0.235 8	0.361 4	0.119 3
霞浦县	0.128 5	0.223 5	0.122 1	0.106 0	惠安县	2.462 0	2.519 0	4.380 9	1.075 1
建瓯县	0.516 1	0.946 4	0.912 8	0.109 7	安溪县	1.118 0	2.291 5	0.979 1	0.881 8
屏南县	0.102 5	0.102 9	0.188 0	0.041 4	南安市	3.168 9	1.542 6	4.026 5	3.021 0
宁德市	0.331 9	0.585 4	0.093 1	0.430 0	龙岩市	3.786 8	14.615 9	1.207 3	2.535 3
泰宁县	0.247 0	0.086 2	0.483 3	0.124 1	泉州市	7.465 7	3.876 5	6.939 1	8.867 4
顺昌县	0.251 8	0.008 9	0.263 4	0.313 0	华安县	0.131 0	0.219 2	0.173 7	0.075 4
建宁县	0.214 9	0.432 1	0.382 1	0.033 4	武平县	0.146 7	0.234 3	0.209 9	0.076 5
将乐县	0.194 5	0.012 3	0.403 1	0.097 5	上杭县	0.544 9	0.053 6	0.161 3	0.959 4
南平市	1.192 5	0.607 5	1.154 6	1.386 6	晋江市	7.602 3	5.445 0	14.044 1	3.617 5
罗源县	0.470 5	0.187 2	0.340 6	0.644 3	石狮市	2.190 2	2.587 8	3.730 4	0.976 4
古田县	0.270 8	0.217 2	0.271 6	0.285 6	长泰县	0.668 2	0.170 6	0.759 7	0.745 1
连江县	0.447 0	0.957 3	0.225 5	0.459 4	永定县	0.176 8	0.276 9	0.227 8	0.111 9
沙县	1.145 4	1.179 4	1.983 5	0.537 1	漳州市	3.112 4	2.319 9	3.770 1	2.869 1

产业平均集中率	制造业	资源密集型行业	劳动密集型行业	资本密集型行业	产业平均集中率	制造业	资源密集型行业	劳动密集型行业	资本密集型行业
闽清县	0.258 1	0.043 4	0.479 9	0.160 9	厦门市	20.226 0	21.767 1	14.960 9	23.546 5
闽侯县	1.531 5	1.076 5	1.855 7	1.429 9	南靖县	0.710 6	0.715 4	0.663 3	0.743 1
明溪县	0.184 6	0.105 3	0.216 3	0.184 5	龙海市	3.220 2	5.257 9	1.974 8	3.527 5
福州市	8.881 5	5.437 8	6.542 1	11.536 4	平和县	0.213 1	0.220 4	0.260 7	0.177 0
三明市	1.953 9	0.805 0	0.674 8	3.195 8	漳浦县	0.555 0	1.109 2	0.187 2	0.659 5
尤溪县	0.346 1	0.070 0	0.750 6	0.136 2	云霄县	0.252 2	0.484 5	0.289 4	0.159 2
长乐市	3.716 3	1.318 5	3.238 8	4.742 4	东山县	0.322 4	1.319 0	0.059 9	0.225 2
宁化县	0.211 9	0.177 7	0.330 4	0.136 9	诏安县	0.401 8	0.894 8	0.312 4	0.324 7

注：①囿于资料，莆田地级市与仙游县在制造业的分析中合并为一个研究单元；②表中集中率数据为乘以 100 后的值

7.3.2.2　基于资源集约度分类的制造业平均集中率

资源密集型制造业包括农副食品加工业、食品制造业、饮料制造业、烟草制品业。厦门、龙岩、莆田、晋江、福州、龙海资源密集型制造业集中率高于其他地区，而顺昌、将乐、大田、德化集中率低。从行业角度看，厦门、莆田、福清、龙海、泉州、福州的农副食品加工业占有较大比重；晋江、龙海、福州、厦门食品制造业发达；龙岩与厦门的烟草制品业行业地位突出（烟草制品产值分别占全省烟草制品产值的 54.48% 和 43.56%）；饮料制造业集中于厦门、莆田、三明、永定等县市。

劳动密集型制造业分布与人口密度相关，平均集中率高值区主要分布于人口密集的县市，如厦门、晋江、莆田、泉州、福州、惠安、南安等。其中，木材加工及竹藤棕草制品业在全省分布较为均衡，内陆的沙县、永安、建瓯、邵武、建阳等县市在全省比值中占有较大的比重。晋江以民营经济为主体，聚集了纺织服装、鞋业制造等一批典型的产业集群，并在造纸及纸制品业、印刷业和记录媒介的复制业、橡胶制品业、非金属矿物制品业也具有优势；厦门也有很好地劳动密集型制造业的基础，其家具制造业、造纸及纸制品业、印刷业和记录媒介的复制业、橡胶制品业、金属制品业发展迅速；泉州的纺织服装鞋帽制造业、皮革毛皮羽毛（绒）及其制品业，莆田的皮革毛皮羽毛（绒）及其制品业、橡胶制品业、金属制品业，都在相应行业中占有重要地位。

资本密集型制造业单位产品成本中资本消耗所占比重较大，对技术、劳动力素质和信息流通的有着较高的要求，主要集中于厦门、福州、泉州、福清等沿海

经济发展水平较高的城市。沙县、上杭、建阳、浦城虽然经济实力不强，但历史上"小三线"建设形成的良好的工业基础使其产业平均集中率较高。资本密集型制造业各行业的集中度高于资源密集型制造业、劳动密集型制造业。从行业产值比重来看：厦门和福州在资本密集型制造业各行业的产值中均占有较大的比重；泉州的石油加工及炼焦化产值占全省的81.07%；长乐的化学纤维制造业，三明的黑色金属冶炼及压延加工业；莆田的仪器仪表及文化和办公用机械制造业，在区域行业发展中承担重要的带头作用。

7.4 小 结

分析福建制造业集聚的空间分布，选取制造业中的28个行业，从行业集聚和区域集聚测量福建省制造业的集聚程度，结果显示：福建制造业在全国具有较强的竞争力，特别是在服装纺织、设备制造业和电子电气等行业。国家和地方的制度政策为福建省制造业的发展提供了强有力的保障，并吸引大量的外商以及港澳台投资进入福建市场。在制造业行业集聚方面，空间尺度越小，两位数制造业集聚程度越高。无论是在市级尺度还是县级尺度，设备制造业、电气电子、纺织服装、化工和文体制造业对集聚经济的需求表现得更为强烈。食品饮料、金属与矿物、基础化工制造业入行门槛较低，并且受地方保护主义的影响而较为分散。将基尼系数与Moran's I值综合分析可知，设备制造业、电气电子和化工虽然集聚程度高，但这种集聚在空间上是离散的，不存在空间自相关；服装纺织、食品饮料聚集程度低，但在空间上具有相关性。

从制造业平均集中率看各类型制造业的具体空间分布，28个制造业行业的平均集中率高值区由沿海及内陆部分县（市）组成呈环状分布。呈点状分布的德化、永泰、大田、尤溪、漳平、华安为产业平均集中率低值区，与交通可达性的"凹陷区"重合。资源密集型制造业布局靠近沿海城市及自然资源丰富的县（市），劳动密集型制造业靠近劳动力丰富及经济发展水平较好的县（市），资本密集型制造业靠近沿海城市及内陆中心县（市）。

参 考 文 献

韩燕，钱春海.2008.FDI对我国工业部门经济增长影响的差异性——基于要素密集度的行业分类研究.南开经济研究，(5)：143-152.

翁媛媛，高汝熹，饶文军.2009.地区专业化与产业地理集中的比较研究.经济与管理研究，(4)：39-46.

第8章 交通运输业与制造业发展的关联分析

8.1 交通运输业与制造业关系概述

交通运输业指国民经济中专门从事运送货物和旅客的社会生产部门,由公路、铁路、航空、水运和管道运输5种方式构成的庞大而复杂的系统。交通运输业属于生产性服务业的重要部门(陈建军和陈菁菁,2011),用于满足中间生产需求,向生产企业和其他组织的生产活动提供中间投入服务,在对其消费的过程会产生更多的产品并向社会提供更多的有效服务。交通运输业与制造业的关系体现了生产性服务业与制造业的关系,两者具有互动性质。制造业对交通运输业的发展起着决定作用,交通运输水平的提升是制造业竞争力提高的保证。制造业拉动交通运输业的发展,交通运输业推动制造业的升级。并且,随着生产分工的深化,交通运输业越来越多地嵌入制造业的生产链条之中,两者的关系越来越紧密。

从因果关系的角度分析,交通运输业与制造业之间的关系体现为交通运输业的前向关联效应和后向关联效应。交通运输业为先导产业,与很多制造业部门具有关联效应,其关联效应的大小在不同经济发展阶段不同。交通运输的前向关联效应主要表现为运输费用的降低对扩大商品市场的影响,后向关联效应则是指运输业发展所产生的对国民经济其他产业的需求联系。

8.2 研究内容与研究方法

8.2.1 投入产出表中产业分类的调整和研究内容

投入产出法是产业关联分析的基本方法,它通过借助投入产出表和建立线性代数方程,对产业间"投入"与"产出"的数量比例关系进行分析。本章以福建2002年和2007年投入产出表为基础数据,根据需求对投入产出表进行调整,分析交通运输业与制造业发展的关联效应。在2002年和2007年的144部门总表中将制造业按《国民经济行业分类》合并为30个部门,选取除工艺品及其他制造业、废弃资源和废旧材料回收加工业之外的 28 个工业部门为研究对象。在交通运输业方面，2002 年福建投入产出表中的交通运输业包括铁路旅客运输业、铁路货运业、道路运输业、城市公共交通运输业、水上运输业、航空旅客运输业、航空货运业、管道运输业；2007 年福建投入产出表中的交通运输业包括铁路运输业、道路运输业、城市公共交通业、水上运输业、航空运输业、管道运输业、装卸搬运和其他运输服务业。首先将各个交通运输部门作为一个综合整体，与 28 个制造业部门，以及剩余部门所合并的一个部门，进行投入产出表的计算。再将交通运输业分为铁路运输业、道路运输业、城市公共交通运输业、水上运输业、航空运输业 5 个部门，与 28 个制造业部门和 1 个合并的剩余部门，依据重新调整的投入产出表，分析各交通部门与制造业的关联效应。

8.2.2　后向关联

后向关联是从投入角度考虑某产业与其他产业的关联影响。包括直接后向关联和完全后向关联，分别用直接消耗系数和完全消耗系数来衡量。直接消耗系数（又称投入系数），记为 a_{ij}（i, $j=1$, 2, $\cdots$, n），表示第 j 产业每生产 1 单位产品而直接消耗第 i 产业产品的数量，公式如下：

$$a_{ij} = \frac{x_{ij}}{X_j} \qquad i, j = 1, 2, \cdots, n \qquad (8\text{-}1)$$

式中，x_{ij} 是指第 j 产业对第 i 产业产品的消耗量；X_j 是指第 j 产业的总投入。

完全消耗系数指第 j 产业生产 1 单位产品完全消耗的第 i 产业产品的数量。利用直接消耗系数矩阵 A 计算完全消耗系数矩阵 B 的公式为：

$$B = (I - A)^{-1} - 1 \qquad (8\text{-}2)$$

式中，I 为 $n \times n$ 的单位矩阵；$(I-A)^{-1}$ 为里昂惕夫逆矩阵。

8.2.3　前向关联

前向关联是从产出角度考虑某产业与其他产业的关联影响。包括直接前向关联和完全前向关联，分别用直接分配系数和完全分配系数来表示。直接分配系数是指 i 部门产品分配给 j 部门使用部分占该种产品总产出的比例，记为 d_{ij}。

$$d_{ij} = \frac{x_{ij}}{X_i} \qquad i, j = 1, 2, \cdots, n \qquad (8\text{-}3)$$

式中，x_{ij} 为第 i 部门提供给第 j 部门中间使用的产品数量；X_i 为 i 部门的总产出。

完全分配系数为 i 部门单位总产出直接分配和全部间接分配给 j 部门的数量，利用直接分配系数矩阵 D 计算完全分配系数矩阵 W 的公式为

$$W = (I - D)^{-1} - 1 \qquad (8\text{-}4)$$

8.2.4　波及效应

波及效应运用影响力系数和感应度系数度量。影响力系数指某产业增加一个单位最终使用时，对国民经济各产业所产生的生产需求波及程度。

$$F_j = \frac{\sum\limits_{i=1}^{n} q_{ij}}{\frac{1}{n} \sum\limits_{i=1}^{n} \sum\limits_{j=1}^{n} q_{ij}} \qquad j = 1, 2, \cdots, n \qquad (8\text{-}5)$$

式中，q_{ij} 是里昂惕夫逆矩阵 $(I-A)^{-1}$ 的元素；$\sum\limits_{i=1}^{n} q_{ij}$ 为列昂惕夫逆矩阵的第 j 列之和。

感应度系数表示国民经济各产业增加一个单位最终使用时，某产业由此受到的需求感应程度。

$$E_i = \frac{\sum\limits_{j=1}^{n} q_{ij}}{\frac{1}{n} \sum\limits_{i=1}^{n} \sum\limits_{j=1}^{n} q_{ij}} \qquad j = 1, 2, \cdots, n \qquad (8\text{-}6)$$

8.3　后向关联效应分析

8.3.1　交通运输业的后向关联效应

由表 8-1 反映的数据可以看出，整体上 2002 年和 2007 年交通运输业对各制造业行业的直接后向关联都比较小，但完全后向关联比较大。2002 年福建交通运输业与制造业全部行业的直接后向关联效应为 0.0826，到 2007 年提高到 0.2534，完全后向关联效应也由 2002 年的 0.3500 提高到 2007 年的 0.6952。交通运输业对制造业的直接拉动作用和间接拉动作用都在迅速增强。

表 8-1　交通运输业对各制造业类型的直接消耗系数及完全消耗系数

制造业类型	2002 年直接消耗系数	2007 年直接消耗系数	变化值	2002 年完全消耗系数	2007 年完全消耗系数	变化值
农副食品加工业	0.000 9	0.000 0	-0.000 8	0.006 2	0.007 6	0.001 4
食品制造业	0.000 0	0.004 1	0.004 1	0.000 7	0.009 6	0.008 9

制造业类型	2002年直接消耗系数	2007年直接消耗系数	变化值	2002年完全消耗系数	2007年完全消耗系数	变化值
饮料制造业	0.000 0	0.003 4	0.003 4	0.002 5	0.008 1	0.005 6
烟草制品业	0.003 4	0.000 0	-0.003 4	0.019 7	0.001 5	-0.018 3
纺织业	0.000 2	0.000 8	0.000 6	0.003 9	0.031 1	0.027 2
纺织服装、鞋、帽制造业	0.000 5	0.023 6	0.023 2	0.001 5	0.033 2	0.031 7
皮革、毛皮、羽毛（绒）及其制品业	0.000 0	0.000 2	0.000 2	0.007 7	0.020 8	0.013 1
木材加工及竹藤棕草制品业	0.000 2	0.000 1	-0.000 1	0.006 7	0.007 1	0.000 5
家具制造业	0.001 8	0.000 8	-0.000 9	0.020 3	0.001 6	-0.018 7
造纸及纸制品业	0.000 1	0.000 3	0.000 2	0.010 5	0.027 5	0.017 0
印刷业和记录媒介的复制业	0.002 4	0.003 8	0.001 5	0.009 4	0.007 0	-0.002 4
文教体育用品制造业	0.000 2	0.001 2	0.001 0	0.002 6	0.002 6	0.001 8
石油加工、炼焦及核燃料加工业	0.010 9	0.163 0	0.152 1	0.029 2	0.187 5	0.158 3
化学原料及化学制品制造业	0.000 2	0.001 2	0.001 0	0.009 2	0.111 8	0.102 6
医药制造业	0.000 3	0.000 0	-0.000 3	0.007 7	0.003 8	-0.003 9
化学纤维制造业	0.000 0	0.000 0	0.000 0	0.001 6	0.005 1	0.003 6
橡胶制品业	0.000 7	0.021 0	0.020 3	0.005 0	0.033 2	0.028 2
塑料制品业	0.000 0	0.000 3	0.0003	0.006 1	0.036 2	0.030 2
非金属矿物制品业	0.000 2	0.000 1	-0.000 1	0.011 7	0.028 6	0.016 9
黑色金属冶炼及压延加工业	0.000 3	0.000 5	0.000 2	0.017 6	0.024 9	0.007 3
有色金属冶炼及压延加工业	0.000 0	0.000 0	0.000 0	0.008 0	0.008 4	0.000 4
金属制品业	0.000 1	0.000 8	0.000 7	0.019 9	0.011 8	-0.008 1
通用设备制造业	0.002 1	0.000 4	-0.001 7	0.011 4	0.001 5	-0.009 9
专用设备制造业	0.000 1	0.000 1	0.000 1	0.002 3	0.000 9	-0.001 5
交通运输设备制造业	0.049 3	0.013 5	-0.035 8	0.095 6	0.024 8	-0.070 7
电气机械及器材制造业	0.005 3	0.000 9	-0.004 4	0.023 0	0.006 2	-0.016 8
通信设备、计算机及其他电子设备制造业	0.001 8	0.011 9	0.010 1	0.004 8	0.047 0	0.042 2
仪器仪表及文化、办公用机械制造业	0.001 6	0.001 1	-0.000 5	0.007 1	0.005 7	-0.001 4

2002年交通运输业对制造业的直接消耗系数最高的行业是交通运输设备制造业和石油加工工业，两者合计占交通运输业与全部制造业的直接后向关联效应的72.86%。而对饮料制造业、食品制造业、皮革毛皮羽毛（绒）及其制品业、化学纤维制造业、塑料制品业等产业的直接消耗系数最低。2007年交通运输业

对石油加工工业、纺织服装鞋帽制造业、橡胶制品业、交通运输设备制造业、通信设备制造业的直接消耗系数合计占交通运输业与全部制造业的直接后向关联效应的 92.01%。对农副食品加工业、医药制造业、烟草制品业、化学纤维制造业的直接消耗系数较低。与 2002 年相比，在 2007 年交通运输业对农副食品加工业、烟草制品业、交通运输设备制造业、通用设备制造业、家具制造业等 10 个行业的依赖性减弱，对石油加工、橡胶制品业、通信设备制造业等其他行业的依赖性增强，即重化工业的发展与交通运输业关系密切。

交通运输业对各制造业行业的完全消耗系数的排名与交通运输业对各制造业行业的直接消耗系数的排名大体类似。但完全消耗系数大于直接消耗系数，特别是化学原料及化学制品制造业、塑料制品业、非金属矿物制品业、造纸及纸制品业、食品制造业、黑色金属冶炼及压延加工业、农副食品加工业等行业完全消耗系数远远大于直接消耗系数。2002 ~ 2007 年，除交通运输设备制造业、专用设备制造业、仪器仪表及文化、办公用机械制造业、金属制品业、通用设备制造业、电气机械及器材制造业、印刷业和记录媒介的复制业、医药制造业、烟草制品业、家具制造业外，交通运输业对其他行业的依赖性都增强。

总之，交通运输业的发展能有效地拉动制造业，特别是与其依赖关系强的交通运输设备制造业、石油加工炼焦及核燃料加工业等产业的发展。

8.3.2　各交通部门的后向关联效应

将交通部门分为铁路运输业、道路运输业、城市公共交通运输业、水上运输业、航空运输业，分析各个部门的后向关联效应（附表 4）。从各交通部门上看，2002 年福建铁路运输业对制造业的带动作用最强，其与制造业全部行业的直接后向关联效应为 0.1671，完全后向关联达到 0.5869。其次为道路运输业、城市公共交通运输业。水上运输业、航空运输业对制造业的拉动能力较弱，与制造业的直接后向关联效应分别为 0.0261、0.0492，完全后向关联分别为 0.1648、0.3225，小于其他交通部门。至 2007 年铁路运输业对制造业的后向关联效应减弱，对制造业的直接消耗系数为 0.0074，完全消耗系数为 0.1599。道路运输业、城市公共交通运输业、水上运输业、航空运输业对制造业的带动作用均有增强，其中航空运输业对制造业的带动作用增长最快，无论是直接后向关联还是完全后向关联与 2002 年相比都显著提高，城市公共交通运输业、道路运输业依次次之。

将交通运输部门对各制造业行业的直接消耗系数和完全消耗进行排序。2002 年排名前四的制造业合计占铁路运输业与全部制造业的直接后向关联效应的 70.25%，道路运输业、城市公共交通运输业、水上运输业、航空运输业分别为

94.74%、93.83%、91.92%、84.98%，在全部后向关联中铁路运输业、道路运输业、城市公共交通运输业、水上运输业、航空运输业也分别达到了41.72%、53.58%、51.96%、46.09%、39.16%。2007年各交通运输部门对排名前四位的制造业消耗系数占全部制造业消耗系数的比值也比较大。2002年、2007年各交通运输部门对电气电子、设备制造业、化工工业的直接消耗系数和完全消耗系数都比较高。可见，各交通运输部门对制造业的拉动作用主要体现在石油加工炼焦及核燃料加工业、交通运输设备制造业、通信设备制造业等电气电子、设备制造业以及化工工业等行业。

8.4 前向关联效应分析

8.4.1 交通运输业的前向关联效应

2002年福建交通运输业与制造业全部行业的直接前向关联效应为0.4869，2007年为0.4802。完全后向关联效应由2002年的1.4206提高到2007年的1.4353。交通运输业对制造业的直接推动作用略有减弱，但间接推动作用增强，并且运输业对制造业的前向关联强于后向关联。在2002年，交通运输业对电气机械及器材制造业、纺织业、金属制品业、化学原料及化学制品制造业、交通运输设备制造业的直接分配系数和完全分配系数都较高，合计分别占交通运输业与全部制造业的直接前向关联和完全前向关联的44.30%、39.18%。对饮料制造业、化学纤维制造业、农副食品加工业、医药制造业等产业的直接分配系数和完全分配系数都较低。而2007年交通运输业对通信设备制造业、黑色金属冶炼及压延加工业、非金属矿物制品业、纺织业、纺织服装鞋帽制造业的直接分配系数和完全分配系数合计分别占交通运输业与全部制造业的直接分配系数和完全分配系数的44.36%、42.68%。对农副食品加工业、烟草制品业、饮料制造业、文教体育用品制造业的直接分配系数和完全分配系数较低。与2002年相比，在2007年交通运输业对通信设备计算机及其电子设备制造业、纺织服装鞋帽制造业、黑色金属冶炼及压延加工业直接分配系数和完全分配系数增加，对化学原料及化学制品制造业、电气机械及器材制造业等行业直接分配系数和完全分配系数减少（表8-2）。

总之，交通运输业对金属与矿物、设备制造业的直接分配系数和完全分配系数都较高，这些行业的发展受交通运输业制约影响较大；对食品饮料、纺织服装的直接分配系数低，但完全分配系数较高，说明交通运输业对食品饮料、纺织服装的间接影响大；对草木加工、文体制造的直接分配系数和完全分配系数都较低，草木加工、文体制造受交通运输业制约影响程度较低。2002～2007 年直接分配系数和完全分配系数的变化情况来看，纺织服装、草木加工、金属与矿物以及设备制造业受交通运输业的制约影响不断增强，交通运输业对食品饮料、文体制造、化工和其他制造业的支撑作用在逐步减弱。

表 8-2　交通运输业对各类型制造业的直接分配系数及完全分配系数

制造业类型	2002 年直接分配系数	2007 年直接分配系数	变化值	2002 年完全分配系数	2007 年完全分配系数	变化值
农副食品加工业	0.004 6	0.004 1	-0.000 5	0.027 3	0.028 2	0.000 9
食品制造业	0.010 8	0.006 9	-0.003 9	0.042 9	0.028 5	-0.014 4
饮料制造业	0.006 2	0.003 7	-0.002 5	0.019 5	0.015 0	-0.004 5
烟草制品业	0.006 6	0.003 7	-0.003 0	0.035 1	0.011 2	-0.024 0
纺织业	0.040 1	0.037 0	-0.003 1	0.111 3	0.107 5	-0.003 8
纺织服装、鞋、帽制造业	0.004 0	0.036 4	0.032 4	0.022 0	0.099 9	0.077 9
皮革、毛皮、羽毛（绒）及其制品业	0.006 4	0.018 4	0.012 0	0.049 5	0.082 4	0.032 8
木材加工及竹藤棕草制品业	0.009 9	0.011 2	0.001 3	0.025 8	0.028 2	0.002 4
家具制造业	0.017 5	0.004 5	-0.013 0	0.046 3	0.013 3	-0.033 0
造纸及纸制品业	0.008 2	0.021 3	0.013 0	0.028 9	0.050 2	0.021 2
印刷业和记录媒介的复制业	0.006 8	0.004 2	-0.002 5	0.019 6	0.011 1	-0.008 5
文教体育用品制造业	0.007 4	0.003 6	-0.003 8	0.020 3	0.013 0	-0.007 3
石油加工、炼焦及核燃料加工业	0.014 9	0.004 8	-0.010 1	0.041 8	0.018 2	-0.023 6
化学原料及化学制品制造业	0.037 7	0.017 2	-0.020 5	0.080 1	0.056 3	-0.023 8
医药制造业	0.004 6	0.002 2	-0.002 4	0.017 8	0.008 2	-0.009 7
化学纤维制造业	0.005 9	0.004 9	-0.001 0	0.019 5	0.020 0	0.000 5
橡胶制品业	0.013 0	0.006 8	-0.006 2	0.044 3	0.023 7	-0.020 5
塑料制品业	0.021 9	0.016 7	-0.005 2	0.069 7	0.059 5	-0.010 3
非金属矿物制品业	0.028 7	0.038 7	0.010 0	0.064 4	0.103 8	0.039 4
黑色金属冶炼及压延加工业	0.022 2	0.045 6	0.023 5	0.056 6	0.116 3	0.059 7
有色金属冶炼及压延加工业	0.009 6	0.016 0	0.006 4	0.033 1	0.039 2	0.006 1
金属制品业	0.038 6	0.028 5	-0.010 1	0.094 8	0.059 4	-0.035 4
通用设备制造业	0.016 7	0.019 3	0.002 6	0.046 0	0.049 7	0.003 7
专用设备制造业	0.025 4	0.016 4	-0.009 0	0.058 1	0.041 2	-0.016 9
交通运输设备制造业	0.026 9	0.029 7	0.002 8	0.088 0	0.084 2	-0.003 8
电气机械及器材制造业	0.072 4	0.020 3	-0.052 1	0.182 4	0.063 5	-0.119 0
通信设备、计算机及其他电子设备制造业	0.007 8	0.051 8	0.043 9	0.037 7	0.185 1	0.147 4
仪器仪表及文化、办公用机械制造业	0.012 0	0.006 2	-0.005 8	0.037 6	0.018 8	-0.018 8

8.4.2 各交通部门的前向关联效应

2002 年道路运输业、水上运输业对制造业的直接前向关联效应分别为 0.5676、0.4565，完全前向关联效应分别为 1.3491、1.7403，都高于其他交通部门。至 2007 年，水上运输业对制造业的直接前向关联效应和完全前向关联效应减弱，其对制造业的推动作用下降，但仍高于城市公共交通运输业、航空运输业。道路运输业、城市公共交通运输业、航空运输业的直接分配系数减小，但完全分配系数增加，对制造业间接影响增加。铁路运输业对制造业的推动影响显著增强，2007 年直接前向关联效应为 1.1204，完全前向关联效应为 3.4542，远高于其他交通部门。

2002 年五个交通部门对金属与矿物、设备制造业的直接分配系数和完全分配系数都较高，但道路运输业、水上运输业对电气机械及器材制造业、通信设备设备制造业、仪器仪表及文化办公用机械制造业等电气电子制造业以及交通运输设备制造业也有较高的完全分配系数。至 2007 年，五类交通部门对纺织服装的直接分配系数和完全分配系数都在上升，铁路运输业、城市公共交通运输业、航空运输业代表快捷运输方式的交通部门对电气电子制造业的分配系数也增加，道路运输业、水上运输业对电气电子制造业的制约作用反而减弱。但交通运输业对各类型制造业的直接分配系数和完全分配系数相对均匀地分布于某几个部门，如在 2002 年铁路运输业、道路运输业、城市公共交通运输业、水上运输业、航空运输业对排名前四制造业的直接后向关联效应与各交通部门对全部制造业的直接后向关联效应的比重分别为 41.70%、39.59%、39.47%、38.32%、39.38%，与前向关联效应相比分布较为均匀，体现了交通运输业作为基础产业的特性。

8.5 波及效应分析

8.5.1 影响力及影响力系数

在制造业方面（表8-3），整体上看影响力系数高于平均水平，影响带动能力较强，特别是纺织服装、化工、金属与矿物以及电气电子对整个国民经济部门的带动作用较强，但食品饮料、木草加工以及一些设备制造业对其他行业的带动能力较弱。从变化趋势看，化工、金属与矿物以及农副食品加工业、烟草制品业、专用设备制造业等制造业行业的影响力减弱，设备制造业、电气电子的影响带动能力增强。

在交通方面，从行业属性来看，交通运输业为中间需求型的服务性行业，不直接参与产品生产过程，其影响力系数小于 1，对其他行业的影响带动能力偏低。从变化趋势看，交通运输业的影响力系数呈上升趋势，从 2002 年的 0.6838 升至 2007 年的 0.7512，其影响力在逐步提升，对其他产业部门的带动能力增强。

表 8-3　2002 年和 2007 年影响力系数与感应度系数

部门	2002 年影响力系数	2007 年影响力系数	变化值	2002 年感应度系数	2007 年感应度系数	变化值
农副食品加工业	0.963 3	0.897 9	−0.065 4	0.486 9	0.565 7	0.078 8
食品制造业	0.957 3	0.973 4	0.016 2	0.390 1	0.537 4	0.147 2
饮料制造业	0.968 1	0.973 8	0.005 7	0.495 2	0.539 4	0.044 2
烟草制品业	1.021 0	0.911 7	−0.109 3	0.763 6	0.402 5	−0.361 1
纺织业	1.057 8	1.118 5	0.060 7	0.837 5	1.169 0	0.331 5
纺织服装、鞋、帽制造业	1.010 8	1.047 9	0.037 1	0.382 3	0.521 3	0.139 0
皮革、毛皮、羽毛（绒）及其制品业	1.238 9	1.132 9	−0.105 9	1.189 6	1.248 5	0.058 9
木材加工及竹藤棕草制品业	0.955 2	0.967 3	0.012 1	0.531 0	0.576 9	0.045 9
家具制造业	0.759 3	0.856 8	0.097 5	0.748 2	0.346 9	−0.401 3
造纸及纸制品业	0.957 9	0.967 7	0.009 7	0.987 1	1.272 9	0.285 8
印刷业和记录媒介的复制业	0.962 8	0.982 1	0.019 3	0.519 5	0.400 0	−0.119 5
文教体育用品制造业	1.004 0	1.080 5	0.076 5	0.351 8	0.371 9	0.020 1
石油加工、炼焦及核燃料加工业	1.116 7	1.025 4	−0.091 3	0.803 9	0.783 2	−0.020 8
化学原料及化学制品制造业	0.962 6	1.046 7	0.084 1	0.785 8	2.532 8	1.747 1
医药制造业	0.932 2	0.909 3	−0.022 8	0.543 1	0.450 9	−0.092 2
化学纤维制造业	1.150 2	0.995 1	−0.155 2	0.592 4	0.609 0	0.016 7
橡胶制品业	1.199 6	1.175 1	−0.024 5	0.747 5	0.611 5	−0.135 9
塑料制品业	1.144 1	1.120 5	−0.023 6	0.595 3	0.932 0	0.336 7
非金属矿物制品业	0.945 7	0.912 3	−0.033 5	0.742 6	1.096 7	0.354 1
黑色金属冶炼及压延加工业	0.993 5	1.126 5	0.133 0	0.868 0	1.423 5	0.555 5
有色金属冶炼及压延加工业	1.088 5	1.023 7	−0.064 8	0.665 8	0.863 1	0.197 3
金属制品业	1.063 9	1.021 5	−0.042 4	0.853 9	0.619 5	−0.234 4
通用设备制造业	0.836 8	0.943 0	0.106 2	0.642 6	0.382 2	−0.260 4
专用设备制造业	0.997 3	0.997 0	−0.000 3	0.402 6	0.406 4	0.003 8
交通运输设备制造业	1.100 7	1.108 6	0.007 9	0.910 7	0.603 9	−0.306 7
电气机械及器材制造业	0.991 1	1.012 5	0.021 4	0.826 8	0.473 6	−0.353 2
通信设备、计算机及其他电子设备制造业	1.095 9	1.110 9	0.014 9	0.505 2	1.297 9	0.792 7

续表

部门	2002 年影响力系数	2007 年影响力系数	变化值	2002 年感应度系数	2007 年感应度系数	变化值
仪器仪表及文化、办公用机械制造业	1.034 2	1.066 0	0.031 8	0.496 3	0.486 0	−0.010 4
交通运输业	0.683 8	0.751 2	0.067 4	2.332 6	1.544 2	−0.788 5
其他行业	0.806 8	0.744 3	−0.062 4	9.002 1	6.931 2	−2.070 9

8.5.2   感应度及感应度系数

在制造业方面，2007 年纺织业、皮革毛皮羽毛（绒）及其制品业、造纸及纸制品业、化学原料及化学制品制造业、非金属矿物制品业、黑色金属冶炼及压延加工业、通信设备计算机及其他电子设备制造业的感应度系数高于全行业各部门的平均水平，即这些行业与国民经济其他部门的前向关联效应较强，对国民经济发展有较大的制约作用。制造业的其他行业感应度系数低于全行业各部门的平均水平，国民经济对这些行业的拉动作用较弱。

在交通方面，交通运输业的感应度系数高于全行业各部门的平均水平，即交通运输业对国民经济发展起着明显的制约作用。从交通运输业感应度系数的变化看，由 2002 年的 2.3326 下降至 2007 年的 1.5442，说明国民经济发展对交通运输业的拉动作用在下降。虽然交通运输业在整个国民经济中的地位下降，但感应度系数仍大于 1，对其他产业仍有较强的制约作用。

8.5.3   系统关联分析

对 2002 年和 2007 年投入产出影响力系数与感应度系数分别取平均值，以影响力系数和感应度系数是否大于 1，可将各产业部门分为 4 种关联类型。

（1）影响力系数和感应度系数都大于 1。这类产业与国民经济其他部门有很强的前后向关联效应，能有效的拉动和推动其他产业的发展。包括纺织业、皮革毛皮羽毛（绒）及其制品业、化学原料及化学制品制造业、黑色金属冶炼及压延加工业。

（2）影响力系数小于 1，感应度系数大于 1。这类产业具有较强的前向关联效应，为先导型部门，推动其他产业发展。包括造纸及纸制品业、交通运输业。

（3）影响力系数大于 1，感应度系数小于 1。这类产业具有较强的后向关联效应，对国民经济的带动作用较大。包括纺织服装鞋帽制造业、文教体育用品制造业，石油加工、炼焦及核燃料加工业，化学纤维制造业，橡胶制品业，塑料制品业，有色金属冶炼及压延加工业，金属制品业，交通运输设备制造业，电气机械及器材制造业，通信设备、计算机及其他电子设备制造业，仪器仪表及文化、办公用机械制造业。

（4）影响力系数和感应度系数都小于 1。这类产业为基础产业部门，与其他产业的作用不明显。包括农副食品加工业、食品制造业、饮料制造业、烟草制品业、木材加工及木竹藤棕草制品业、家具制造业、印刷业和记录媒介的复制业、医药制造业、非金属矿物制品业、通用设备制造业、专用设备制造业。

8.6　多变量框架下综合交通可达性对制造业空间分布的影响

产业集聚实际上是企业微观区位选择的宏观表现。由于运输成本的存在，以及对劳动力和信息交流的需求，企业往往选择需求较大或投入品供应便捷的区位进行生产。随着社会经济的发展以及科学技术的不断进步，采用集装箱进行大宗货物运输越来越普及。新技术在企业远程管理、供应链管理的应用越来越广泛，使得运输成本在社会生产和生活中的地位不断下降。以克鲁格曼为代表的新经济地理学家认为由于劳动力缺乏流动性，运输成本水平和产业集聚程度呈一种倒 U 型的关系，从分散到集聚而后再分散，即当运输成本很高时，制造业呈分散布局状态；随着运输成本的下降，制造业在空间上出现集聚，之后集聚程度不断加深，形成中心—外围结构；一旦运输成本低到一定程度，制造业重新分散将有利可图。在这样一个时代背景和理论基础下，福建交通发展水平对制造业集聚是否有影响，影响水平如何，是有利于制造业集聚还是倾向于分散？

制造业空间格局的形成受到多方面因素的影响。为此本章综合考虑了传统贸易理论、新贸易理论和新经济地理框架下制造业集聚的形成机制，从（资源投入）要素禀赋条件、外部性、规模经济、制度政策 4 个方面选取指标为解释变量，用交通投入、交通密度等传统影响因子和综合交通可达性指标作为衡量交通对制造业集聚影响的变量，在相对完整的理论框架下探讨福建制造业空间集聚现象。

8.6.1　产业集聚的影响因素

1）比较优势与要素禀赋条件

赫克歇尔–俄林的要素禀赋理论（Ohlin，1957）、新古典贸易理论以及以韦伯为代表的古典区位论，都认为运输成本、地理位置、劳动力、自然资源等外生变量能很好地解释产业集聚现象。要素禀赋条件在一定程度上影响着经济活动的空间集中或者分散，在产业集聚的形成过程中起着基础性作用，是产业集聚的重要诱导因素，是决定产业区位选择的"第一性"因素。后天生成的流动性较低的禀赋以及纯粹的地理环境都有可能成为某种比较优势的来源（李君华，2007），其关键在于这些资源的不可流动性。但随着产业组织的变革和技术进步，要素禀赋条件对产业集聚的影响逐步下降，而"第二性"因素（如规模经济、外部性等）越来越受到重视（张华和梁进社，2007），但要素禀赋条件仍为产业集聚的基本因素。Kim（1999）通过对美国研究发现产业区位商与自然资源投入存在显著的正相关，资源禀赋可解释各州特定产业的就业规模。Ellison 和 Glaeser（1999）采用了 16 个变量反映交通成本、自然资源和劳动力投入分析其对美国四位数制造业各州的就业比重影响，认为资源优势可以解释 20% 左右的产业集聚。

2）外部性与产业集聚

Marshall（1890）将外部性分为中间投入品共享、劳动力共享和知识溢出，前两者为货币外部性，后者为技术外部性，并认为它们是造成产业非均衡分布的根本原因。货币外部性主要通过专业化分工、劳动市场共享和低成本的公共设施共享、专业化的投入品促成了产业集聚。劳动市场共享使企业节约劳动力要素成本、搜寻成本及培训时间，促进产业在空间上集聚；通过深化专业分工，并在此基础上建立密切合作关系，可以提高企业的竞争力，对专业化的投入品（原料、专有设备、服务等）的需求促使相关企业的空间集聚；低成本的公共设施共享降低企业负担的公共设施成本，在生产不变的情况下可获得更多收益。技术外部性促使产业集聚的发生，同类企业或关联密切的企业在空间上聚集，促进了技术工人的自由流动以及提高扎堆企业的非正式和正式交流的频率，企业通过获得技术知识信息而增强竞争力，并吸引新的企业加入集聚区，形成自我强化的循环。Jaffe（1989）通过研究发现，厂商可以从相近技术的其他厂商的研发活动中受益。Ciccone 和 Hall（1996）也证实了区域之间知识扩散的确存在，且知识扩散随着区域间距离的增加而减弱。Wallsten（2001）运用地理信息系统与企业数据分析了集聚与知识外溢，发现企业近距离的集聚会获得知识外溢或其他投入回报。

3）规模经济与产业集聚

马歇尔将规模经济分为内部规模经济和外部规模经济。胡佛又进一步提出规模经济具有 3 种基本形式：①企业层面的规模经济，即内部规模经济，是指企业通过扩大自身生产经营规模、降低原材料的消耗或采用先进技术和设备从而降低产品成本增加收益。②本地化经济，即同一个产业部门内不同企业在一定区域范围内集中，通过扩大生产活动的总体规模从而使企业的收益增加。③城市化经济，即各种类型经济活动集聚在一个地方带来的经济效应（Hoover，1937）。

Krugman（1980）认为，外部性的本质是规模经济，产业集聚的动力就是规模经济。Amiti（1999）对 1967～1989 年欧盟 5 个成员国 65 个行业进行了研究，发现规模经济和中间产品密集度与地理集中度有着显著的正相关。Brülhart（1998）发现 1980～1990 年欧洲 18 个产业中的 14 个产业在空间上表现得更为集中，内部规模经济显著的产业，其地理集中程度尤为明显。Haaland（1999）等认为对同一产业的投入比值越高则该产业在空间上就越集中，说明产业内部联系能够促进产业集聚。

4）制度政策与产业集聚

经济制度是影响发展中国家经济发展的一个重要因素（刘易斯，1996），甚至在影响经济增长的诸多因素中起着决定作用（诺思，1994）。马歇尔、韦伯以及以克鲁格曼为代表的新经济地理学学者都倾向于认为产业地理集聚是市场自发秩序的产物，但对于处在经济转型阶段的发展中国家，其政府制度政策对产业地理集聚的形成与发展却有着十分重要的意义。Rainer（2001）通过对欧洲 7 个地区的产业集聚政策比较研究发现，人们对经济现状和集聚影响的关注点已经从"什么是集聚发展最重要的影响因素"转变为"集聚在地区发展政策的中心地位"。Ge（2006）认为高度依赖外贸与外资的产业在交通方便的沿海地区集聚，对外贸易是推动产业地理集聚的一个重要原因。Gao（2004）基于 1985～1993 年的数据资料研究也表明，国外直接投资和出口对产业增长有着正向影响。Bai 等（2004）使用动态面板数据方法得出国有化程度较高以及利税率较高的地区产业地理集中度较低。李小建和李二玲（2002）认为不能因为产业集聚的自组织性而忽视政府作用，政府应在诱导产业集聚中发挥重要作用，如重视发展中小企业、创造有竞争力的区域环境、积极扶持现有产业集聚区等。朱华晟和王缉慈（2002）则从产业联系的视角探讨了影响企业地方联系强度的主要因素，同时关注了地方政策的作用。

8.6.2　制造业集聚机制的指标设计

不同产业之间由于产业特性不同产生的地理集聚水平也是存在差异的，不同地区之间区域环境各异而产业地理集聚现象也有差别。为此，本章分别从产业特性和地区特性分析制造业集聚与扩散的影响机制。解释变量的数据来自《福建省投入产出表》《中国区域经济统计年鉴》《福建经济与社会统计年鉴》，及福建省各县（市）的统计年鉴及 2008 年福建省经济普查资料。

1）基于行业视角的制造业集聚与扩散

根据数据资料的可获得性，以市级基尼系数和县级基尼系数为因变量，从资源投入（自然资源投入、劳动力投入强度、交通投入）、外部性（知识溢出）、规模经济（企业平均就业规模、产业内联系、产业间联系）、制度政策（地方分权、全球化）中选取 17 个指标为解释变量。对解释变量进行相关分析，排除与其他指标相关系数较大的变量，包括年末存货占销售产值比重（INVT）、每百人中研发人员比重（RLAB）、科研经费总额占销售产值比重（REXP）、利润总额占销售产值比重与应交所得税和增值税占销售产值比重的乘积（PRTX）、出口交货值占销售产值的比重（EXPT）等变量，指标体系如表 8-4。

表 8-4　制造业区位模型中解释变量的描述

分类	名称	代码	含义
资源投入	农业投入强度	AGRI	每个产业来自农林牧副渔产业的投入占总投入的比重
	能源投入强度	ENER	煤炭采选业和石油天然气开采业的投入占总投入的比重
	金属矿物投入强度	MET	金属采选业的投入占总投入的比重
	非金属矿物投入强度	NMET	非金属采选业的投入占总投入的比重
	劳动力投入强度	LAB	就业人数与该产业工业总产值的比重
	交通投入	TRAN	自交通部门的投入占总投入的比重
外部性	知识溢出	EDU	大专及以上就业人员总数占就业总数比重
		NSAL	新产品产值占工业总产值比重
规模经济	企业平均就业规模	LSIZE	就业总数除以全部企业数并取对数企业平均就业规模
	产业内联系	INTR	来自本产业的中间投入占总投入的比重
	产业间联系	INTER	其他制造业的投入占总投入比重与销售到其他制造业的中间销售占总产出比重的平均值
制度政策	地方分权	STATE	国有资本占实收资本比重
	全球化	FDI	外资及中国香港、中国澳门和台湾资本占实收资本比重

2）基于地区视角的制造业集聚与扩散

由于福建省仅 9 个设区市，市级尺度的研究单元不足，须从县级尺度进行探讨。以制造业平均集中率（v_i）为因变量，从要素禀赋条件（资源禀赋、资本禀赋、劳动力成本、运输成本）、外部性（市场规模、技术溢出效应）、规模经济（相对企业规模、地方化经济、城市化经济）、制度政策（市场化程度、对外开放度）4 个方面选取 13 个指标为解释变量（表 8-5）。其中运输成本用综合交通可达性和交通密度指标来衡量。交通可达性是评价交通网络状况的一项综合性指标，它反映了空间实体之间通过交通系统克服距离障碍进行交流的难易程度，时间是最基本的阻抗因素，完善的铁路、公路、港口和航空，能够较好地发挥交通网络效应，以扩大经济活动要素交流的机会和频率。交通可达性对制造业区位选择的影响具体可表现为：可达性的提高有助于知识溢出、技术扩散，有利于市场规模的扩大，并改变资源的空间可接近程度，从而使交易成本、信息成本、生产要素成本发生改变，进而影响到制造业区位选择的影响因素发生变化。因此，交通可达性是影响制造业空间集聚的重要因素之一。在此由于各种交通方式可达性数值间相关系数大，只选取综合可达性指标进入模型，并对其取倒数。对解释变量进行相关分析，变量间相关系数小于0.5，相关性弱。

表 8-5　制造业区位模型中解释变量的描述

分类	名称	代码	含义
要素禀赋条件	农业丰裕度	Agrg	农业产出占 GDP 的比重
	自然资源禀赋	Mini	采掘业产出占 GDP 的比重
	资本禀赋	Capital	资本形成总额占 GDP 的比重
	劳动力成本	Wage	职工平均工资与地区职工平均工资之比
	交通密度	Trans	公路里程/地区面积
	综合可达性	Comp-A	包含公路（区内联系、对外联系）、铁路、港口和机场在内的区域综合可达性，由式（6-1）计算可得
外部性	市场规模	GDP	各市人均 GDP 与全省平均水平的比值
	技术溢出效应	Patent	各地区专利申请批准量占全国的比重
规模经济	相对企业规模	Size	制造业从业人员/制造业企业个数
	地方化经济	Div	各产业总产值与全部制造业总产值比值之平方和
	城市化经济	Urban	非农业人口比重
制度政策	市场化程度	State	国有企业总产值占地区工业总产值的比重
	对外开放度	FDI	实际使用外资金额的对数

8.6.3　多变量框架下交通条件对制造业集聚影响的实证分析

1）基本模型的设定

采用横截面回归模型，以资源投入（要素禀赋条件）、外部性、规模经济、制度政策四个方面所选取的指标为解释变量，分析制造业的产业特性和区域特性，回归模型如下：

$$\ln v_i = \alpha + \beta \times X_i + \chi_2 \times Y_i + \lambda \times Z_i + \mu \times K_i + \varepsilon \tag{8-7}$$

式中，X_i 表示各产业的资源投入或各县市的要素禀赋条件；Y_i 为影响制造业空间集聚的外部性因素；Z_i 为集聚经济对制造业空间分布的影响；K_i 表示产业集聚中的制度政策因素。

2）实证结果及解释

（1）基于行业视角的制造业集聚与扩散。结果表明（表8-6），TRAN回归系数为正，在市级和县级尺度上都显著，显著水平为0.1。交通投入显著影响着福建省制造业行业的地理集聚，即对交通运输业依赖性较强的产业在空间分布上表现得更为集中。从2007年投入产出表看，金属制品业、黑色金属冶炼及压延加工业、造纸及纸制品业、专用设备制造业、有色金属冶炼及压延加工业等资本技术密集型制造业对交通运输业的直接消耗系数较高，这些行业在空间上表现得更为集中。

表8-6　基于行业特性视角的产业集聚影响因素

变量	市级	县级
Constant	-5.115 6 ***	-2.405 8 *
AGRI	0.966 3	0.608 9
ENER	10.035 4 **	8.944 1 ***
MET	-2.579 8	-4.139 4
NMET	1.470 6	1.013 1
LAB	14.493 8 *	6.896 9
TRAN	18.196 4 *	15.004 6 *
EDU	0.158 2	3.609 6 *
NSAL	2.613 5 *	2.263 5
LSIZE	0.995 2 ***	0.870 7 ***
INTR	-0.042 1	-1.630 6
INTER	1.287 0 *	1.171 3
STATE	-4.462 0	-4.036 9 *
FDI	-1.347 3	-1.020 0

*表示在0.1水平显著，**表示在0.05水平显著，***表示在0.01水平显著，回归结果经过异方差性矫正

此外，其他资源投入也影响着福建省制造业的地理格局。从自然资源上看，农副产品、金属矿物以及非金属矿物的投入强度与制造业地理集聚程度的相关性较低，在市级和县级尺度上都不显著，说明对资源依赖性强的产业大多数集中分布于原料地。ENER在回归系数为正，在市级和县级尺度上均为显著，即对能源依赖性强的产业在空间上较为集中，如石油加工及炼焦化产业。LAB在市级尺度显著水平为0.1，即需要大量劳动力投入的产业在空间上分布集中。

从知识溢出效应来看，EDU和NSAL都为正。NSAL在市级尺度上显著，研

发性产业集中于沿海经济发达的设区市；EDU 在县级尺度上显著，从业人员教育水平越高的产业在空间上也越为集中。

集聚经济影响着福建制造业的地理集聚。LSIZE 在市级或县级尺度都为正，且在 0.01 水平上显著；INTER 只在市级尺度显著，显著水平为 0.1；INTR 在市级和县级尺度上都不显著。表明企业规模越大的产业在空间上更为集聚，主要源于内部规模经济的重要性。产业间联系较强的产业在空间上也更为集中，而产业内联系对福建产业地理集聚影响较弱。

在制度政策方面，FDI 对福建产业集聚起着相反的作用，外商投资比重越高的产业分布趋于分散，但这种影响并不显著。国有资本占实收资本比重的回归系数为负，在县级尺度上显著水平为 0.1，说明国有企业比例高的产业更倾向于分散。

（2）基于地区视角的制造业集聚与扩散。为了单独考察要素禀赋条件、外部性、规模经济、制度政策对福建制造业地理格局的影响，在模型中分别引入相应变量，最后引入所有变量来检验变量显著性的稳健性。运用式（8-7），采用 OLS 回归，用 White 检验法进行异方差矫正，结果如表 8-7。

表 8-7　基于地区特性视角的产业集聚影响因素

变量	要素禀赋条件	外部性	集聚经济	制度政策	全部效应
Constant	−0.353 1	−2.662 4 ***	−3.208 5 ***	−4.042 5 ***	−2.080 7 ***
Agrg	−3.640 2 ***				−2.658 9 ***
Mini	−2.583 9 **				−2.636 8 **
Capital	−0.818 2 **				−0.245 8
Wage	0.801 7				1.248 8
Trans	−0.013 1				−0.185 7
Comp-A	1.388 3 ***				0.452 1 *
GDP		2.560 7 **			0.294 1
Patent		5.471 3 *			0.739 3 *
Size			0.037 1 ***		0.013 5 **
Div			−2.502 3 ***		−2.104 3 ***
Urban			3.498 0 ***		0.792 4
State				−0.609 6	−1.844 7
FDI				0.479 5 ***	0.115 9 *
R²	0.780 7	0.654 9	0.669 1	0.538 1	0.891 0
F	28.984 2	46.642 4	30.336 3	23.687 2	24.124 0
D.W.	2.035 9	1.990 0	1.914 4	1.983 9	2.089 5

　　* 表示在 0.1 水平显著，** 表示在 0.05 水平显著，*** 表示在 0.01 水平显著，回归结果经过异方差性矫正

总体上看，福建制造业空间分布与要素禀赋条件、外部性、集聚经济及制度政策因素显著相关。其中，Trans 影响不显著，即区域交通密度对福建制造业集聚与扩散的影响较小。但 Comp-A 回归系数为正，在 0.1 水平上显著，对制造业空间分布具有正向影响。说明地区交通运输条件对于企业的区位选择仍具有较强的参考作用，这种作用更多地体现在对区域间快捷运输的需求。福建省综合交通可达性水平与制造业集聚水平在空间分布上呈现出两者的相关性。综合可达性格局中加权平均旅行时间小于 2.5h 的县市在南平–三明–永安一线；小于 1.5h 的区域分布在闽中山脉以东；以福州、厦门–泉州为中心的两片区域可达性数值小于 1h。制造业也主要集中在南平–三明–永安范围内，并在沿海的福州、泉州、厦门、莆田等县市进一步集中。在沿海南北两端的部分县市，制造业集聚程度与综合交通可达性水平都低于沿海中部的县市。

此外，将综合交通可达性与制造业、资源密集型制造业、劳动密集型制造业和资本技术密集型制造业平均集中率进行 Pearson 双变量相关分析，其相关系数分别为 0.766、0.578、0.778 和 0.723，均为 0.01 显著水平。可见交通可达性与各类型制造业布局密切相关，但其中与资源密集型制造业相关性相对较低。主要由于资源密集型产业对资源（原料）的依赖性较强，布局倾向于资源禀赋优越的地区。南平地区的综合交通可达性最差，但由于自然资源丰富与历史基础的影响，木竹加工和食品加工等行业发展具有优势，成为内陆制造业发展水平最好的设区市。

另外，农业丰裕度与自然资源禀赋对福建省制造业聚集有着显著的负面影响，是否因为具有资源禀赋优势地区对丰富资源的过分依赖导致"资源诅咒"，需进一步探讨。资本禀赋在要素禀赋条件因素模型中系数为负且影响显著，引入全部变量后影响不显著。产业集聚所产生的外部性影响福建省制造业格局，特别是知识溢出效应促使制造业空间集聚。规模经济促进产业地理集中，企业规模和专业化程度对制造业集聚呈显著正向影响，较高的城市化水平也有利于制造业的发展，引入全部变量后城市化水平变量不显著。在制度政策方面，较高的对外开放水平有利于产业集聚。

8.7 小　结

首先，对福建交通运输业与制造业的关联效应进行分析。利用 2002 年和 2007 年投入产出表分别分析福建交通运输业和制造业的前向关联效应、后向关联效应以及波及效应，结论如下：

（1）交通运输作为上游产业部门，其服务性能和价格对制造业能够产生连锁效应，但这种效应相对有限。无论是综合交通运输业还是各交通运输部门，后向关联效应都主要体现在石油加工炼焦及核燃料加工业、交通运输设备制造业等少数几个行业上。2002～2007 年铁路运输业对制造业的带动作用减弱，道路运输业、城市公共交通运输业、水上运输业和航空运输业对制造业的带动作用都有所增强，特别是航空运输业和城市公共交通运输业对制造业有着强劲的带动作用。

（2）交通运输又属于先导型行业，它为制造业的集聚与扩散提供基础。交通运输业与制造业的关系更多地体现在交通运输业的前向联系效应，即满足制造业发展提出的运输需求。交通运输业对各类型制造业的直接分配系数和完全分配系数相对均匀，对纺织服装、金属与矿物、设备制造业和电气电子制造业的后向关联效应较强，而且这种关联效应在不断增加。对木草加工、文体制造的后向关联效应较弱。从各交通部门看，铁路运输业对制造业的后向关联效应最强，道路运输业、水上运输业依次次之，航空运输业对制造业的后向关联效应较小但在不断增加。

（3）在波及效应方面，从影响力系数来看，全部制造业对国民经济影响带动能力较强，特别是纺织服装、化工、金属与矿物以及电气电子。交通运输业为中间需求型的服务性行业，对国民经济的其他行业影响带动能力偏低，但其影响力在逐步提升。从感应度系数来看，全部制造业的感应度系数低于全行业的平均水平。交通运输业的感应度系数大于1，其他部门对交通运输业发展的需求引力较强，但这种作用在下降。从系统关联看，以影响力系数和感应度系数是否大于1 将各产业部门分为四种关联类型，其中交通运输业前向关联效应明显，化工、金属与矿物和电子电气制造业后向关联效应较强，食品饮料、木材加工以及部分设备制造业与其他产业的作用不明显。

其次，在多变量影响因子的分析框架下，分析交通运输对福建制造业集聚形成的影响。交通运输可以作为外生条件对制造业的发展产生影响，表现为交通运输业对制造业发展的基础性作用（后向关联效应）和先导性作用（前向关联效应）。同时，交通运输又是内生变量，它是制造业区位选择的重要决定因素。因此综合考虑了传统贸易理论、新贸易理论和新经济地理框架下的制造业集聚的形成机制，从行业特性和地区特性对影响制造业集聚的因素进行计量分析，结果表明：虽然随着交通发展水平的不断提高，距离要素对经济活动的影响有所下降，但交通运输对福建省制造业的发展仍有显著的正向影响。传统交通对制造业集聚与扩散的影响大多体现在交通经济成本、交通密度等因子的影响，现代交通对制造业集聚与扩散的影响更多体现为时间成本的影响。而综合可达性从时间距离的角度描绘了区域间"流"交换的难易程度，较为深刻地完成了对交通基础设施隐性效应的量化。在行业特性上，对交通运输业依赖性较强的设备制造业、电气电子等资本技术密集型制造业在空间分布上表现得更为集中。在区域特性上，综合可达性变量对制造业空间分布具有正向显著影响，综合可达性与不同类型制造业空间集聚的相关性密切，但与对资源（原料）依赖性较强的资源密集型制造业相关性相对较低。

此外，能源投入强度、劳动力投入、知识溢出和规模经济都有利于制造业行业集聚的发生；而实收资本中国有资本比重大的行业更倾向于分散；自然资源投入对制造业行业集聚与扩散的影响并不显著。从产业区域集聚与分散的情况上看，外部性、规模经济和制度政策促使福建制造业空间集聚，但农业丰裕度和自然资源禀赋对福建制造业聚集有着显著的负面影响。

参 考 文 献

陈建军，陈菁菁. 2011. 生产性服务业与制造业的协同定位研究——以浙江省 69 个城市和地区为例. 中国工业经济，（6）：151-150.

李君华. 2007. 产业集聚与中国制造业分布研究. 武汉：华中科技大学.

李小建，李二玲. 2002. 产业集聚发生机制的比较研究. 中州学刊，（4）：5-8.

刘易斯. 1996. 经济增长理论. 周师铭译. 北京：商务印书馆.

诺思. 1994. 制度、制度变迁与经济绩效. 刘守英译. 上海：上海三联书店.

张华，梁进社. 2007. 产业集聚及其效应的研究进展. 地理科学进展，26（2）：14-24.

朱华晟，王缉慈. 2002. 论产业群内地方联系的影响因素——以东莞电子信息产业群为例. 经济地理，22（4）：385-393.

Amiti M. 1999. Specialization patterns in Europe. Weltwirtschaftliches Archiv, 135 (4): 573-593.

Bai C E, Du Y, Tao Z, et al. 2004. Local protectionism and regional specialization: evidence from China's industries. Journal of International Economics, 63 (2): 397-417.

Brülhart M. 1998. Economic geography, industry location and trade: the evidence. The World Economy, 21 (6): 775-801.

Ciccone A, Hall R E. 1996. Productivity and the density of economic activity. The American Economic Review, 86 (1): 54-70.

Ellison G, Glaeser E L. 1999. The geographic concentration of industry: does natural advantage explain agglomeration? The American Economic Review, 89 (2): 311-316.

Gao T. 2004. Regional industrial growth: evidence from Chinese industries. Regional Science and Urban Economics, 34 (1): 101-124.

Ge Y. 2006. Regional inequality, industry agglomeration and foreign trade: the case of China. Research Paper, UNU-WIDER No. 2006/105.

Haaland J I, Kind H J, Knarvik K H M, et al. 1999. What determines the economic geography of Europe? London: Centre for Economic Policy Research.

Hoover E M. 1937. The location of economic activity. New York: McGraw-Hill.

Jaffe A. 1989. Real effects of academic research. American Economic Review, 79 (5): 957-970.

Kim S. 1995. Expansion of markets and the geographic distribution of economic activities: the trends in US regional manufacturing structure, 1860-1987. The Quarterly Journal of Economics, 110 (4): 881-908.

Kim S. 1999. Regions, Resources, and Economic Geography: Sources of U. S. Regional Comparative Advantage, 1880-1987. Regional Science and Urban Economics, January, 29 (1): 1-32.

Krugman P. 1980. Scale economies, product differentiation, and the pattern of trade. The American Economic Review, 70 (5): 950-959.

Marshall A. 1890. Principles of economics: An introductory. London: Macmillan.

Ohlin B. 1957. Interregional and international trade. MA: Harvard University Press.

Raines P. 2001. The cluster approach and the dynamics of regional policy-making. Regional and Industrial Policy Research Paper.

Wallsten S J. 2001. An empirical test of geographic knowledge spillovers using geographic information systems and firm-level data. Regional Science and Urban Economics, 31 (5): 571-599.

第 9 章　结论与建议

9.1　主　要　结　论

　　首先从自然条件、发展历史、社会经济及文化传承等方面对闽台制造业发展基础与环境进行对比分析，认为闽台具有地缘（地理位置）、物缘（自然条件）、亲缘（社会文化）等诸多相似性，同时又存在经济发展时序递差、政策法规权属相异的特点。对闽台经济发展过程的多指标分析及多元统计分析表明，两地经济发展目前处于性质上差异明显的两个阶段：台湾经济已于 1989 年大致完成了工业化进程，目前正处于后工业化社会；而福建经济则处于工业化快速发展的后期阶段。

　　通过对闽台第二产业（制造业）发展历程及内部结构比较分析，得到如下结论：闽台的制造业成长均经历先轻工业后重工业的发展时序，基本符合霍夫曼定理。但两地所处的发展阶段不同，福建目前处于霍夫曼第二阶段和第三阶段过渡期，而台湾处于霍夫曼第四阶段，在时间上相差近 20 年。福建制造业已走过大食品产业、大纺织产业主导的阶段，目前正处于机电产业主导向信息技术产业主导的过渡阶段；而台湾则已走过食品、纺织、机电产业的主导阶段，目前正处于信息技术产业主导阶段。因此，随着闽台产业结构趋同程度不断加强，福建对未来闽台合作过程中的产业定位应有一个清醒的认识。源于对自身资源结构的认识和比较优势的判断，经济发展水平的梯度特征使得闽台存在着一种产业发展的"雁行状态"。找准互补和共赢的切入点，壮大福建电子信息、装备制造、石油化工等主导产业，才能最终达到优势互补、拓展双赢空间的目的。

　　其次，对近 20 年来台商直接投资的历程进行分析。台商对大陆直接投资存在显著的空间差异：主要体现为沿海与中西部内陆地区差异，但同时表现出沿海向内陆扩散、转移的趋势。台商直接投资在各省市区的分布存在显著的空间相关性。相关性的大小随时间变化先增后减，尤其是 2004 年以后其递减趋势愈发明显，表明台商在大陆的投资由初期的分散分布趋向集聚，但集聚度正缓慢减弱。从局部自相关分析结果看，台商对大陆的直接投资存在明显的"圈层结构"，即以沿海四省一市为核心层，围绕核心层外围的各中北部省市区形成中间层，而西部大部分省市区为外围层。台商投资冷热点区的波动变化与台海局势变化存在一定关联。热点区域近 20 年来不断向北扩展，至江苏省后北移势头减弱。台商对福建的投资比重呈现递减趋势。初期台商对大陆的制造业投资主要集中于闽粤两省，以劳动密集型产业为主，至 20 世纪 90 年代中期之后，台商在福建的投资占大陆总投资的比重逐渐下降。从投资行业看，出现从劳动密集型产业逐渐向资本、技术密集型产业转移。从省内投资的区域变化看，福建台资主要集中于厦门和福州两设区市，但 2002 年起，逐步呈现向内陆地区转移的趋势，省内台商投资区区域差异逐步减小。结合闽台经贸情况，可以看出台湾对福建投资主要集中在民生工业、化学工业、金属机械工业和资讯电子工业。福建省应把握时机，创造良好的投资环境，利用台资，加快自身发展，以期早日实现产业链升级。

第三，利用制造业分布图、地区专业化水平、赫芬达尔指数、基尼系数、K-均值聚类法以及重心模型对福建省各区县在计划经济时期（1980 年）、改革开放前十年对外开放主导时期（1990 年）、区际开放主导时期（2005 年）以及对台渐进开放时期（2008 年）这 4 个不同的代表性断面，分析其制造业集聚程度和分布情况。改革开放之前，福建为海防前线、大陆东南边陲，军事区位重要，有限的制造业高度集聚于福建内陆山区；改革开放至 90 年代初，由于对外开放，对外贸易及外资投入的机制作用位居主导，出现制造业集聚沿海的趋势；90 年代后区际开放深入，伴随着资本、商品和劳动力等生产要素流动，沿海高度集聚态势进一步加强；90 年代中后期，对台渐进开放的介入，使得制造业在沿海进一步集聚的同时，出现向内陆地区扩散（走向均衡）的趋势。采用灰色关联法分析三重开放（对外开放、区际开放和对台渐进开放）不同阶段影响制造业空间集聚的机理，发现总体上看福建省制造业空间分布与产业链、人力资本、市场需求、基础设施、产业政策等因素显著相关。其中对外开放要素在对外开放时期的综合作用最为显著，尤其是对外贸易依存度与地区外资依存度指标的影响凸显，此后在区际开放与对台渐进开放时期的影响度有所下降。区际开放因子中资本流动始终位于所有影响因子的第 1 位，商品和人口流动因子前 2 个阶段保持强劲关联势头，第 3 阶段有所下降。台商投资在 1991～2000 年关联度极强达，2001～2010 年随着投资热点北移，关联度下降。选取具有典型闽南儒商地域文化背景的晋江市安海镇，以及政府起主导作用的国家首批经济技术开发区福州马尾区为典型样区，分析不同发展背景的区域制造业空间集聚机理。

第四，对福建省综合交通网络与制造业空间布局关系进行全面分析。以县（市）为研究单元，采用加权平均旅行时间指标探讨公路（区内与区外联系）、铁路、港口、航空等交通方式及区域综合交通网络的可达性空间格局，结果表明：福建省交通网络主要由公路，铁路、港口、航空四种交通方式构成，其中公路等级较低，铁路路网规模较小，公路和铁路的密度低于全国平均水平；港口方面优势明显，在罗源湾、湄洲湾、厦门湾、东山湾等处具备建设万吨级以上的深水港口；航空网络也逐步完善。在各交通方式可达性格局上，公路区内可达性呈明显的圈层结构，从沿海中部到南北两端地区及内陆的加权平均旅行时间逐步增加。公路对外可达性沿着高速公路呈"井"字形分布。而铁路、港口和机场可达性空间分布的格局大体类似：可达性高值区以福州、厦门-泉州这两片区域为中心，向南北两端县（市）递减，再向内陆县（市）继续降低；福建中部的德化、大田、尤溪等地受历史基础及地形的影响，形成可达性"凹陷区"。综合交通网络的可达性形成明显的由沿海向内陆递减的4个带状区域。从各交通方式的均衡性来看，公路对外可达性均衡性最差，港口、铁路、航空、综合交通依次次之，公路区内可达性均衡度最高。

接着，分析了福建省不同行业制造业集聚的空间分布。分析福建省制造业的发展水平，选取制造业中的28个行业从行业集聚和区域集聚测量福建省制造业的集聚程度，结果显示：福建省制造业在全国具有较强的竞争力，特别是服装纺织、设备制造业和电子电气等行业。国家和地方的制度政策为福建省制造业的发展提供了强有力的保障，并吸引大量的投资尤其是港澳台投资进入福建市场。在制造业行业集聚方面，空间尺度越小，两位数制造业集聚程度越高。无论是在市级尺度还是县级尺度，设备制造业、电气电子、纺织服装、化工和文体制造业对集聚经济的需求表现得更为强烈，食品饮料、金属与矿物、基础化工制造业入行门槛较低，并且受地方保护主义的影响而较为分散。将基尼系数与 Moran's I 值综合分析可知，设备制造业、电气电子和化工业虽然集聚程度高，但这种集聚在空间上是离散的，不存在空间自相关；服装纺织、食品饮料业聚集程度低，但在空间上具有相关性。

从制造业平均集中率看各类型制造业的具体空间分布，28个制造业行业的平均集中率高值区由沿海及内陆部分县（市）组成，呈环状分布，呈点状分布的德化、永泰、大田、尤溪、漳平、华安为产业平均集中率低值区，与交通可达性的"凹陷区"重合。资源密集型制造业布局靠近沿海城市及自然资源丰富的县（市），劳动密集型制造业靠近劳动力丰富及经济发展水平较好的县（市），资本密集型制造业靠近沿海城市及内陆中心县（市）。

利用2002年和2007年投入产出表从前向关联效应、后向关联效应以及波及效应，分别分析福建省交通运输业和制造业的关联效应，结论如下：

（1）交通运输作为上游产业部门，其服务性能和价格对制造业能够产生连锁效应，但这种效应相对有限，无论是综合交通运输业还是各交通运输部门，后向关联效应都主要体现在石油加工炼焦及核燃料加工业、交通运输设备制造业等少数几个行业上。从 2002 至 2007 年，铁路运输业对制造业的带动作用减弱；道路运输业、城市公共交通运输业、水上运输业、航空运输业对制造业的带动作用增强，特别是航空运输业和城市公共交通运输业对制造业有着强劲的带动作用。

（2）交通运输又属于先导型行业，它能够为制造业的集聚与扩散提供基础。交通运输业与制造业的关系更多地体现在交通运输业的前向联系效应，即满足制造业发展提出的运输需求。交通运输业对各类型制造业的直接分配系数和完全分配系数相对均匀，对纺织服装、金属与矿物、设备制造业和电气电子制造业的后向关联效应较强，而且这种关联效应在不断增加，对草木加工和文体制造业的后向关联效应较弱。从各交通部门看，铁路运输业对制造业的后向关联效应最强，道路运输业、水上运输业依次之，航空运输业对制造业的后向关联效应较小但在不断增加。

（3）在波及效应方面，从影响力系数来看，全部制造业对国民经济影响带动能力较强，特别是纺织服装、化工、金属与矿物以及电气电子；交通运输业为中间需求型的服务性行业，对国民经济的其他行业影响带动能力偏低，但其影响力在逐步提升。从感应度系数来看，全部制造业的感应度系数低于全行业的平均水平；交通运输业的感应度系数大于 1，其他部门对交通运输业发展的需求引力较强，但这种作用在下降。从系统关联看，以影响力系数和感应度系数是否大于1 将各产业部门分为四种关联类型：其中交通运输业前向关联效应明显，化工、金属与矿物和电子电气制造业后向关联效应较强，食品饮料、木材加工以及部分设备制造业与其他产业的作用不明显。

交通运输可以作为外生条件对制造业的发展产生影响，表现为交通运输业对制造业发展的基础性作用（后向关联效应）和先导性作用（前向关联效应）。同时，交通运输又是内生变量，它是制造业区位选择的重要决定因素。因此综合考虑了传统贸易理论、新贸易理论和新经济地理框架下的制造业集聚的形成机制，从行业特性和地区特性对影响制造业集聚的因素进行计量分析，结果表明：虽然随着交通发展水平的不断提高，距离要素对经济活动的影响程度有所下降，但交通运输对福建省制造业的发展仍有显著的正向影响。传统交通对制造业集聚与扩散的影响大多体现在交通经济成本、交通密度等因子的影响；现代交通对制造业集聚与扩散的影响更多体现为时间成本的影响。而综合可达性从时间距离的角度描绘了区域间"流"交换的难易程度，较为深刻地完成了对交通基础设施隐性效应的量化。在行业特性上，对交通运输业依赖性较强的设备制造业、电气电子等资本技术密集型制造业在空间分布上表现得更为集中。在区域特性上，综合可达性变量对制造业空间分布具有正向显著影响，综合可达性与不同类型制造业空间集聚的相关性密切，但与对资源（原料）依赖性较强的资源密集型制造业相关性相对较低。

此外，能源投入强度、劳动力投入、知识溢出和规模经济有利于制造业行业集聚的发生；而实收资本中国有资本比重大的行业更倾向于分散；自然资源投入对制造业行业集聚与扩散的影响并不显著。从产业区域集聚与分散的情况上看，外部性、规模经济和制度政策促使福建省制造业空间集聚，但农业丰裕度和自然资源禀赋对福建省制造业聚集有着显著的负面影响。

9.2　政　策　建　议

9.2.1　"三重开放"与福建省制造业发展

1）因地制宜发展区域特色产业，实现区域之间的产业转移

从目前福建制造业空间分布格局看，制造业密集区、中间区及分散区从沿海到内陆呈带状依次推进分布，为海峡西岸先进制造业基础的构建提供了良好基础。东部沿海制造业密集区是海西区发展的核心，拥有相对较好的发展基础及广阔的市场，可打造成为海峡西岸先进制造业基地的对台开放前沿阵地，辐射带动中间区和分散区的发展。形成密集区、中间区、分散区制造业产业分区分级化发展，重视各区域特征，因地制宜发展区域特色产业，实现区域之间的产业转移与承接。

2）实现区域制造业专业化发展，完善产业配套

福建制造业区域专业化初现雏形，在此基础上，提高专业化程度，扩大集聚规模，加强产业配套能力。如，提升福州和厦门的电子信息产业集群区，实现两区域电子信息产业分工发展，壮大大型企业，吸引中小型企业形成配套产业；打造晋江安海机械产业发展基地，冲破机械产业空间发展限制，整合家庭作坊、小企业，提升机械产业专业化程度，建立完善产业链。由于中间区和分散区的制造业基础较为薄弱，可以考虑在这两个区域发展沿海地区相关制造业的产业配套基地，形成区域间的产业联动。

3）扩大制造业对台合作发展的深度与广度

①实现对台制造业产业链的整合与对接，建立台湾产业配套企业。②借鉴广东东莞、江苏昆山和淮安台商投资区建设经验，提升福建省台商投资区对台制造业的承接能力。增进沿海地区对台吸引力的同时，在龙岩、南平、三明等内陆地区建设新的台商投资区。③加快闽台制造业集聚区的对接建设，实现闽江口、湄洲湾、泉州港、厦门湾等沿海一线制造业对台集中区建设。

4）优化制造业结构，提升制造业发展模式

提升劳动密集型产业生产技术水平、逐步淘汰夕阳技术，发展知识密集型、

技术密集型高新技术产业、新兴产业。有针对性筛选外部转移产业，改变"两头在外""大进大出"的制造业生产模式。

9.2.2 "综合交通条件"与福建省制造业发展

1）加大对交通基础设施的投资力度

交通运输业为基础性、先导性产业。近年来福建省交通发展迅速，但总体水平仍较低。因此应当继续保持较高的投资规模，提高公路等级，加快港口资源整合，加强机场建设，扩大铁路规模。特别是福建中西部地区资源丰富，为全省制造业的发展提供了大量的物质原料，但落后的交通基础设施制约其经济发展，资源优势难以转化成经济优势。所以要注重加大中西部地区的交通资源配置力度，给予落后地区交通投资项目更多的资金支持和政策优惠，提高运输能力，满足资源和能源的运输需求。

2）建立综合交通体系，降低企业物流成本

交通是由各种运输方式共同构成的综合运输整体。福建省交通发展应按照"大港口、大通道、大物流"发展战略，从整体效益出发，统筹规划，优化综合运输规划布局。搭建信息资源共享平台，推进综合运输服务一体化，加强各种运输方式之间的有效协调和有机衔接，发挥组合效率，发展综合运输。重视枢纽与连接通道规划，完善厦门、福州、泉州等综合交通枢纽功能。依托沿海港口，建设高速公路、快速铁路相结合的东西向通道，拓展南北通道，实现河海联运、港铁联运，从而降低制造业企业的物流成本，为制造业发展物流外包提供良好的外部环境。促进产业分工的继续深化，实现产品设计、仓储运输、终端销售等环节的进一步壮大，增加产业链附加值。

3）发展快捷运输，满足制造业产品快速运输需求

近年来，福建交通基础设施发展的重点表现为路网规模的扩大（县市之间、乡镇之间连接通道的建立）和运输能力的增强，这是福建交通发展的必然选择，也符合制造业产品大量运输的发展需求。但随着交通网络的不断完善以及制造业向高加工度化阶段转变，制造业产品的高附加值化和运输快速化的发展，要求交通运输也要从数量扩张向质量提升转化。因此，交通运输的发展，应更加注重运输时间效率节约、运输装备的现代化以及运输布局的合理化，充分发挥高速公路和机场的作用，推进高速铁路的建设，注重运输载体的更新与提高，为专业化运输产品（集装箱运输等）的发展提供便利条件。

4）依托交通干线和沿海港口，培育与发展产业集群

以区位条件优越，制造业发展水平较高的厦门、福州、泉州为轴点，其他设

区市为支点；以厦门、福州、温州、泉州、汕头连接线为干线通道，其他为支线通道，形成与发展包括沿海产业带、闽浙产业对接带、闽粤产业对接带在内的海西产业集群聚集区。并以海峡西岸优良港湾为依托，充分发挥港口、岸线等优势，以"福州–泉州–厦门"为发展重点，向北、向南延伸发展临港产业，促进船舶工业、重化工业、机械工业、电子信息产业的发展。

5）优化产业结构，促进产业升级

目前福建省产业层次总体偏低，劳动密集型制造业等传统产业比重高，对经济发展带动作用不强。应以高新技术产业和先进制造业为产业结构调整的着力点，发展壮大电子信息、石化、机械三大主导产业；充分发挥港口优势，以六大港湾为重点区域，大力发展临港重化工业；立足闽台优势，完善产业政策，加强闽台产业分工与协作，积极对接台湾制造业；提高区域自主创新能力，以高新技术改造提升传统优势产业，开发上下游产品，提高产业关联度，延伸产业链。

6）因地制宜，发展地方特色制造业

不同地区具有不同的资源禀赋和产业发展优势，各地区应因地制宜、分工协作，发挥自身优势产业，扶持产业园区的建设，增强制造业竞争力。以福州、厦门、泉州为主的地区有着丰富的高素质劳动力，且信息流通、技术水平较为先进，有利于高附加值、高科技含量的新兴产业和高技术制造业的发展；漳州在轻纺、食品等方面具有优势；莆田的鞋帽制造业、电子电气等行业为其发展重点；宁德有着优良港口，适合临港产业的发展；三明凭借工业基础可在钢铁、机械、化工、食品等方面继续发展；南平以木材加工制造业为主，同时发展食品、电力、冶金、机械等制造业；龙岩以机械制造业为特色，兼顾烟草、设备制造业、金属与矿物加工业等产业的发展。

附　　表

附表 1　2002 年交通运输业对各制造业类型的直接消耗系数

制造业类型	铁路运输业	道路运输业	城市公共交通运输业	水上运输业	航空运输业
农副食品加工业	0.000 0	0.001 4	0.008 1	0.000 0	0.000 0
食品制造业	0.000 0	0.000 0	0.000 1	0.000 0	0.000 0
饮料制造业	0.000 0	0.000 0	0.000 0	0.000 0	0.000 0
烟草制品业	0.000 0	0.008 2	0.000 0	0.000 2	0.000 0
纺织业	0.004 2	0.000 0	0.000 1	0.000 0	0.000 2
纺织服装、鞋、帽制造业	0.000 6	0.000 9	0.000 2	0.000 0	0.001 5
皮革、毛皮、羽毛（绒）及其制品业	0.000 6	0.000 0	0.000 0	0.000 0	0.000 0
木材加工及竹藤棕草制品业	0.005 2	0.000 0	0.000 1	0.000 0	0.000 0
家具制造业	0.015 6	0.001 7	0.000 0	0.000 4	0.005 6
造纸及纸制品业	0.000 6	0.000 0	0.000 1	0.000 2	0.000 0
印刷业和记录媒介的复制业	0.002 0	0.005 5	0.000 7	0.000 0	0.000 5
文教体育用品制造业	0.000 4	0.000 3	0.000 2	0.000 1	0.000 2
石油加工、炼焦及核燃料加工业	0.013 4	0.014 6	0.035 8	0.007 1	0.000 6
化学原料及化学制品制造业	0.000 1	0.000 1	0.000 4	0.000 0	0.002 4
医药制造业	0.000 2	0.000 0	0.000 4	0.000 1	0.003 5
化学纤维制造业	0.000 4	0.000 0	0.000 0	0.000 0	0.000 0
橡胶制品业	0.001 0	0.001 4	0.003 5	0.000 0	0.000 0
塑料制品业	0.000 1	0.000 0	0.000 0	0.000 0	0.000 1
非金属矿物制品业	0.001 7	0.000 0	0.000 4	0.000 3	0.000 1
黑色金属冶炼及压延加工业	0.010 0	0.000 0	0.000 1	0.000 0	0.000 0
有色金属冶炼及压延加工业	0.000 3	0.000 0	0.000 0	0.000 0	0.000 0
金属制品业	0.002 0	0.000 1	0.000 2	0.000 0	0.000 0
通用设备制造业	0.005 4	0.000 0	0.003 1	0.000 1	0.026 0
专用设备制造业	0.000 2	0.000 1	0.000 0	0.000 0	0.000 0
交通运输设备制造业	0.056 2	0.103 6	0.094 6	0.003 8	0.006 8
电气机械及器材制造业	0.017 5	0.000 8	0.000 4	0.009 2	0.001 5
通信设备、计算机及其他电子设备制造业	0.001 4	0.000 0	0.000 0	0.003 9	0.000 0
仪器仪表及文化、办公用机械制造业	0.028 1	0.000 5	0.002 8	0.000 7	0.000 3
制造业合计	0.167 1	0.139 3	0.151 2	0.026 1	0.049 2

附表 2   **2002 年交通运输业对各制造业类型的完全消耗系数**

制造业类型	铁路运输业	道路运输业	城市公共交通运输业	水上运输业	航空运输业
农副食品加工业	0.008 2	0.007 4	0.016 2	0.002 7	0.007 7
食品制造业	0.001 2	0.000 8	0.001 2	0.000 3	0.001 0
饮料制造业	0.004 1	0.002 9	0.003 8	0.001 3	0.003 9
烟草制品业	0.022 0	0.027 5	0.020 6	0.007 8	0.020 6
纺织业	0.013 7	0.004 5	0.005 2	0.001 7	0.004 9
纺织服装、鞋、帽制造业	0.002 2	0.002 0	0.001 6	0.000 5	0.002 6
皮革、毛皮、羽毛（绒）及其制品业	0.021 6	0.008 7	0.010 5	0.003 8	0.010 7
木材加工及竹藤棕草制品业	0.017 7	0.007 5	0.009 5	0.003 3	0.009 5
家具制造业	0.046 8	0.022 6	0.027 2	0.010 3	0.032 7
造纸及纸制品业	0.017 1	0.013 4	0.013 3	0.005 0	0.011 0
印刷业和记录媒介的复制业	0.012 4	0.013 2	0.010 1	0.003 4	0.009 4
文教体育用品制造业	0.001 4	0.001 0	0.001 2	0.000 4	0.001 0
石油加工、炼焦及核燃料加工业	0.036 6	0.032 9	0.069 4	0.022 6	0.011 0
化学原料及化学制品制造业	0.016 9	0.010 6	0.014 2	0.004 7	0.013 7
医药制造业	0.012 0	0.008 4	0.011 5	0.004 1	0.014 9
化学纤维制造业	0.003 5	0.002 0	0.002 2	0.000 7	0.001 4
橡胶制品业	0.007 4	0.007 2	0.011 3	0.001 2	0.002 9
塑料制品业	0.010 1	0.008 2	0.008 7	0.002 7	0.004 6
非金属矿物制品业	0.022 7	0.013 0	0.017 4	0.007 0	0.015 1
黑色金属冶炼及压延加工业	0.037 6	0.023 2	0.026 1	0.006 6	0.016 0
有色金属冶炼及压延加工业	0.013 6	0.009 3	0.013 4	0.005 0	0.007 1
金属制品业	0.030 4	0.027 6	0.029 9	0.007 1	0.016 6
通用设备制造业	0.020 1	0.011 2	0.016 4	0.004 0	0.036 5
专用设备制造业	0.003 7	0.002 8	0.003 4	0.001 1	0.003 0
交通运输设备制造业	0.109 6	0.153 0	0.148 2	0.018 5	0.036 5
电气机械及器材制造业	0.048 6	0.020 6	0.023 9	0.024 5	0.019 5
通信设备、计算机及其他电子设备制造业	0.005 8	0.001 8	0.002 2	0.010 1	0.001 8
仪器仪表及文化、办公用机械制造业	0.039 8	0.006 6	0.010 3	0.004 1	0.007 1
制造业合计	0.586 9	0.449 8	0.528 8	0.164 8	0.322 5

附表3 2007年交通运输业对各制造业类型的直接消耗系数

制造业类型	铁路运输业	道路运输业	城市公共交通运输业	水上运输业	航空运输业
农副食品加工业	0.000 2	0.000 0	0.000 0	0.000 1	0.000 0
食品制造业	0.000 0	0.000 0	0.000 0	0.000 5	0.050 5
饮料制造业	0.000 1	0.000 0	0.000 0	0.000 0	0.043 8
烟草制品业	0.000 0	0.000 0	0.000 0	0.000 0	0.000 0
纺织业	0.000 1	0.000 1	0.000 1	0.001 4	0.003 7
纺织服装、鞋、帽制造业	0.000 3	0.021 4	0.033 6	0.002 8	0.019 3
皮革、毛皮、羽毛（绒）及其制品业	0.000 1	0.000 1	0.000 1	0.000 0	0.000 1
木材加工及竹藤棕草制品业	0.000 3	0.000 1	0.000 0	0.000 2	0.000 0
家具制造业	0.000 0	0.000 5	0.000 3	0.000 2	0.000 4
造纸及纸制品业	0.000 0	0.000 2	0.001 1	0.000 1	0.000 3
印刷业和记录媒介的复制业	0.000 0	0.005 2	0.002 4	0.001 1	0.002 4
文教体育用品制造业	0.000 0	0.000 9	0.000 3	0.000 5	0.000 9
石油加工、炼焦及核燃料加工业	0.002 2	0.162 0	0.2556	0.206 6	0.243 0
化学原料及化学制品制造业	0.000 1	0.000 0	0.000 8	0.004 2	0.000 9
医药制造业	0.000 0	0.000 0	0.000 0	0.000 0	0.000 0
化学纤维制造业	0.000 0	0.000 0	0.000 0	0.000 0	0.000 0
橡胶制品业	0.000 0	0.040 9	0.034 5	0.000 0	0.000 5
塑料制品业	0.000 1	0.000 2	0.000 1	0.000 3	0.000 2
非金属矿物制品业	0.000 5	0.000 1	0.000 0	0.000 0	0.000 2
黑色金属冶炼及压延加工业	0.000 5	0.000 1	0.000 0	0.001 8	0.000 2
有色金属冶炼及压延加工业	0.000 0	0.000 0	0.000 0	0.000 0	0.000 0
金属制品业	0.000 1	0.000 3	0.003 6	0.000 8	0.000 4
通用设备制造业	0.000 1	0.000 2	0.000 0	0.001 5	0.000 2
专用设备制造业	0.000 0	0.000 0	0.001 7	0.000 0	0.000 0
交通运输设备制造业	0.000 9	0.020 9	0.004 7	0.009 1	0.018 3
电气机械及器材制造业	0.000 1	0.000 4	0.005 1	0.001 2	0.000 3
通信设备、计算机及其他电子设备制造业	0.001 4	0.008 3	0.004 7	0.002 8	0.007 5
仪器仪表及文化、办公用机械制造业	0.000 1	0.000 2	0.005 2	0.001 0	0.000 7
制造业合计	0.007 4	0.261 9	0.353 8	0.236 1	0.393 9

附表4 2007年交通运输业对各制造业类型的完全消耗系数

制造业类型	铁路运输业	道路运输业	城市公共交通运输业	水上运输业	航空运输业
农副食品加工业	0.005 0	0.006 6	0.005 5	0.005 3	0.023 3
食品制造业	0.002 7	0.003 6	0.003 0	0.003 5	0.082 8
饮料制造业	0.002 1	0.002 8	0.002 4	0.002 3	0.074 2
烟草制品业	0.001 1	0.001 5	0.001 2	0.001 1	0.002 1
纺织业	0.007 4	0.030 4	0.034 9	0.013 8	0.038 0
纺织服装、鞋、帽制造业	0.005 4	0.030 8	0.041 2	0.009 3	0.033 1
皮革、毛皮、羽毛（绒）及其制品业	0.002 3	0.029 9	0.027 4	0.005 3	0.012 0
木材加工及竹藤棕草制品业	0.005 3	0.0072	0.006 0	0.005 7	0.010 0
家具制造业	0.000 6	0.001 2	0.000 9	0.000 8	0.001 5
造纸及纸制品业	0.006 8	0.028 3	0.032 2	0.024 8	0.039 6
印刷业和记录媒介的复制业	0.002 0	0.008 4	0.005 1	0.003 5	0.006 8
文教体育用品制造业	0.000 8	0.002 5	0.001 6	0.001 6	0.003 0
石油加工、炼焦及核燃料加工业	0.009 1	0.184 9	0.272 7	0.236 9	0.291 9
化学原料及化学制品制造业	0.025 0	0.112 8	0.142 2	0.121 2	0.161 5
医药制造业	0.002 0	0.003 9	0.004 0	0.003 5	0.005 6
化学纤维制造业	0.001 2	0.005 1	0.005 9	0.003 3	0.006 6
橡胶制品业	0.001 4	0.060 2	0.049 1	0.003 5	0.006 9
塑料制品业	0.006 4	0.036 9	0.047 4	0.038 1	0.054 1
非金属矿物制品业	0.020 8	0.028 3	0.023 5	0.021 0	0.040 8
黑色金属冶炼及压延加工业	0.016 5	0.024 7	0.021 3	0.022 6	0.034 3
有色金属冶炼及压延加工业	0.003 9	0.008 2	0.009 7	0.007 1	0.011 4
金属制品业	0.003 8	0.011 0	0.016 0	0.011 1	0.016 9
通用设备制造业	0.000 8	0.001 2	0.001 0	0.002 4	0.001 8
专用设备制造业	0.000 5	0.000 7	0.002 5	0.000 5	0.001 0
交通运输设备制造业	0.002 6	0.036 8	0.009 6	0.017 6	0.035 5
电气机械及器材制造业	0.003 2	0.005 6	0.009 5	0.005 0	0.007 2
通信设备、计算机及其他电子设备制造业	0.018 8	0.041 3	0.033 7	0.025 6	0.051 0
仪器仪表及文化、办公用机械制造业	0.002 5	0.004 7	0.009 8	0.004 6	0.006 8
制造业合计	0.159 9	0.719 3	0.819 2	0.601 2	1.059 6

附表5　2002年交通运输业对各制造业类型的直接分配系数

制造业类型	铁路运输业	道路运输业	城市公共交通运输业	水上运输业	航空运输业
农副食品加工业	0.003 4	0.005 8	0.001 6	0.004 2	0.002 4
食品制造业	0.006 2	0.011 8	0.003 9	0.011 4	0.006 1
饮料制造业	0.004 1	0.006 4	0.003 8	0.006 5	0.005 7
烟草制品业	0.004 5	0.008 4	0.002 6	0.005 9	0.004 1
纺织业	0.025 2	0.053 5	0.013 3	0.034 3	0.020 2
纺织服装、鞋、帽制造业	0.002 8	0.004 7	0.002 7	0.003 5	0.004 1
皮革、毛皮、羽毛（绒）及其制品业	0.003 8	0.008 3	0.002 1	0.005 3	0.003 2
木材加工及竹藤棕草制品业	0.006 3	0.011 8	0.005 1	0.009 2	0.007 8
家具制造业	0.007 6	0.019 3	0.007 1	0.018 4	0.011 1
造纸及纸制品业	0.004 9	0.009 3	0.002 7	0.008 5	0.004 2
印刷业和记录媒介的复制业	0.003 6	0.007 1	0.004 3	0.006 9	0.006 5
文教体育用品制造业	0.004 9	0.008 6	0.005 6	0.006 5	0.008 5
石油加工、炼焦及核燃料加工业	0.011 8	0.017 5	0.003 8	0.015 0	0.006 1
化学原料及化学制品制造业	0.022 1	0.040 3	0.021 8	0.038 3	0.033 2
医药制造业	0.003 6	0.005 0	0.005 6	0.003 7	0.008 6
化学纤维制造业	0.003 9	0.008 2	0.002 8	0.004 5	0.004 2
橡胶制品业	0.009 1	0.016 3	0.006 7	0.011 3	0.010 2
塑料制品业	0.016 0	0.025 7	0.011 3	0.020 4	0.017 2
非金属矿物制品业	0.016 1	0.028 1	0.012 9	0.032 6	0.019 7
黑色金属冶炼及压延加工业	0.018 9	0.027 9	0.004 7	0.020 8	0.007 2
有色金属冶炼及压延加工业	0.006 5	0.013 5	0.003 5	0.007 4	0.005 3
金属制品业	0.025 3	0.046 1	0.021 1	0.035 3	0.032 0
通用设备制造业	0.014 3	0.016 9	0.020 6	0.014 2	0.031 7
专用设备制造业	0.020 9	0.026 4	0.024 3	0.023 2	0.037 1
交通运输设备制造业	0.020 6	0.031 9	0.015 5	0.024 2	0.023 6
电气机械及器材制造业	0.075 5	0.084 8	0.033 7	0.067 1	0.051 6
通信设备、计算机及其他电子设备制造业	0.006 3	0.009 6	0.004 2	0.006 8	0.006 3
仪器仪表及文化、办公用机械制造业	0.006 9	0.014 4	0.008 6	0.010 4	0.013 0
制造业合计	0.355 2	0.567 6	0.255 7	0.456 5	0.391 0

附表6　2002年交通运输业对各制造业类型的完全分配系数

制造业类型	铁路运输业	道路运输业	城市公共交通运输业	水上运输业	航空运输业
农副食品加工业	0.018 4	0.025 8	0.023 9	0.030 0	0.031 0
食品制造业	0.027 1	0.039 1	0.033 3	0.050 7	0.044 0
饮料制造业	0.012 7	0.017 2	0.013 7	0.024 3	0.018 8
烟草制品业	0.023 2	0.033 6	0.026 9	0.039 3	0.035 9
纺织业	0.071 5	0.113 2	0.059 9	0.125 5	0.081 9
纺织服装、鞋、帽制造业	0.014 5	0.021 4	0.015 1	0.024 7	0.020 5
皮革、毛皮、羽毛（绒）及其制品业	0.031 4	0.049 7	0.025 3	0.057 4	0.034 9
木材加工及竹藤棕草制品业	0.016 6	0.024 4	0.017 7	0.030 0	0.024 2
家具制造业	0.025 7	0.043 0	0.024 6	0.058 5	0.034 5
造纸及纸制品业	0.018 2	0.026 7	0.019 0	0.035 1	0.025 5
印刷业和记录媒介的复制业	0.011 7	0.017 6	0.012 3	0.024 7	0.017 2
文教体育用品制造业	0.013 5	0.019 1	0.014 3	0.023 4	0.020 2
石油加工、炼焦及核燃料加工业	0.030 9	0.039 8	0.016 1	0.053 3	0.023 0
化学原料及化学制品制造业	0.049 0	0.071 2	0.049 7	0.101 6	0.070 3
医药制造业	0.012 4	0.016 1	0.017 2	0.019 5	0.023 8
化学纤维制造业	0.013 0	0.020 1	0.011 1	0.021 3	0.015 5
橡胶制品业	0.030 3	0.043 7	0.025 7	0.050 6	0.036 0
塑料制品业	0.047 7	0.067 5	0.038 2	0.082 6	0.053 8
非金属矿物制品业	0.038 1	0.054 0	0.034 3	0.089 0	0.048 2
黑色金属冶炼及压延加工业	0.043 0	0.055 6	0.029 6	0.066 7	0.039 4
有色金属冶炼及压延加工业	0.022 7	0.034 1	0.020 5	0.035 6	0.027 6
金属制品业	0.063 6	0.091 1	0.052 9	0.112 6	0.075 7
通用设备制造业	0.034 4	0.040 7	0.041 5	0.051 8	0.059 5
专用设备制造业	0.044 2	0.051 5	0.043 4	0.069 3	0.063 1
交通运输设备制造业	0.006 2	0.095 7	0.004 9	0.132 8	0.014 1
电气机械及器材制造业	0.007 1	0.091 3	0.004 3	0.130 7	0.012 3
通信设备、计算机及其他电子设备制造业	0.004 0	0.062 7	0.004 0	0.083 2	0.010 9
仪器仪表及文化、办公用机械制造业	0.004 8	0.083 4	0.004 6	0.116 1	0.013 3
制造业合计	0.735 9	1.349 1	0.683 9	1.740 3	0.975 1

附表 7　2007 年交通运输业对各制造业类型的直接分配系数

制造业类型	铁路运输业	道路运输业	城市公共交通运输业	水上运输业	航空运输业
农副食品加工业	0.004 5	0.002 3	0.000 6	0.010 1	0.000 6
食品制造业	0.011 1	0.008 1	0.002 5	0.008 3	0.002 8
饮料制造业	0.008 4	0.004 3	0.002 8	0.004 0	0.002 2
烟草制品业	0.011 9	0.003 8	0.001 3	0.005 3	0.000 8
纺织业	0.060 3	0.038 5	0.002 5	0.014 5	0.006 9
纺织服装、鞋、帽制造业	0.053 0	0.037 2	0.008 6	0.020 4	0.023 5
皮革、毛皮、羽毛（绒）及其制品业	0.054 2	0.017 6	0.014 6	0.014 9	0.025 9
木材加工及竹藤棕草制品业	0.031 3	0.016 6	0.002 7	0.008 2	0.002 3
家具制造业	0.009 7	0.006 7	0.000 9	0.003 4	0.001 6
造纸及纸制品业	0.044 8	0.030 3	0.006 9	0.013 3	0.005 2
印刷业和记录媒介的复制业	0.006 7	0.006 7	0.000 7	0.002 1	0.000 7
文教体育用品制造业	0.005 6	0.004 4	0.002 0	0.002 7	0.003 9
石油加工、炼焦及核燃料加工业	0.012 1	0.006 3	0.002 1	0.003 8	0.002 7
化学原料及化学制品制造业	0.077 4	0.019 7	0.005 1	0.015 8	0.005 2
医药制造业	0.003 3	0.001 5	0.001 1	0.003 4	0.001 7
化学纤维制造业	0.006 4	0.007 2	0.001 7	0.002 7	0.000 8
橡胶制品业	0.028 1	0.007 6	0.004 5	0.004 9	0.005 4
塑料制品业	0.034 7	0.018 6	0.011 4	0.013 1	0.015 4
非金属矿物制品业	0.078 5	0.034 8	0.006 0	0.054 3	0.005 5
黑色金属冶炼及压延加工业	0.137 9	0.055 7	0.004 1	0.032 8	0.003 7
有色金属冶炼及压延加工业	0.100 2	0.013 8	0.001 5	0.013 6	0.016 1
金属制品业	0.104 6	0.029 9	0.003 2	0.033 4	0.009 0
通用设备制造业	0.040 3	0.024 2	0.008 3	0.018 1	0.008 7
专用设备制造业	0.026 9	0.024 2	0.011 6	0.009 4	0.009 8
交通运输设备制造业	0.046 8	0.037 8	0.012 7	0.026 8	0.021 1
电气机械及器材制造业	0.039 9	0.025 9	0.006 7	0.016 6	0.016 3
通信设备、计算机及其他电子设备制造业	0.069 5	0.048 1	0.039 3	0.044 6	0.085 3
仪器仪表及文化、办公用机械制造业	0.012 2	0.006 2	0.005 9	0.005 4	0.009 2
制造业合计	1.120 4	0.538 1	0.171 1	0.405 8	0.292 2

附表 8　2007 年交通运输业对各制造业类型的完全分配系数

制造业类型	铁路运输业	道路运输业	城市公共交通运输业	水上运输业	航空运输业
农副食品加工业	0.059 4	0.024 9	0.023 4	0.033 8	0.022 9
食品制造业	0.059 5	0.029 2	0.019 3	0.030 7	0.020 1
饮料制造业	0.034 1	0.015 6	0.012 1	0.015 1	0.011 6
烟草制品业	0.029 0	0.011 1	0.007 5	0.012 6	0.007 0
纺织业	0.201 4	0.111 0	0.035 2	0.062 4	0.044 1
纺织服装、鞋、帽制造业	0.182 4	0.101 6	0.039 9	0.065 2	0.063 6
皮革、毛皮、羽毛（绒）及其制品业	0.217 8	0.080 2	0.063 2	0.070 8	0.094 4
木材加工及竹藤棕草制品业	0.073 1	0.034 6	0.014 3	0.023 6	0.014 4
家具制造业	0.034 7	0.016 0	0.005 4	0.011 1	0.007 5
造纸及纸制品业	0.106 3	0.064 9	0.023 0	0.036 2	0.021 4
印刷业和记录媒介的复制业	0.021 5	0.015 1	0.004 2	0.007 4	0.004 2
文教体育用品制造业	0.029 3	0.014 3	0.007 8	0.011 0	0.012 2
石油加工、炼焦及核燃料加工业	0.047 6	0.020 0	0.011 8	0.016 2	0.013 1
化学原料及化学制品制造业	0.197 4	0.060 4	0.028 2	0.052 5	0.030 5
医药制造业	0.016 8	0.007 2	0.006 3	0.009 3	0.007 0
化学纤维制造业	0.044 5	0.023 4	0.010 6	0.015 4	0.010 3
橡胶制品业	0.073 9	0.024 8	0.016 2	0.019 5	0.020 2
塑料制品业	0.164 8	0.064 0	0.035 6	0.052 1	0.044 4
非金属矿物制品业	0.220 2	0.097 5	0.037 7	0.130 1	0.038 6
黑色金属冶炼及压延加工业	0.320 6	0.133 4	0.033 7	0.091 7	0.034 0
有色金属冶炼及压延加工业	0.183 3	0.035 0	0.015 2	0.035 3	0.039 1
金属制品业	0.199 1	0.060 1	0.019 3	0.062 7	0.031 9
通用设备制造业	0.118 7	0.057 0	0.022 4	0.044 6	0.025 9
专用设备制造业	0.087 2	0.051 7	0.025 0	0.030 6	0.026 0
交通运输设备制造业	0.161 3	0.098 5	0.041 6	0.075 8	0.062 0
电气机械及器材制造业	0.168 4	0.070 2	0.028 4	0.055 1	0.049 7
通信设备、计算机及其他电子设备制造业	0.359 5	0.179 7	0.125 2	0.172 5	0.224 8
仪器仪表及文化、办公用机械制造业	0.042 5	0.019 0	0.013 7	0.017 1	0.021 5
制造业合计	3.454 2	1.520 7	0.726 4	1.260 4	1.002 3